现金流量与股票估值

从财报指标挖掘成长股

范宏伟 ◎ 著

中国铁道出版社有限公司
CHINA RAILWAY PUBLISHING HOUSE CO., LTD.

图书在版编目（CIP）数据

现金流量与股票估值：从财报指标挖掘成长股 / 范宏伟
著. — 北京：中国铁道出版社有限公司，2021.5（2021.7重印）
ISBN 978-7-113-27597-6

Ⅰ.①现… Ⅱ.①范… Ⅲ.①现金流量分析-关系-股票-
估价-研究 Ⅳ.①F820.4②F830.91

中国版本图书馆CIP数据核字（2021）第032819号

书　　名：现金流量与股票估值：从财报指标挖掘成长股
　　　　　XIANJIN LIULIANG YU GUPIAO GUZHI：CONG CAIBAO ZHIBIAO WAJUE CHENGZHANGGU
作　　者：范宏伟

责任编辑：王淑艳　　　　　　编辑部电话：（010）51873022　　　　邮箱：wangsy20008@126.com
封面设计：王　岩
责任校对：孙　玫
责任印制：赵星辰

出版发行：中国铁道出版社有限公司（100054，北京市西城区右安门西街8号）
网　　址：http://www.tdpress.com
印　　刷：中煤（北京）印务有限公司
版　　次：2021年5月第1版　2021年7月第2次印刷
开　　本：787 mm×1 092 mm　1/16　印张：17　字数：370千
书　　号：ISBN 978-7-113-27597-6
定　　价：69.80元

自序 一个注册会计师的股海沉浮

我一直在苦苦寻求一种能够稳定盈利的投资方法，最近几年，技术水平有了明显的提高，终于形成自己的一套交易系统。现在我把这个系统的形成过程和具体应用分享给有缘的读者。我的炒股历程大致分为三个阶段。

第一阶段：1997—2009——混沌的 12 年

我是 1997 年开户，应该算是一个老股民了，记得当时找到 1 万元能开户的证券交易所很难。当时的我拿着 1 万元买股票，还买了一部 8 000 元的电脑，同时又买了一个 1 000 多元能插在电脑上的硬件，以便接收股票信息。因为我没啥定力，很快电脑和硬件都废弃了。只记得 1 万元买了股票之后，耗时三年变成了 3 800 元。第一次倒是没有频繁操作，只买一次就被深套了。三年后卖了 3 800 元，下决心再也不炒股了。然而到了 2002 年左右，我学习 K 线理论后，买些风帆电池、万里电池、福田汽车之类的股票，大概投入也就在 2 万元。记得有一次买福田汽车又被套住了，当时很生气，又放弃股市，但是没清仓。2005 年大牛市，供应商万里电池的会计对我说给他 5 万元钱帮我炒股，每天帮我挣 5 000 元，我信不过别人的技术，想着要炒，我自己也会炒，即使交了学费也能学学技术。但是应该是工作比较忙，并没有入市。到了 2006 年因为买房，想起股市上还有一点钱，当时还是电话委托，打电话一查，账户上多了 6 000 元，但是福田汽车的股价还是 2 元，我不明所以，打电话问券商，券商说是股权分置改革，福田汽车送股 50%，也就是我之前套住的 12 000元涨回了本金，又送了 6 000 元。这样，我在 2006 年之前的股票交易现金上是没赔，只是赔了时间、一台电脑和炒股软件。

2007 年"五一"之前我一直做交易。即使在牛市里也并不怎么挣钱，大概也就是赔赚持平的样子，我当时拿了 10 万元钱在玩。五月份亲戚买房缺钱，跟我们借了 10 万元，躲过了 2007 年 10 月的大熊市，但是断断续续还拿一两万元在折腾。2008 年年末卖了一套房子，想好好地炒股，买了很多书。2009 年初，初步看懂了艾略特波浪理论。

第一阶段我总是完美地避开牛市，甚至在牛市末端被套，被套多年后割肉，发誓再也不碰股票了。但是有钱有闲了又忍不住，重新回到股票市场，只是一直拿很少量的资金。

第二阶段：2009—2019——半梦半醒之间

2009 年过了春节开始入市，虽然卖了房子，但资金主要用于囤货，用于股票投资的也就十几万元。因为看懂了波浪理论，知道自己的大致位置，心里踏实多了。股票还是选熟悉的风帆电池等，但操作得不太好，经常追涨杀跌。三月底前应该是能赚几万元的样子，总投资 20 万元左右，然后 4 月份去旅游全部清仓了。旅游的时候发现股票天天暴涨，旅游回来后数大盘的波浪感觉是到了 5 浪了，所以清仓，但是离得有点早。那年的高点是在 8 月末，5 浪走了一个延长浪，而且后面三个月我关注的股票只有老白干涨得不错，风帆电池等股票也没怎么涨。2009 年年末就开始了的第一次悲催的 C 浪抄底之路，其实波浪理论也说了，熊市里面无法预测低点究竟在哪里。

整个 2009 年下来，年初盈利，年底赔钱，总体盈利 13 397.03 元。

2010 年寻访名师和各种股友，学了不少指标等技术理论，2010 年全年收益 1 460.51 元。

2011—2012 年，每年稳定地赔 6 万元左右，20 万元左右的本金，赔到 6 万元就清仓离场，把亏损控制在可以接受的范围以内。2013—2017 年就没有再分年统计，2013、2014 年就是那 20 万元如果赔到 6 万元就清仓的策略，但是一直没有清仓，到 2014 年下半年开始逐渐盈利了。这时候和夫人的一位炒股的同学逐渐熟络起来，他从 2012 年就开始挣钱了，200 万元本金赚了几百万之多，他主要看东方财富网股吧信息，然后去粗取精，再根据自己的判断选股，那几年走运，真的挺挣钱的。通过和他的交流，我持股时间明显增加，之前一般也就 2～4 周一个波段，如果不涨就换股，通过向他学习，持股时间基本能超过一个月了。2015 年第一次赚了五十多万元，本金 130 万元左右。

我在 2014 年年末 2015 年年初的时候对几十只股票做了估值：用 2012、2013、2014 年共三年的历史财务数据选出了茅台，当时估值 800 元左右，市场价值 140 元左右；福耀玻璃当时估值 19 元，市场价值 8 元；五粮液估值 50 多元，市场价值 20 元左右。这几只股票在 2015 年大牛市的时候让我赚了 40% 以上。

没有能赚得更多是因为反复操作比较多，所以利润就低了。2015 年大牛市顶点后第三天暴跌的时候我清仓全杀出来了，保存了大部分胜利的果实。2015 年年底，我的经典戏码又重演了：抄底，屡战屡败，屡败屡战。经历了 2016 年那波熔断的洗礼，2015 年大部分收益赔了回去。

2016 年春天，我自己选了一些绩优股，又去听了一次招商证券的策略会，觉得人家专业啊，采纳了"砖家"的意见，把股票都换成了军工、TMT 概念股。结果 2016 年没赚到钱，反而被我抛弃的茅台、五粮液、福耀玻璃上演了翻倍行情。

2016、2017 年审计工作还是比较忙的，一直到 2017 年 6 月，我又捡回了我的绩优股组合，茅台、五粮液、福耀玻璃、万华化学、沧州大化等。在 2017 年行情比较一般的情况下全年盈利 45% 左右，11 月份就轻仓保利润过年了。2017 年统计数据表明，2013 年 1 月—2017 年 8 月，累计盈利 45 万元。2018 年，本来想过了春节大干一场的，但夫人帮我买了一间办公室，所以手头没多少钱买股票了。2018 年做审计项目收到钱就投到股市上，但 2018 年股市行情太差了，几乎又把我 2017 年的收益赔光了。2019 年春季的行情又被我抓住了，但到 2019 年 12 月初又跌回去了。

第三阶段：看见了光明

我看懂波浪理论之后看见了一次光明，然而还是没有实现稳定的盈利，希望这次是真的开光了。2015 年做了现金流估值之后，后面比较懒，因为用 Excel 做的模板，需要手动到财经网站上抓取财务报表数据，做一个公司的估值需要 30 分钟左右，3 000 多只股票都估值一遍的话，挺头痛的，所以 2015 年之后就没再做现金流估值。一般用炒股软件结合财务指标自动筛选出几十只股票，然后看着买就 OK 了。现在想想又错过了不少赚钱的机会。2019 年 12 月，又重新捡起了现金流量估值，高估的股票直接放弃，低估的股票到巨潮资讯网站下载审计报告，与和讯的报表数据核对一遍，因为网上的报表数据都会有一些小的错误，他们应该都是机器取数，由于《企业会计准则》一直在改，报表科目也一直在改，所以财经网站的数据都会有一点错误，需要对照审计报告更正。

2019 年 12 月 10 日，我把自选股都做了一遍估值，选出了不到 10 只股票，这 10 只股票我按自己的交易策略做了一个回测，从年初到现在平均收益率达到了 40%，远远高于我实际的收益率，我又错过了一个挣钱的机会。不过还好，现在这些股票按现金流估值还都是处于低估挺多的位置，我还有机会。结果当月股票大涨，盈利 9 万多元，2019 年全年盈利 12 万多元。

至于说现金流估值靠不靠谱，如果我笃信 2015 年我做的现金流估值，到 2020 年 8 月茅台从 180 元涨到了 1 800 元，五粮液从 20 元涨到了 240 元，福耀玻璃从 8 元涨到了 29 元。但我自己的收益大年 40%，小年－40%，总收益虽然还是正数，但说出来觉得很丢脸，可能跑不赢同期的银行贷款利率。所以这次我一定要笃信现金流估值是靠谱的。因为从 3 000 只股票里面挑出 10 只被低估的股票已经是精益求精了，再说做投资，大家的估值技术也都是用现金流量法，相对价值法虽然容易，但没有现金流估值靠谱。而且我作为一名注册会计师、资产评估师，如果我的估值不准确，不专业，还能有比我更专业的吗？

炒股都说"会买的是徒弟，会卖的是师傅，会空仓的是大师"。

但是怎样做到呢？会买就是选股和择时，选股无非是价值投资和技术分析，技术分析现在大家公认不太靠谱。那就是价值投资了，价值投资就是巴菲特说的"用五毛钱去买价值 1 元钱的东西"。所谓的估值，有人说不熟的不做，熟悉的做。行业分析一般人很难做精的。作为一名注册会计师，每天都去看各种公司的报表、招股说明书，我只敢说我对报表还比较在行，对于行业，我无法做出准确的判断，所以我的逻辑是只看 3 年的历史报表。也许有人说财务可以作假，但是现金流作假很难。不太可能用几亿元的现金去模拟现金流，所以找到低估的股票，也就是说会买，我现在有信心能做到。会卖，其实就是判断卖点，我现在判断卖点就简单了，到达了估值的价位就可以卖了，再换一只被低估很多的股票就 OK 啦。这个问题也解决了，整个买卖股票的逻辑形成了一个闭环——我知道了什么时候买，什么时候卖，那么稳定的盈利应该不远了。

还有就是在大牛市的第五浪的末端，肯定要减仓，最多三成仓位吧，不要说什么穿越牛熊，即使真的能穿越牛熊，下跌的过程也是很难熬的。2019 年 4 月份之后一直不咋地，8 月份我被闪出来一次，损失十几万元，造成 2019 年收益率很低。

2020 年让我又有了全新的经验。春节前疫情恶化，股市暴跌，节前倒数第三个交易日我也减了半仓，节后第二天就加满仓。两次暴跌的损失，又赚回来了，还是绩优股好啊，跌的幅度不深。想想 2016 年熔断行情的时候手里拿的烂股，跌得令人绝望，最后割肉离场。如果当时拿的是茅台、五粮液、海螺水泥这种，肯定更能扛。

会空仓的是师傅呢？那就是如果找不到被低估的股票就空仓呗。这样，我的整个炒股逻辑有了一个完整的闭环，后面就是执行力的问题了。我相信稳定盈利的周期已经来临了。

2020 年 11 月 18 日，经历了 6—8 月的上涨，9—10 月的下跌，11 月初的上涨。截至 2020 年 11 月 18 日，我四个账户的综合收益率 23.12%，跑赢上证指数 13.38%，战胜了 73.5% 的股民。从 2019 年 12 月坚持用现金流量法选股以来，收益还是不错的。如果赶上 2011 年—2013 年和 2018 年的行情，肯定还是很难盈利，甚至大幅度亏损。但是现在又自信 10 年里能有 6 年以上会盈利，长期做股东盈利的希望还是非常高的。我感觉我真的看到了光明。

本书依据 Excel 现金流量股票估值模板，基本原理采用巴菲特的老师格雷厄姆的《聪明的投资者》以及注册会计师教材《财务成本管理》，选择 A 股上市公司最近 5 年的财务数据，筛选的示例具有较高的投资价值。我会采用循序渐进的方法让读者理解现金流量法估值的具体操作，怎样利用 Excel 把上市公司公开的财务数据经过加工，变成对企业的价值判断。

本书将基本原理放在了最后。不是基本原理不重要，是因为如果把基本原理放到最前面可能很多人就看不下去了。写这本书的目的是希望读者能掌握用现金流量法估值的方法，至于原理可以知道，也可以不知道。就好比开车，你不需要知道汽车的构造，只要你学会了怎么开，它就能带着你去你想去的地方。

本书的特点还是延续简单易学的基本风格，只要你会 Excel 的基本操作，按照书里面的步骤一步一步地操作，你就拥有了巴菲特团队的核心技术，将上市公司的报表抽丝剥茧，获得准确的财务信息。

但是方法再好，一定要做好资金管理。资金投到股市的部分即使全部赔了，也不会影响生活，也不会让自己失去理智，才是一个比较好的仓位。

最后还要郑重提醒，股市有风险，入市须谨慎。依照本书介绍的方法选股，无论赔赚，后果自负。

范宏伟

2020 年 11 月 18 日

现金流量与股票估值模板

目　录

I

第五章　上市公司估值分析示例　　　　　　　　　69

第六章 财务报表分析   122

第七章　现金流量法估值基本原理　　249

第一章

炒股要知道的几件事

序言写的是我自己的炒股经历，啰里啰唆地写了二十多年以来的炒股经历，希望读者能从我的经历中习得一些有用的经验，少交点学费。另外，炒股前一定要明白这几件事：一是风险；二是选股技巧；三是适当的投资规模；四是运气。

一、 风险

炒股有风险，入市须谨慎。我从 1997 年入市，到现在二十多年了，虽然没赚到什么大钱，但一直还"活"着。不是我的技术有多牛，而是因为我是一个胆小的人，时时刻刻把风险放到了第一的位置，另外一个原因，就是我夫人的运气还不错。

以我的经历而言，要想投资成功，我总结了四条经验。其中本书介绍的现金流量法估值技术是选股技巧这个充分条件中的一条而已。所以按照这本书炒股，如果发生亏损，一定要风险自负。

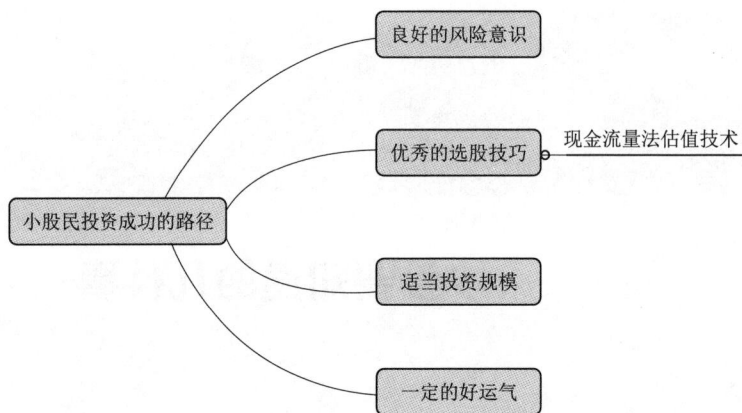

```
                              ┌──────────────┐
                         ┌────│  良好的风险意识  │
                         │    └──────────────┘
                         │    ┌──────────────┐
                         ├────│  优秀的选股技巧  │────── 现金流量法估值技术
┌──────────────┐         │    └──────────────┘
│ 小股民投资成功的路径 │────┤    ┌──────────────┐
└──────────────┘         ├────│  适当投资规模  │
                         │    └──────────────┘
                         │    ┌──────────────┐
                         └────│  一定的好运气  │
                              └──────────────┘
```

什么叫充分条件，如果有优秀的选股技巧，就可能投资成功，就属于充分条件。即如果有优秀的选股技巧，投资成功或者不成功。翻译过来就是：按照范老师这本书选股不保证投资成功。如果进入股市，一定要有可能全部亏损的心理准备。

二、 优秀的选股技巧

选股技巧的书可以说浩如烟海，为了炒股我买了上百本的投资类书籍，有一部分太专业，看不懂；有一部分虽然看懂了，但是在实战中经常被打脸。我现在依然信任并对书中的观点有信心的：一本是《艾略特波浪理论（二十周年纪念版）》，机械工业出版社出版，陈鑫译；另一本是《聪明的投资者》，本杰明·格雷厄姆著，人民邮电出版社出版，王中华、黄一义译。

《艾略特波浪理论（二十周年纪念版）》这本书我是在 2009 年春天看明白了一半左右，整本书的文笔非常优美，前言第一段话是这样说的：

"大约两千年前，有个人说过一些话，它的真理响彻了几个世纪：

一代过去，一代又来。天地永远长存。日头出来，日头落下，急归所出之地。风往南刮，又向北转，不住地旋转，而且返回转行原道。江河都往海里流，海却不满。江河从何处流，仍归何处……已有的事，后必再有。已行的事，后必再行。日光之下并无新鲜事。这种深刻的必然结果是，**人性不会变，人性的形态也是。**"

艾略特波浪理论是基于人性不变得出的推论，是对人性的形态的描述，所以这一理论的基石并不因为经济的发展有颠覆性的变化，所以这一理论虽然历史很长，但现在依然适用。因为明白了这一理论，从 2009 年开始，我大概明白自己所选股票处于一个什么样的市场位置，而之前基本是很混沌的。在 2009 年和 2015 年我都成功地在大 A 股逃顶，我也可以自信地说，我能判断市场当前的位置，在牛市中我能有 75% 的概率挣到钱。但是在熊市中我有 90% 的概率会亏钱。事实也是如此，2010—2013 连续 4 年的熊市让我平均每年亏损 30% 左右，而且我还是亏到 30% 就割肉清仓，来年补足本金再战。如果继续恋战的话，恐怕亏损率更高。

我是 2019 年底买的《聪明的投资者》，说实话，囫囵吞枣地看了一遍，没太看明白。但 2019 年底我已经系统地学习了 6 年的注册会计师课程，拥有了二十多年的财务及审计经验，对于报表有了较为深刻的理解。所以我也不想把这本写于 1949 年的书完全看明白。因为会计准则都演变了好几代了，我也不是考古学家，我认为没有必要。但我的选股思路确实是格氏一派，认祖归宗还是有必要的，所以虽然没能掌握这本书中的具体方法，但这本书的安全边际、分散持仓的原则我是完全遵守的。

以上两本书是我股票投资思想基石和出处。根据上述思想，我利用注册会计师考试财务管理课程的现金流量法估值技术，结合 Excel 制作了一个现金流量估值模型。只要把股票代码录入进去，就可对股票进行估值。

三、　适当的投资规模

股票投资的资金规模多大合适，是仁者见仁，智者见智的。我根据自己的性格把资金规模限定在即使全部赔光，也不影响我正常生活的这样一个水平。

四、　运气因素

2012 年认真学习 6 个月的《易经》，对金钱卦也颇有心得，但是算得越准，就越害怕。我这人还是有点讳疾忌医的，总怕给自己算出个不好的卦象来添堵，后来逐渐就放弃了。但运气这个因素确实不能忽视，2018 年我的股票整体市值遭到腰斩，但是因为年初买了一间办公室，把炒股的钱大部分都挪用了，所以绝对亏损额并不大，这确实是因为夫人的运气还不错。

所以做投资，"勿以善小而不为，勿以恶小而为之"，做一个善良的人运气还是不错的。

第二章

获取上市公司财务数据

　　"千里之行，始于足下"，做股票估值的第一步也是非常重要的一步，就是获取上市公司的财务数据。互联网的发展让现在的股民获取上市公司的财务数据比之前容易了很多。我记得一开始炒股的时候还看《中国证券报》，上面密密麻麻的股票代码和报价，现在报纸这种形式的信息传递效率肯定不如互联网功能强大。但是信息源太多了，究竟用哪个信息源的信息也会让人头痛不已。

一、准备工作

我自己做的估值模板自动抓取的上市公司财务报表数据：一个用的是网易财经（网址：https://money.163.com/）；另一个用的是和讯财经（网址：https://www.hexun.com/）。看上市公司的招股说明书、年度报告、审计报告、其他信息的时候用的是巨潮资讯网（网址：http://www.cninfo.com.cn/new/index）。巨潮资讯网是证监会指定的上市公司信息披露的官方网站，获得其他消息的来源是雪球 App。

另外，还有一些获取信息的途径，但是信息基本是雷同的。比如东方财富网（网址：http://finance.eastmoney.com/），这个东方财富网有个股票吧，前几年我也从股票吧获取一些消息，现在主要看雪球了，此外，还有搜狐财经（网址：https://business.sohu.com/），新浪财经（网址：https://finance.sina.com.cn/），腾讯、百度等。我验证过网易财经、新浪财经、搜狐财经、和讯网的财务报表数据，可能都是机器抓取的数据，这几大网站的财务报表经常会有错误，主要是中国的《企业会计准则》经常变化，财务报表的标准格式更是年年都在变。所以自动抓取的数据经常会出现有的科目抓取不上的现象，比如 2018 年度的标准财务报表把应收票据和应收账款合并为一个会计科目，2019 年度的标准财务报表又拆开了，金融资产科目的叫法也从 2018 年开始变化，所以从以上网站获取的财务报表数据需要再进行人工验证。如果资产负债表能做到"资产＝负债＋所有者权益"，一般导出来的报表就不会有什么问题。当然最稳妥的方案是从巨潮资讯网下载 PDF 版的审计报告，再人工核对，就万无一失了。我自己一般先用 Excel 自动抓取网易财经或和讯网的财务报表数据进行估值，找到好的标的之后，再下功夫用巨潮资讯网的审计报告核对一下报表，核对完的报表一般和未核对的报表估值也没什么差异。确定是被低估值的优秀股票之后，再从巨潮资讯网下载招股说明书和年报阅读。在这个过程中，自己的知识结构每年都会有一定量的增长。

下面我以网易财经的数据为例，演示一下怎样获取上市公司的财务报表数据。

准备工作分为两步：第一步找到网易财经网站；第二步打开或新建一个 Excel 股票估值模板。

1. 打开网易财经

在 PC 端上网还是离不开搜索引擎，但无论是百度，还是 360，现在广告都巨多，往往搜索结果并不是你想要的，虽然我这种搜索老手凭经验也能大致分辨出哪些是广告，哪些是"李鬼"，哪些才是我真正想要的东西。但最近我发现了一个比较干净的搜索引擎，多吉（网址：https://www.dogedoge.com/），我已经把它设为首页了，如图 2-1-1 所示。

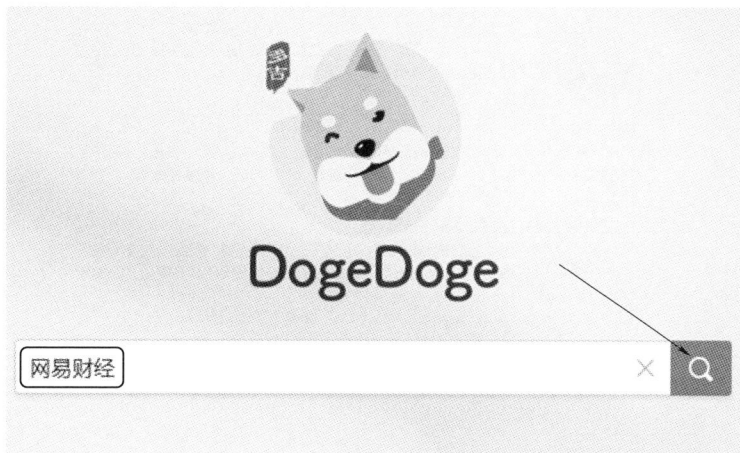

图 2-1-1　多吉界面

在搜索框输入网易财经四个字，单击搜索，结果如图 2-1-2 所示。

图 2-1-2　多吉效果

搜索结果是非常干净的，第一个结果就是网易财经。多吉的右上角还有一句广告词"不追踪，不误导"，我真的希望它能做到，"天下苦搜索引擎久矣"，哈哈。有为多吉做广告的嫌疑了，不过我也是从知乎上知道的这个搜索引擎，我也没了解过它是什么背景，我也不想了解，对于我来说，只要它好用就 OK 了。

对比一下 360 搜索的结果，也不错，就是背景有点乱，如图 2-1-3 所示。

图 2-1-3　360 搜索效果

单击多吉搜索结果的第一项"网易财经"，打开"网易财经"首页，如图 2-1-4 所示。

图 2-1-4　网易财经首页

2. 找到"海螺水泥"股票信息

我们可以在菜单栏单击"股票"按钮转到股票页面，也可以在右侧股票搜索栏直接输入股票代码或股票名称，直接转到具体股票的页面。

然后在搜索框输入"海螺水泥"，如图 2-1-5 所示。

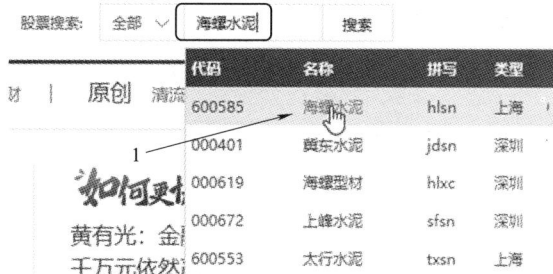

图 2-1-5　海螺水泥（股票代码 600585）搜索页

打开海螺水泥股票页面，显示的是当日海螺水泥的行情。写到这一段的时候，海螺水泥的价格正在快速下行，我的海螺水泥持仓比例是 15%，另外我还有华新水泥（股票代码 600801），持仓比例也在 15% 左右，水泥股的持仓比例达到了 30%。2020 年春节以来，水泥股表现比较一般，倒是还略有盈利，但不如上证指数强，我相信海螺水泥、华新水泥这种好公司的股权价值必定能回归到它应有的价值。

图 2-1-6 打方框的栏目是网页的菜单。

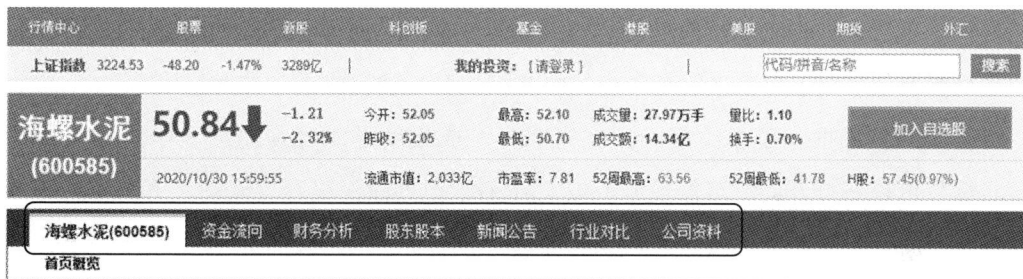

图 2-1-6　海螺水泥（股票代码 600585）行情

鼠标滑到菜单"财务分析 - 资产负债表"上变成一个手指，单击"资产负债表"按钮，如图 2-1-7 所示。

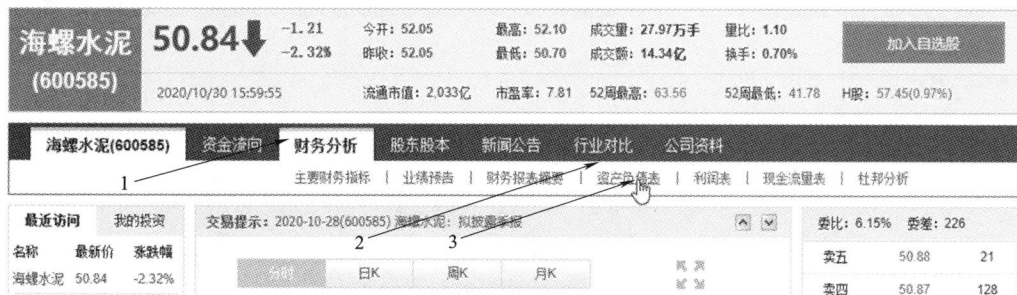

图 2-1-7　海螺水泥（股票代码 600585）资产负债表

打开海螺水泥资产负债表页面，默认的是按报告期显示资产负债表数据，包括季报、半年报、年报。海螺水泥现在显示的报表是 2020 年 6 月 30 日的半年报，我做股票估值的时候只需要年报的财务数据，所以一定要选择按年度显示资产负债表，如图 2-1-8 所示。

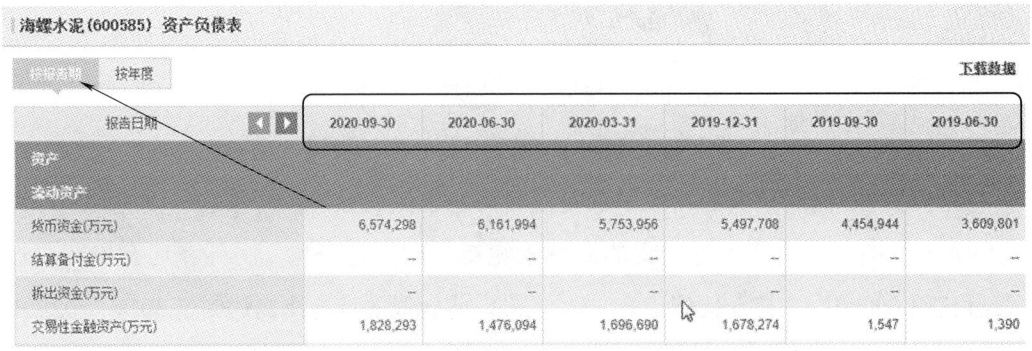

海螺水泥(600585) 资产负债表

按报告期　按年度　下载数据

报告日期	2020-09-30	2020-06-30	2020-03-31	2019-12-31	2019-09-30	2019-06-30
资产						
流动资产						
货币资金(万元)	6,574,298	6,161,994	5,753,956	5,497,708	4,454,944	3,609,801
结算备付金(万元)	--	--	--	--	--	--
拆出资金(万元)	--	--	--	--	--	--
交易性金融资产(万元)	1,828,293	1,476,094	1,696,690	1,678,274	1,547	1,390

图 2-1-8　海螺水泥（股票代码 600585）资产负债表按报告期

选择按年度显示资产负债表后，页面会显示近五年的资产负债表数据，按最近 2019 年 12 月 31 日的日期由近及远顺序排列。我之前用的和讯网的财务报表数据没有网易财经好用，和讯网的报表还要自己选择看哪年的，才能打开哪年，而网易财经的报表数据会把公司上市以来所有年度的财务报表都一次提供了，非常好用。

至此，我们准备工作的第一步就完成了，成果就是海螺水泥近五年的资产负债表。读者可以在打开的浏览器页面，按 Ctrl+D，把页面保存到收藏夹，下次用的时候直接打开就行，想看哪只股票在股票搜索框输入股票代码或股票名称就可以。现在的搜索框都很智能，支持模糊查询。

海螺水泥近 5 年资产负债表网址 http://quotes.money.163.com/f10/zcfzb_600585.html?type=year，如图 2-1-9 所示。

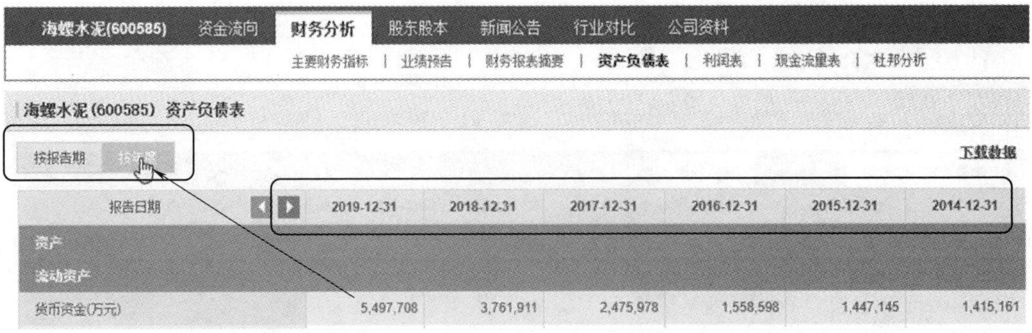

海螺水泥(600585)　资金流向　财务分析　股东股本　新闻公告　行业对比　公司资料

主要财务指标 | 业绩预告 | 财务报表摘要 | 资产负债表 | 利润表 | 现金流量表 | 杜邦分析

海螺水泥(600585) 资产负债表

按报告期　按年度　下载数据

报告日期	2019-12-31	2018-12-31	2017-12-31	2016-12-31	2015-12-31	2014-12-31
资产						
流动资产						
货币资金(万元)	5,497,708	3,761,911	2,475,978	1,558,598	1,447,145	1,415,161

图 2-1-9　海螺水泥（股票代码 600585）资产负债表按报告期

下一步，我们把这个报表导入自己的 Excel 股票估值模板中。

3. 打开或新建一个估值模板 Excel 文件

第二步，创建一个股票估值模板。我这里有做好的股票估值模板，购买这本书的读者可以去读者 QQ 群文件里面下载，也可以加我微信索要，但是我事先声明三点：第一，模板是免费的；第二，据此模板选择的股票产生的损益我概不负责，股市有风险，入市须谨慎；第三，只提供免费模板，不提供免费服务。因为我上半年忙审计工作，下半年忙着写书，比较忙。如果需要找我做审计或指出书中谬误的，可以找我私聊，其他事项不私聊。

言归正传，新建一个 Excel 工作簿，命名为"《现金流量与股票估值》模板 .xlsm"，后缀是带宏的 Excel 工作簿，因为自动抓取财务数据需要运行宏，所以一定要用可以运行宏的工作簿，如图 2-1-10 所示。

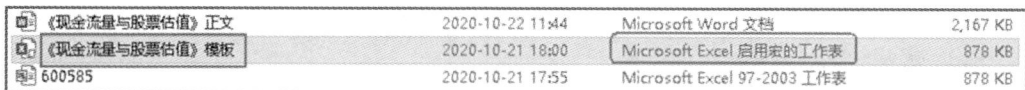

《现金流量与股票估值》正文	2020-10-22 11:44	Microsoft Word 文档		2,167 KB
《现金流量与股票估值》模板	2020-10-21 18:00	Microsoft Excel 启用宏的工作表		878 KB
600585	2020-10-21 17:55	Microsoft Excel 97-2003 工作表		878 KB

图 2-1-10　股票估值模板

在工作簿内新建 3 个工作表，分别命名为 BS 原始数据、PL 原始数据、CF 原始数据。其中，BS 代表资产负债表，PL 代表利润表，CF 代表现金流量表，如图 2-1-11 所示。

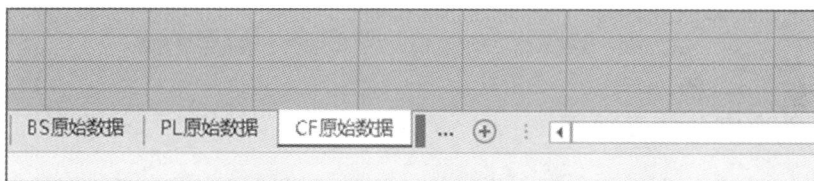

BS原始数据	PL原始数据	CF原始数据

图 2-1-11　股票估值模板原始数据表

至此，获取上市公司财务数据的准备工作就完成了，装数据的箱子准备好了，也知道数据在哪里存放了。下面我列举 3 种获取数据的方法，读者可以根据自己的 Excel 水平任意选取，水平高的当然推荐用 VBA 抓取，迅速省时间；不会用 VBA 抓取的，直接下载然后复制粘贴到模板里面也没问题，结果都是一样的，就是耗费的时间不一样。

二、直接下载财务报表的方法

1. 新建一个原始数据存放文件夹

在估值模板根文件夹下面新建一个文件夹，命名为"上市公司财务数据"，如图 2-2-1 所示。

图 2-2-1　上市公司财务数据

2. 打开下载数据页面

打开网易财经海螺水泥资产负债表页面，不清楚的可以向前看第二章第一节的第一小节。

鼠标滑动到页面右侧"下载数据"上面，单击鼠标左键，如图 2-2-2 所示。

图 2-2-2　海螺水泥（股票代码 600585）资产负债表按报告期

3. 下载资产负债表数据

单击"下载数据"链接之后，不同的浏览器可能显示结果会有所不同。我以 360 浏览器为例，360 浏览器单击"下载数据"链接后会弹出一个对话框，此处默认的文件名是 zcfzb600585.csv，文件名可以修改，但后缀必须是 .csv 文件。下载到默认上次下载的文件夹。单击"浏览"按钮会弹出另一个对话框，选择下载文件保存的位置。如果默认的文件保存位置就是想要的位置，可以单击"下载"按钮，或"下载并打开"按钮，如图 2-2-3 所示。

如果下载到显示的文件夹不是想要的文件夹，单击"浏览"按钮会弹出另一个对话框，选择下载文件保存的位置。我这里选择"D:\02- 图书出版事宜 \ 01- 现金流量法股票估值 \ 上市公司财务数据"。读者请注意，你们自己的电脑不一定是这个路径，最底层的文件夹要选中，但别打开该文件夹。单击"选择文件夹"按钮，页面会返回到上图，如图 2-2-4 所示。

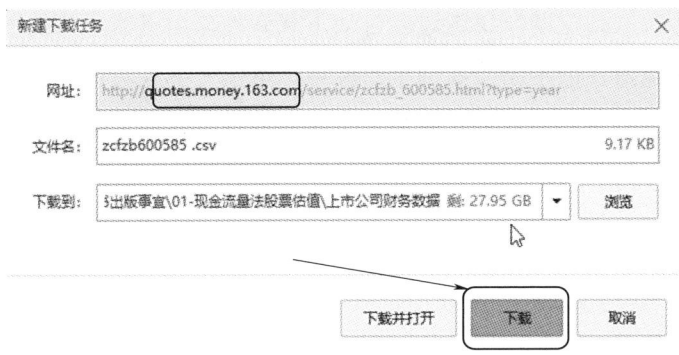

图 2-2-3　海螺水泥（股票代码 600585）**资产负债表新建下载任务对话框**

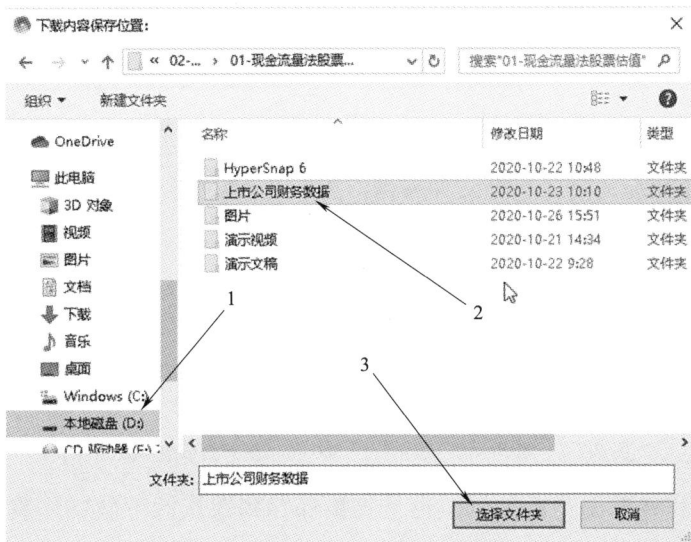

图 2-2-4　海螺水泥（股票代码 600585）**资产负债表新建下载任务选择文件夹对话框**

　　选择好文件夹之后单击下载，就可以下载数据了。下载完成后，指定文件夹会显示已经下载的 .csv 文件 zcfzb600585.csv，文件名的前面小写字母是资产负债表的拼音第一个字母，文件名后面数字是股票代码，如图 2-2-5 所示。

图 2-2-5　海螺水泥（股票代码 600585）**资产负债表下载文件**

13

如果用的是谷歌浏览器，我这边会自动下载到谷歌浏览器默认的下载文件夹，应该也可以设置浏览器，但不如 360 浏览器好用。单击"下载数据"后，数据就自动下载到默认的文件夹，同时浏览器左下角有个文件标示，按向上的箭头，可以找到文件的位置，如图 2-2-6 所示。

图 2-2-6　找到海螺水泥（股票代码 600585）资产负债表下载文件

单击"在文件夹中显示"之后，打开谷歌浏览器默认的下载文件夹，可以将文件复制、粘贴到上市公司财务数据文件夹内，如图 2-2-7 所示。

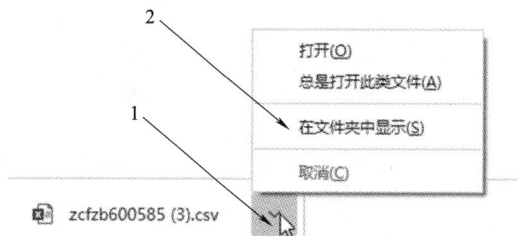

图 2-2-7　海螺水泥（股票代码 600585）资产负债表下载文件

IE 浏览器和谷歌浏览器类似，也是直接保存到默认的下载文件夹，下面界面是 360 极速，如图 2-2-8 所示。

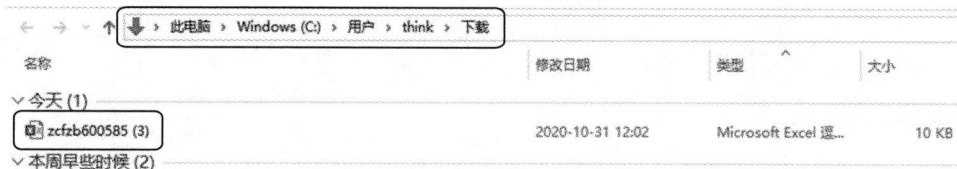

图 2-2-8　360 极速显示

但在使用 IE 浏览器下载的时候，我的抓屏软件没法用，凑合用微信的抓屏抓了一张，可能不太清楚。

微软 Windows 还自带一款浏览器，Microsoft Edge 浏览器，下载结果和谷歌浏览器类似，我电脑里面装的浏览器我都测试了一遍后发现，360 最好用，谷歌也不错。

4. 下载利润表数据

打开网易财经利润表页面，注意一定要选择按年显示，单击"下载数据"，其他操作和资产负债表完全一样，我就不再赘述了。不清楚的可以重复几次资产负债表的下载操作，完全一样的，如图 2-2-9 所示。

图 2-2-9　海螺水泥（股票代码 600585）利润表下载

5. 下载现金流量表数据

打开网易财经现金流量表页面，注意一定要选择按年显示。单击"下载数据"，其他操作和资产负债表完全一样，如图 2-2-10 所示。

图 2-2-10　海螺水泥（股票代码 600585）现金流量表下载

三张报表下载完成后，打开上市公司财务数据文件夹，会看到三个 .csv 文件：zcfzb600585.csv、lrb600585.csv、xjllb600585.csv，如图 2-2-11 所示。

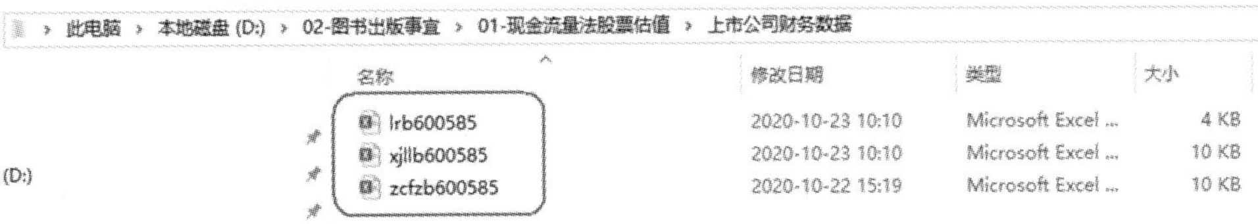

图 2-2-11　海螺水泥（股票代码 600585）报表下载

6. 将数据粘贴到模板

打开现金流量与股票估值模板，将下载的三张报表粘贴进去。至此用复制、粘贴的方法获取上市公司财务数据的工作就算圆满完成了。

三、 用 Excel 数据导入向导方法

Excel还可以直接导入网站的数据，而且导入的数据可以随着网站更新，我记得用 Excel 2003 的时候就学会了这个功能，但是用这个功能做估值，已经是 2014 年末的事情了，当时好像是在新浪财经的网站上采用导入的办法获取的上市公司财务数据。我也是直到最近才知道网易财经可以直接下载上市公司全部年度的财务报表数据。

1. 导入年报数据

新浪财经下载数据还要分报表、分年度导入，导入的报表数据还包括季报，我只需要年报，季报的数据要删除掉，所以做好一个上市公司的三年的报表下载工作就要 30 分钟以上，当年刚开始学习注册会计师考试教材《财务管理》网上课程，学到现金流量估值的时候忽然想到自己炒股票，用现金流量估值的办法做个模板试试，既巩固了所学的知识，又能学以致用，于是就有了我现在这套模板的雏形。当时是严格按照《财务管理》教材上的模型搭建的模板，做好之后就懵懵懂懂地开始做估值。我记得昏天黑地干了一周多的时间，找出来不少好的股票，比如贵州茅台（股票代码 600519）、五粮液（股票代码 000858）、福耀玻璃（股票代码 600660）。从 2014 年末到 2015 年 6 月主要交易这三只股票和包钢股份（股票代码 600010），其中五粮液（股票代码 000858）最高的时候持仓七十多万元，持仓成本才 20 元多一点。图 2-3-1 是交割图。

2014-11-10	13:40:15	000858	五粮液	证券买入	17.73	3000	157333	17.72	3000	53,160.00
2014-11-11	10:45:14	600660	福耀玻璃	证券卖出	11.51	7300	136055	11.51	7300	84,023.00
2014-11-14	14:38:37	600010	包钢股份	证券买入	3.06	20000	185104	3.06	20000	61,200.00
2014-11-14	14:47:04	000858	五粮液	证券买入	18.2	3000	191293	18.2	3000	54,600.00
2014-11-14	14:49:33	000858	五粮液	证券买入	18.29	6000	193382	18.25	6000	109,500.00
2014-11-14	14:53:00	600010	包钢股份	证券买入	3.07	50000	196734	3.07	50000	153,500.00
2014-11-14	14:55:14	600660	福耀玻璃	证券买入	11.28	800	199137	11.28	800	9,024.00
2014-12-5	15:00:19	000858	五粮液	证券卖出	19.61	12000	480935	19.63	12000	235,560.00
2014-12-8	10:39:29	000858	五粮液	证券买入	19.7	10000	174222	19.69	10000	196,900.00
2014-12-8	10:41:33	600660	福耀玻璃	证券买入	11.76	2800	176543	11.76	2800	32,928.00
2014-12-10	10:11:12	000858	五粮液	证券卖出	20.25	9000	132140	20.26	9000	182,340.00
2014-12-10	10:11:39	600010	包钢股份	证券买入	3.9	50000	132856	3.9	50000	195,000.00
2014-12-10	13:02:59	000858	五粮液	证券买入	20.33	9000	235703	20.33	5100	103,683.00
2014-12-10	13:02:10	600010	包钢股份	证券买入	3.98	48400	256526	3.98	48400	192,632.00
2014-12-10	13:07:23	000858	五粮液	证券买入	20.37	3800	241694	20.343	3800	77,304.19
2014-12-15	13:03:46	600010	包钢股份	证券卖出	4.16	1500	212171	4.16	1500	6,240.00
2014-12-15	13:04:54	600010	包钢股份	证券卖出	4.16	10000	213048	4.17	10000	41,700.00
2014-12-15	13:09:41	600010	包钢股份	证券卖出	4.16	11000	216774	4.16	11000	45,760.00
2014-12-16	09:48:40	600519	贵州茅台	证券买入	180.6	100	74253	180.6	100	18,060.00
2014-12-16	13:40:41	600010	包钢股份	证券卖出	4.4	14400	271697	4.38	14400	63,072.00
2014-12-18	14:18:25	600010	包钢股份	证券卖出	4.49	27700	307683	4.48	27700	124,096.00
2014-12-18	14:49:56	600660	福耀玻璃	证券卖出	12.36	3600	351816	12.41	3600	44,676.00
2014-12-19	13:08:57	600519	贵州茅台	证券买入	179.98	100	266481	180.02	100	18,001.99
2014-12-19	14:30:26	600010	包钢股份	证券买入	4.56	20100	382190	4.56	20100	91,656.00
2014-12-19	14:34:01	000858	五粮液	证券买入	20.27	11600	387408	20.248	11600	234,872.00
2014-12-24	09:53:45	000858	五粮液	证券买入	21.70	10000	66034	21.69	10000	216,900.00

图 2-3-1　2014—2015 年股票成交记录

　　每每看到这个成交记录我就想到星爷的一句话"如果上天再给我一次机会……"，呵呵。当时的炒股水平还是太低，持股时间不够长，经常买入卖出，而且刚学会的估值，也确实对自己没信心。当时最有信心的还是波浪理论，自己判断牛市确实来了，事后证明我的判断也是正确的，到了 2015 年 6 月 18 日，大盘暴跌了三天，我看出来波浪理论第五浪的头部出来了，果断选择了清仓，如图 2-3-2 所示。

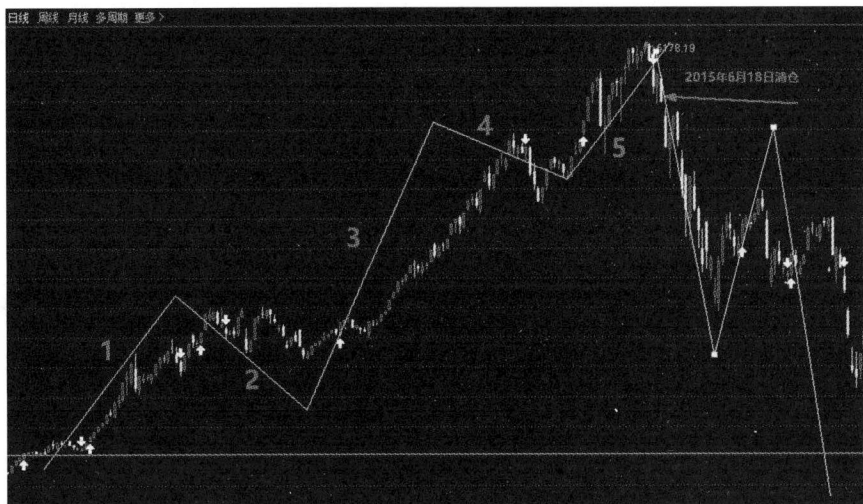

图 2-3-2　2014—2015 年上证指数走势图

　　这是我从 1997 年进入股市以来最完美的一次操作，也是我利用波浪理论最成功的一次经历。

　　波浪理论"五浪"形态的三个永恒之处：

　　（1）"浪 2"永远不会超过"浪 1"的起点（如果超过了，那肯定不是"浪 1"）；

　　（2）"浪 3"永远不是最短的一浪（如果"浪 3"最短，对不起，您数错了，它不是"浪 3"，"浪 3"要么比"浪 1"长，要么比"浪 5"长）；

　　（3）"浪 4"永远不会进入"浪 1"的价格领地。

　　我是在 2009 年大盘走到上证第三浪中期的时候学会的波浪理论，2009 年的资金量也比较小，2010—2014 连续 5 年的下行趋势，波浪理论完全没有用武之地。直到 2015 年才让我抓住了一次机会。当时给自己炒股水平的评价是如果进入牛市，我是能赚到钱的，熊市肯定会赔钱的，所以熊市就空仓，或者轻仓。在 2010—2014 的 5 年中，其中，2011 年和 2012 年都触及了我资金管理的止损线。当时是 20 万元本金，如果一年之内赔了 6 万元，我就选择止损出去。第二年凑足 20 万元本金重新开始，直到 2013 年接近我的止损线的时候大盘止跌了，开始上涨。

图 2-3-3 是我 2015 年 6 月 18 日清仓的交易记录。当时五粮液 30.58 元，我从 20 元左右开始操作，因为中间倒腾，实际盈利比率 30%～40%，茅台清仓的时候 245 元，福耀玻璃 15.8 元，看到这个图，肯定鄙视我太菜了，买到了好股拿不住。这也是我遗憾的地方，当时已经学会了现金流量估值，也选到了好的标的，但是后来没能好好地坚持，错过了好几百万元的收益。

成交日期	成交时间	证券代码	证券名称	买卖标志	委托价格	委托数量	委托编号	成交价格	成交数量	成交金额
2015-6-18	14:31:36	000046	泛海控股	证券卖出	20.30	6900	991502	20.31	6900	140,139.00
2015-6-18	14:32:50	000858	五粮液	证券卖出	30.58	6000	996516	30.621	6000	183,724.00
2015-6-18	14:36:18	600406	国电南瑞	证券卖出	24.90	1900	1010157	24.9	1900	47,310.00
2015-6-18	14:36:48	600519	贵州茅台	证券卖出	245.25	700	1014869	245.397	700	171,778.00
2015-6-18	14:38:40	600660	福耀玻璃	证券卖出	15.80	13600	1026346	15.834	13600	215,337.00
2015-6-18	14:39:56	002028	思源电气	证券卖出	22.80	9500	1035805	22.862	9500	217,187.00
2015-6-18	14:40:42	002008	大族激光	证券卖出	35.06	5000	1041493	35.062	5000	175,312.00
2015-6-18	14:41:43	002422	科伦药业	证券卖出	48.17	3000	1045548	48.17	3000	144,510.00
2015-6-18	14:41:57	000423	东阿阿胶	证券卖出	57.96	100	1048941	57.96	100	5,796.00
2015-6-18	14:45:00	002024	苏宁云商	证券卖出	19.54	100	1065555	19.54	100	1,954.00
2015-6-18	14:47:02	002422	科伦药业	证券卖出	47.49	2000	1077433	47.49	2000	94,980.00
2015-6-19	14:00:03	204001	GC001	融券	7.13	13000	703562	7.13	13000	1,300,000.00

图 2-3-3　2015 年 6 月 18 日股票成交记录

2015 年 6 月 18 日全部清仓，为了防止自己，第二天还把全部资金冻结，做了融券。

因为用现金流量法估值，每一只股票都要花 30 多分钟，后来，我错误地认为只要市盈率低；现金流量好、增长率好就是好股票，所以从 2016—2019 年这三年并没有好好地使用我这个模板，直到 2019 年末和一个准上市公司的老总聊天，让我对编程产生了兴趣，之后学了两周的 VBA，然后把这个导入上市公司财务数据的方法录制成"宏"，稍微改一改，2 分钟左右就可以做一个上市公司的估值了。在 2019 年末，又把所有的股票重新用现金流量法做了估值，重新构造了我的投资组合。从 2019 年 12 月到 2020 年 10 月，中间经历了新冠疫情，中美贸易摩擦，我基本一直满仓，收益 20% 多一点，跑赢大盘十几个点。

我判断创业板指数到顶了，上证指数最少还会有个"浪 5"要走出来，而且我买的股票都是安全边际比较高的。从长期看，吃股息也是划算的。

讲了这么多，我想说明的是导入法的渊源，这个导入法也是我下面用 VBA 导入上市公司财务数据的基础。下面我分步演示一下怎样导入网易财经的报表数据。

2．打开模板 1，找到 bs 表，选中 bs 表 A1 列

依次按照图 2-3-4 顺序进行单击：数据→获取数据→传统向导→从 Web（旧版），如图 2-3-4 所示。

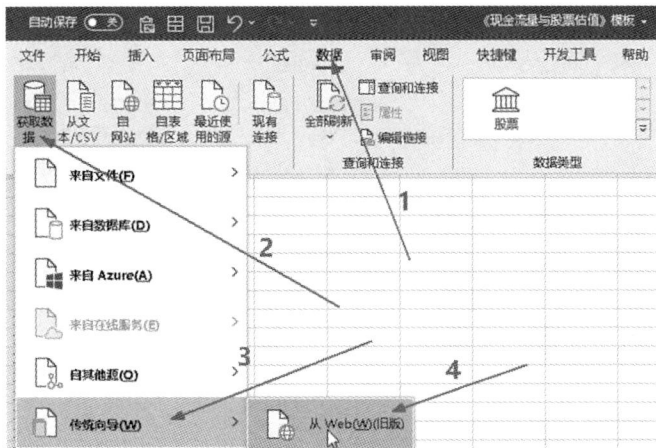

图 2-3-4　导入数据

3. 新建 WEB 查询

打开新建 WEB 查询对话框，会自动弹出一个脚本错误的对话框。自从 2010 年之后的版本都会出现这种情况，我也不知道是什么原因，但是一直用鼠标左键单击脚本错误对话框中"是的"按钮，直到脚本错误对话框消失，并且新建 WEB 查询对话框的地址栏返灰，如图 2-3-5 所示。

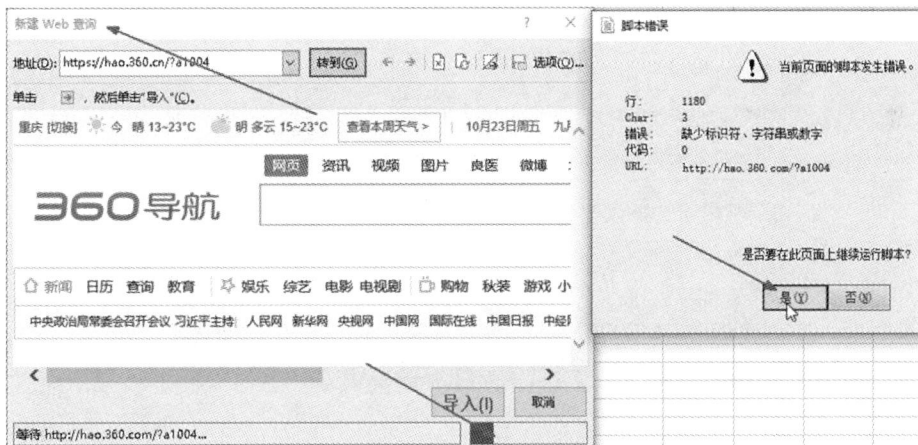

图 2-3-5　导入数据

4. 导入网易财经资产负债表

脚本错误对话框消失之后，新建 WEB 查询会显示"完成"两个字，同时地址栏会返灰，把打开的 360 极速浏览器中按年显示的资产负债表页面的网址贴入新建 WEB 查询的地址栏，如图 2-3-6 所示。

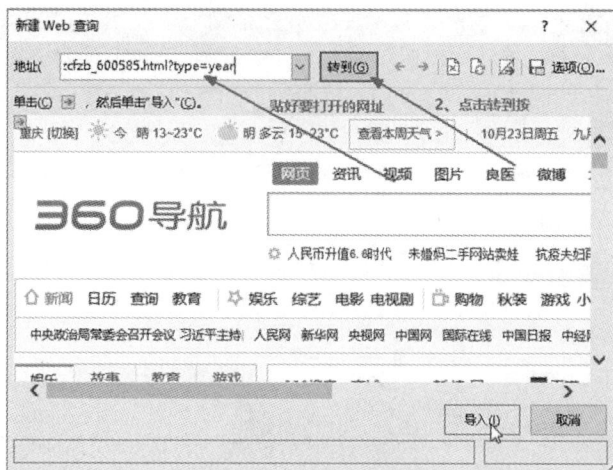

图 2-3-6 导入数据

贴入网址之后，单击"转到"按钮，又会出现脚本错误对话框，可以一直单击"回车键"，或者鼠标左键单击"是"，直到脚本对话框消失，这时新建 WEB 查询对话框最下面左侧的状态栏会显示"完成"。同时新建 WEB 查询对话框会转到海螺水泥资产负债表页面，而且页面会分割成很多表单，每个表单的左上角有一个向右的黄色箭头。注意：一次只能选中一个表单导入，如果选中两个表单，导出来的数据会是上下排列，我们先把资产负债表的科目条目导进去，如图 2-3-7 所示。

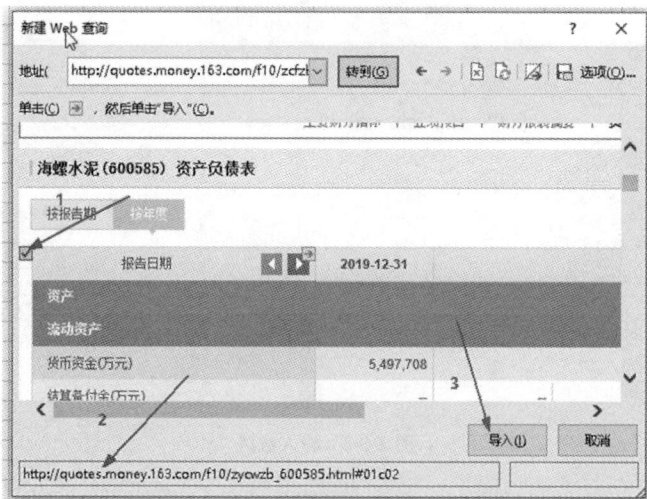

图 2-3-7 导入数据

单击"导入"后会出现一个对话框，一般选中 A1 单元格，单击"确定"。

在导入过程中，A1 单元格会显示：网址和正在获取数据信息。导入完成后会把网页上表单的数据导入到电子表格里面，如图 2-3-8 至图 2-3-9 所示。

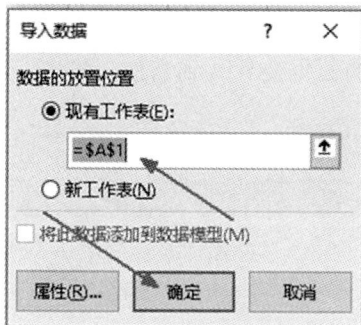

图 2-3-8　导入数据

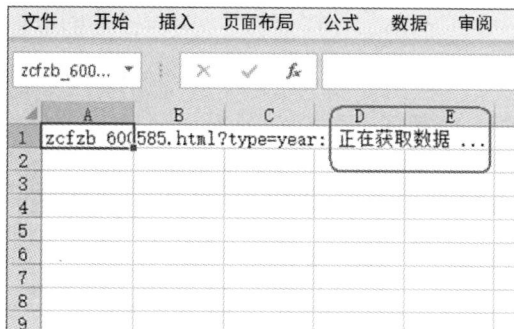

图 2-3-9　导入数据

导入完成后，表中会导入资产负债表的会计科目列数据，如图 2-3-10 所示。

图 2-3-10　导入数据

下一步，用鼠标选中 B1 单元格，重新执行一遍上述（第二章第三节 1～3 的步骤）新建 WEB 查询步骤，与上述步骤唯一不同的是，选择数据表单的向右箭头单击单选框☑，然后用鼠标左键单击"导入"按钮，如图 2-3-11 所示。

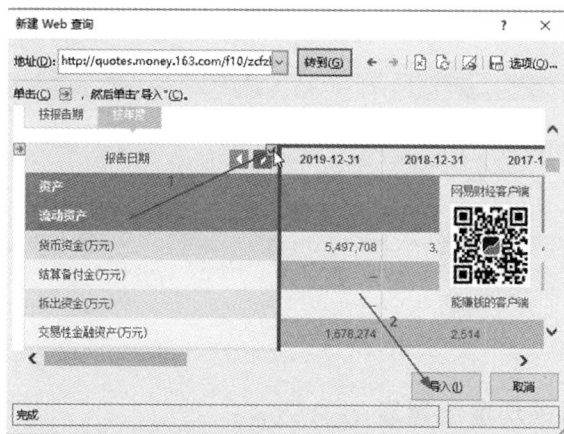

图 2-3-11　导入数据

单击“导入”按钮后会弹出图 2-3-8 的对话框，这次是选择从现有工作表 B1 单元格开始导入数据。单击“确定”之后，资产负债表的数据会导入到当前工作表，结果如图 2-3-12 所示。

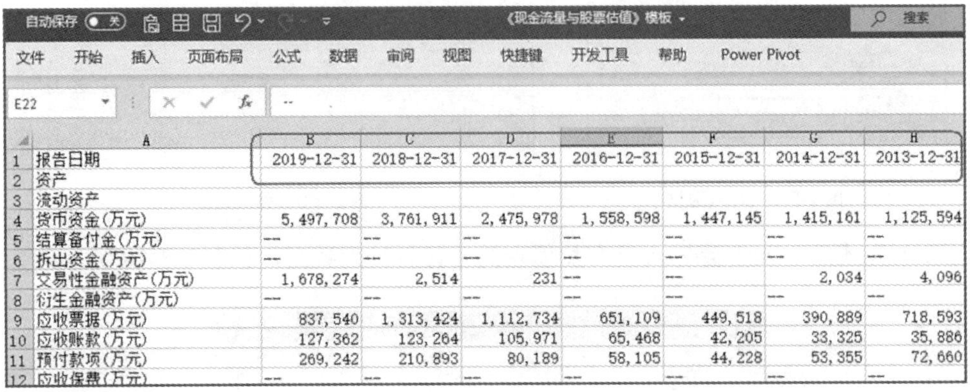

	A	B	C	D	E	F	G	H
1	报告日期	2019-12-31	2018-12-31	2017-12-31	2016-12-31	2015-12-31	2014-12-31	2013-12-31
2	资产							
3	流动资产							
4	货币资金(万元)	5, 497, 708	3, 761, 911	2, 475, 978	1, 558, 598	1, 447, 145	1, 415, 161	1, 125, 594
5	结算备付金(万元)	--	--	--	--	--	--	--
6	拆出资金(万元)	--	--	--	--	--	--	--
7	交易性金融资产(万元)	1, 678, 274	2, 514	231	--	--	2, 034	4, 096
8	衍生金融资产(万元)	--	--	--	--	--	--	--
9	应收票据(万元)	837, 540	1, 313, 424	1, 112, 734	651, 109	449, 518	390, 889	718, 593
10	应收账款(万元)	127, 362	123, 264	105, 971	65, 468	42, 205	33, 325	35, 886
11	预付款项(万元)	269, 242	210, 893	80, 189	58, 105	44, 228	53, 355	72, 660
12	应收保费(万元)	--	--	--	--	--	--	--

图 2-3-12　导入数据

5. 导入网易财经利润表

重复上述 1 ～ 3 的步骤，不同的是，在按年显示利润表的页面，导入数据时粘贴的是利润表的网址：http://quotes.money.163.com/f10/lrb_600585.html?type=year，如图 2-3-13 所示。

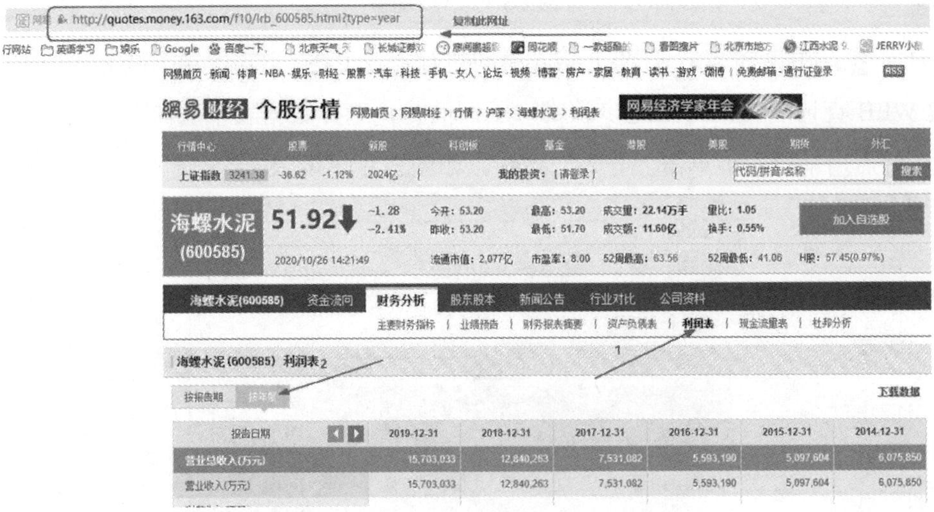

图 2-3-13　导入数据

6. 导入网易财经现金流量表

重复上述 1 ～ 3 的步骤，打开网易财经按年显示现金流量表界面，导入数据时粘贴的是现金流量表的网址：http://quotes.money.163.com/f10/xjllb_600585.html? type=year，如图 2-3-14 所示。

图 2-3-14　导入数据

　　至此，资产负债报、利润表、现金流量表的数据全部导入完成。读者会发现这种方法比直接下载要麻烦，尤其是脚本错误特别烦人。但是如果把这种方法录制成一个"宏"，并且加一个按钮，那么只需要两分钟，这一套烦琐的报表导入操作就可自动完成，而且把"宏"命令再稍稍改动一下，就可以一次做很多上市公司的估值，虽然我的 VBA 编程技术比较差，但是勉强够用了。下一节，我具体讲讲采用 VBA 的方法导入上市公司财务数据。

四、　用 Excel 的 VBA 导入上市公司财务数据的方法

　　用 Excel 的 VBA 导入上市公司财务数据的方法是我目前正在使用的方法，编写这本书之前，我一直用和讯网的数据。为了演示本章第二节和第三节的操作步骤，我又制作了一个新的模板，在制作新的模板过程中发现网易财经的数据非常好，所以我的新模板又升级为采用网易财经数据的模板，但是和讯网数据的模板还是可以起到验证的作用，因为基本原理都是完全一样的。唯一的区别是网易财经数据模板的历史数据选取了 5 年，和讯网选取了 3 年。下面我分别贴出网易财经的 VBA 代码与和讯网的 VBA 代码。

　　关键的步骤都做了注释，如果看不懂可以看看下面的内容。

　　我早年学过一段时间的人像摄影，摄影老师讲中国彩色扩印发展史的时候说道，曾经中国的照片冲洗技术很落后，国内的设备只能冲洗扩印黑白的照片。20 世纪 80

23

年代改革开放之后，中国最大的国营照相公司——中国照相馆，从国外进口了当时国内第一台彩色冲印设备，但是屏幕显示的全是英文，按键也是英文，没有一个员工会用，这台设备就在那里放了好几年。后来国内进一步开放，有了个体照相馆，这台设备就被中国照相馆当作废品卖给了一位个体照相馆的老板。老板是个不识字的老人，老人买了这台设备回去之后研究了几个月，居然会用了。后来国内再有人进口了这种设备就会把这个老人请过去讲课。

据说那个老师傅讲课时最常说的一句话就是："你就这样这样，然后就那样了。"

简单吧！我想说的也是："你就这样，这样……然后就那样了！"有时候，问题并没有你想象的那么复杂，很多问题通过动手尝试，就会找到解决的办法。如果说现金流量估值的基本原理，想搞明白，确实需要有财务管理的基础才可以，但是用这套表格，用这个方法，你也可以"这样，这样……就那样了"。至于结果是不是正确，可以用时间来验证，也可以对比证券机构的研报。

1. 获取网易财经报表数据代码

```
Sub 获取网易财经报表数据 ()

'导入报表数据
Dim cu, sh, i, rng, cu3
        cu=Application.CountA(Range(" 自选股 !a:a"))     '统计行数
        For i=2 To cu     '从 2 循环到有数单元格的最后一行


rng=Sheets(" 自选股 ").Range("A" &i).Value
            '删除表格原来的数据
            Sheets("BS 原始数据 ").Select
ActiveWindow.SmallScrollDown:=-18
Cells.Select
Selection.DeleteShift:=xlUp
            Sheets("PL 原始数据 ").Select
Cells.Select
Selection.DeleteShift:=xlUp
            Sheets("CF 原始数据 ").Select
Cells.Select
Selection.DeleteShift:=xlUp


            '导入资产负债表数据
            Sheets("BS 原始数据 ").Select
```

```
                Range("A1").Select
    Application.CutCopyMode=False
                With ActiveSheet.QueryTables.Add(Connection:=_
                    "URL;http://quotes.money.163.com/f10/zcfzb_" &rng&
".html?type=year", Destination _
    :=Range("$A$1"))
    .RowNumbers=False
    .FillAdjacentFormulas=False
    .PreserveFormatting=True
    .RefreshOnFileOpen=False
    .RefreshStyle=xlInsertDeleteCells
    .SavePassword=False
    .SaveData=True
    .AdjustColumnWidth=True
    .RefreshPeriod=0
    .Name="zcfzb_" &rng& ".html?type=year"
    .FieldNames=True
    .RowNumbers=False
    .FillAdjacentFormulas=False
    .PreserveFormatting=True
    .RefreshOnFileOpen=False
    .BackgroundQuery=True
    .RefreshStyle=xlInsertDeleteCells
    .SavePassword=False
    .SaveData=True
    .AdjustColumnWidth=True
    .RefreshPeriod=0
    .WebSelectionType=xlSpecifiedTables
    .WebFormatting=xlWebFormattingNone
    .WebTables="4"
    .WebPreFormattedTextToColumns=True
    .WebConsecutiveDelimitersAsOne=True
    .WebSingleBlockTextImport=False
    .WebDisableDateRecognition=False
    .WebDisableRedirections=False
    .RefreshBackgroundQuery:=False
                End With
    ActiveWindow.SmallScrollDown:=-63

                Range("B1").Select
```

```
    Application.CutCopyMode=False
                With ActiveSheet.QueryTables.Add(Connection:=_
                    "URL;http://quotes.money.163.com/f10/zcfzb_" &rng&
".html?type=year", Destination _
    :=Range("$B$1"))
    .RowNumbers=False
    .FillAdjacentFormulas=False
    .PreserveFormatting=True
    .RefreshOnFileOpen=False
    .RefreshStyle=xlInsertDeleteCells
    .SavePassword=False
    .SaveData=True
    .AdjustColumnWidth=True
    .RefreshPeriod=0
    .Name="zcfzb_" &rng& ".html?type=year_1"
    .FieldNames=True
    .RowNumbers=False
    .FillAdjacentFormulas=False
    .PreserveFormatting=True
    .RefreshOnFileOpen=False
    .BackgroundQuery=True
    .RefreshStyle=xlInsertDeleteCells
    .SavePassword=False
    .SaveData=True
    .AdjustColumnWidth=True
    .RefreshPeriod=0
    .WebSelectionType=xlSpecifiedTables
    .WebFormatting=xlWebFormattingNone
    .WebTables="5"
    .WebPreFormattedTextToColumns=True
    .WebConsecutiveDelimitersAsOne=True
    .WebSingleBlockTextImport=False
    .WebDisableDateRecognition=False
    .WebDisableRedirections=False
    .RefreshBackgroundQuery:=False
                End With

            Sheets("PL原始数据").Select
            Range("A1").Select
    Application.CutCopyMode=False
```

```
                    With ActiveSheet.QueryTables.Add(Connection:= _
                        "URL;http://quotes.money.163.com/f10/lrb_" &rng&
".html?type=year", Destination _
    :=Range("$A$1"))
    .RowNumbers=False
    .FillAdjacentFormulas=False
    .PreserveFormatting=True
    .RefreshOnFileOpen=False
    .RefreshStyle=xlInsertDeleteCells
    .SavePassword=False
    .SaveData=True
    .AdjustColumnWidth=True
    .RefreshPeriod=0
    .Name="lrb_" &rng& ".html?type=year"
    .FieldNames=True
    .RowNumbers=False
    .FillAdjacentFormulas=False
    .PreserveFormatting=True
    .RefreshOnFileOpen=False
    .BackgroundQuery=True
    .RefreshStyle=xlInsertDeleteCells
    .SavePassword=False
    .SaveData=True
    .AdjustColumnWidth=True
    .RefreshPeriod=0
    .WebSelectionType=xlSpecifiedTables
    .WebFormatting=xlWebFormattingNone
    .WebTables="4"
    .WebPreFormattedTextToColumns=True
    .WebConsecutiveDelimitersAsOne=True
    .WebSingleBlockTextImport=False
    .WebDisableDateRecognition=False
    .WebDisableRedirections=False
    .RefreshBackgroundQuery:=False
                End With
ActiveWindow.SmallScrollDown:=-24
            Range("B1").Select
Application.CutCopyMode=False
            With ActiveSheet.QueryTables.Add(Connection:= _
                "URL;http://quotes.money.163.com/f10/lrb_" &rng&
```

```
".html?type=year", Destination _
    :=Range("$B$1"))
    .RowNumbers=False
    .FillAdjacentFormulas=False
    .PreserveFormatting=True
    .RefreshOnFileOpen=False
    .RefreshStyle=xlInsertDeleteCells
    .SavePassword=False
    .SaveData=True
    .AdjustColumnWidth=True
    .RefreshPeriod=0
    .Name="lrb_" &rng& ".html?type=year_1"
    .FieldNames=True
    .RowNumbers=False
    .FillAdjacentFormulas=False
    .PreserveFormatting=True
    .RefreshOnFileOpen=False
    .BackgroundQuery=True
    .RefreshStyle=xlInsertDeleteCells
    .SavePassword=False
    .SaveData=True
    .AdjustColumnWidth=True
    .RefreshPeriod=0
    .WebSelectionType=xlSpecifiedTables
    .WebFormatting=xlWebFormattingNone
    .WebTables="5"
    .WebPreFormattedTextToColumns=True
    .WebConsecutiveDelimitersAsOne=True
    .WebSingleBlockTextImport=False
    .WebDisableDateRecognition=False
    .WebDisableRedirections=False
    .RefreshBackgroundQuery:=False
            End With
ActiveWindow.SmallScrollDown:=-33
ActiveWorkbook.Save
            Sheets("CF原始数据").Select
ActiveWindow.SmallScrollDown:=-18
            Range("A1").Select
Application.CutCopyMode=False
            With ActiveSheet.QueryTables.Add(Connection:= _
```

```
                          "URL;http://quotes.money.163.com/f10/xjllb_" &rng&
".html?type=year", Destination _
    :=Range("$A$1"))
    .RowNumbers=False
    .FillAdjacentFormulas=False
    .PreserveFormatting=True
    .RefreshOnFileOpen=False
    .RefreshStyle=xlInsertDeleteCells
    .SavePassword=False
    .SaveData=True
    .AdjustColumnWidth=True
    .RefreshPeriod=0
    .Name="xjllb_" &rng& ".html?type=year"
    .FieldNames=True
    .RowNumbers=False
    .FillAdjacentFormulas=False
    .PreserveFormatting=True
    .RefreshOnFileOpen=False
    .BackgroundQuery=True
    .RefreshStyle=xlInsertDeleteCells
    .SavePassword=False
    .SaveData=True
    .AdjustColumnWidth=True
    .RefreshPeriod=0
    .WebSelectionType=xlSpecifiedTables
    .WebFormatting=xlWebFormattingNone
    .WebTables="4"
    .WebPreFormattedTextToColumns=True
    .WebConsecutiveDelimitersAsOne=True
    .WebSingleBlockTextImport=False
    .WebDisableDateRecognition=False
    .WebDisableRedirections=False
    .RefreshBackgroundQuery:=False
              End With
    ActiveWindow.SmallScrollDown:=-48
              Range("B1").Select
    ActiveWindow.SmallScrollDown:=-9
    Application.CutCopyMode=False
              With ActiveSheet.QueryTables.Add(Connection:= _
                  "URL;http://quotes.money.163.com/f10/xjllb_" &rng&
```

```
".html?type=year", Destination _
    :=Range("$B$1"))
    .RowNumbers=False
    .FillAdjacentFormulas=False
    .PreserveFormatting=True
    .RefreshOnFileOpen=False
    .RefreshStyle=xlInsertDeleteCells
    .SavePassword=False
    .SaveData=True
    .AdjustColumnWidth=True
    .RefreshPeriod=0
    .Name="xjllb_" &rng& ".html?type=year_1"
    .FieldNames=True
    .RowNumbers=False
    .FillAdjacentFormulas=False
    .PreserveFormatting=True
    .RefreshOnFileOpen=False
    .BackgroundQuery=True
    .RefreshStyle=xlInsertDeleteCells
    .SavePassword=False
    .SaveData=True
    .AdjustColumnWidth=True
    .RefreshPeriod=0
    .WebSelectionType=xlSpecifiedTables
    .WebFormatting=xlWebFormattingNone
    .WebTables= "5"
    .WebPreFormattedTextToColumns=True
    .WebConsecutiveDelimitersAsOne=True
    .WebSingleBlockTextImport=False
    .WebDisableDateRecognition=False
    .WebDisableRedirections=False
    .RefreshBackgroundQuery:=False
            End With
                '复制数据宏
            Sheets("BS原始数据").Select
Cells.Select
Selection.Copy
            Sheets("BS数据").Select
Cells.Select
Selection.PasteSpecialPaste:=xlPasteValues, Operation:=xlNone, SkipBlanks _
```

```
:=False, Transpose:=False
ActiveWindow.SmallScrollDown:=-9
            Sheets("PL原始数据").Select
Cells.Select
ActiveWindow.SmallScrollDown:=-15
Application.CutCopyMode=False
Selection.Copy
            Sheets("PL数据").Select
Cells.Select
ActiveWindow.SmallScrollDown:=-12
Selection.PasteSpecialPaste:=xlPasteValues, Operation:=xlNone,
SkipBlanks _
:=False, Transpose:=False
            Sheets("BS原始数据").Select
Cells.Select
Application.CutCopyMode=False
Selection.DeleteShift:=xlUp
            Sheets("PL原始数据").Select
Cells.Select


Application.CutCopyMode=False
Selection.DeleteShift:=xlUp
            Sheets("CF原始数据").Select
Cells.Select
Selection.Copy
            Sheets("CF数据").Select
Cells.Select
Selection.PasteSpecialPaste:=xlPasteValues, Operation:=xlNone, SkipBlanks _
:=False, Transpose:=False
             Sheets("CF原始数据").Select
Cells.Select

Selection.DeleteShift:=xlUp


'比较评估出来的价值，如果大于市场价值，那么新建一个以这个股票代码命名的工作簿
到此文件夹。


sh=Sheets("自选股").Range("E" &i).Value
            cu3=Sheets("价值评估").Range("f125").Value
            Sheets("自选股").Range("f" &i).Value=cu3
```

31

```
                    If cu3 >sh Then

ChDriveLeft(ThisWorkbook.Path, 1)
ChDirThisWorkbook.Path
Application.DisplayAlerts=False
ThisWorkbook.SaveCopyAsFilename:=ThisWorkbook.Path& "\" &rng& ".xls"
Application.DisplayAlerts=True
                    End If
                    Next i
                    Sheets(" 自选股 ").Select


End Sub
```

2. 获取和讯网报表数据代码

```
Sub 导入和讯网站数据 ()
' 导入和讯网站数据宏
Dim cu, sh, i, rng, cu3
cu=Application.CountA(Range(" 自选股 !a:a"))     ' 统计行数
For i=2 To cu    ' 从 2 循环到有数单元格的最后一行
rng=Sheets(" 自选股 ").Range("A" &i).Value
        'rng=ActiveCell.Value
        'MsgBoxrng
        Sheets("BS 原始数据 ").Select
        Range("A1").Select
    With ActiveSheet.QueryTables.Add(Connection:= _
        "URL;http://stockdata.stock.hexun.com/2008/zcfz.aspx?stockid="
&rng& "&accountdate=2019.12.31" _
        , Destination:=Range("$A$1"))
.Name="zcfz.aspx?stockid=" &rng& "&accountdate=2019.12.31"
.FieldNames=True
.RowNumbers=False
.FillAdjacentFormulas=False
.PreserveFormatting=True
.RefreshOnFileOpen=False
.BackgroundQuery=True
.RefreshStyle=xlInsertDeleteCells
.SavePassword=False
.SaveData=True
.AdjustColumnWidth=True
```

```
        .RefreshPeriod=0
        .WebSelectionType=xlSpecifiedTables
        .WebFormatting=xlWebFormattingNone
        .WebTables="3"
        .WebPreFormattedTextToColumns=True
        .WebConsecutiveDelimitersAsOne=True
        .WebSingleBlockTextImport=False
        .WebDisableDateRecognition=False
        .WebDisableRedirections=False
        .RefreshBackgroundQuery:=False
            End With
            Range("c1").Select
            With ActiveSheet.QueryTables.Add(Connection:= _
                "URL;http://stockdata.stock.hexun.com/2008/zcfz.aspx?stockid=
" &rng&"&accountdate=2018.12.31" _
                , Destination:=Range("$c$1"))
        .Name="zcfz.aspx?stockid=" &rng& "&accountdate=2018.12.31"
        .FieldNames=True
        .RowNumbers=False
        .FillAdjacentFormulas=False
        .PreserveFormatting=True
        .RefreshOnFileOpen=False
        .BackgroundQuery=True
        .RefreshStyle=xlInsertDeleteCells
        .SavePassword=False
        .SaveData=True
        .AdjustColumnWidth=True
        .RefreshPeriod=0
        .WebSelectionType=xlSpecifiedTables
        .WebFormatting=xlWebFormattingNone
        .WebTables="3"
        .WebPreFormattedTextToColumns=True
        .WebConsecutiveDelimitersAsOne=True
        .WebSingleBlockTextImport=False
        .WebDisableDateRecognition=False
        .WebDisableRedirections=False
        .RefreshBackgroundQuery:=False
            End With
          ' ActiveWindow.SmallScrollDown:=-9
```

33

```
        Range("e1").Select
        With ActiveSheet.QueryTables.Add(Connection:= _
            "URL;http://stockdata.stock.hexun.com/2008/zcfz.aspx?stockid=
" &rng& "&accountdate=2017.12.31" _
            , Destination:=Range("$e$1"))
    .Name="zcfz.aspx?stockid=" &rng& "&accountdate=2017.12.31"
    .FieldNames=True
    .RowNumbers=False
    .FillAdjacentFormulas=False
    .PreserveFormatting=True
    .RefreshOnFileOpen=False
    .BackgroundQuery=True
    .RefreshStyle=xlInsertDeleteCells
    .SavePassword=False
    .SaveData=True
    .AdjustColumnWidth=True
    .RefreshPeriod=0
    .WebSelectionType=xlSpecifiedTables
    .WebFormatting=xlWebFormattingNone
    .WebTables="3"
    .WebPreFormattedTextToColumns=True
    .WebConsecutiveDelimitersAsOne=True
    .WebSingleBlockTextImport=False
    .WebDisableDateRecognition=False
    .WebDisableRedirections=False
    .RefreshBackgroundQuery:=False
        End With
        'ActiveWindow.SmallScrollDown:=-9
    ' 导入pl数据宏
        Sheets("PL原始数据").Select
        With ActiveSheet.QueryTables.Add(Connection:= _
            "URL;http://stockdata.stock.hexun.com/2008/lr.aspx?stockid=
" &rng& "&accountdate=2017.12.31" _
            , Destination:=Range("$A$1"))
    .Name="lr.aspx?stockid=" &rng& "&accountdate=2017.12.31"
    .FieldNames=True
    .RowNumbers=False
    .FillAdjacentFormulas=False
    .PreserveFormatting=True
    .RefreshOnFileOpen=False
```

```
    .BackgroundQuery=True
    .RefreshStyle=xlInsertDeleteCells
    .SavePassword=False
    .SaveData=True
    .AdjustColumnWidth=True
    .RefreshPeriod=0
    .WebSelectionType=xlSpecifiedTables
    .WebFormatting=xlWebFormattingNone
    .WebTables="3"
    .WebPreFormattedTextToColumns=True
    .WebConsecutiveDelimitersAsOne=True
    .WebSingleBlockTextImport=False
    .WebDisableDateRecognition=False
    .WebDisableRedirections=False
    .RefreshBackgroundQuery:=False
        End With
            With ActiveSheet.QueryTables.Add(Connection:= _
            "URL;http://stockdata.stock.hexun.com/2008/lr.aspx?stockid=
" &rng& "&accountdate=2018.12.31" _
            , Destination:=Range("$A$1"))
    .Name="lr.aspx?stockid=" &rng& "&accountdate=2018.12.31"
    .FieldNames=True
    .RowNumbers=False
    .FillAdjacentFormulas=False
    .PreserveFormatting=True
    .RefreshOnFileOpen=False
    .BackgroundQuery=True
    .RefreshStyle=xlInsertDeleteCells
    .SavePassword=False
    .SaveData=True
    .AdjustColumnWidth=True
    .RefreshPeriod=0
    .WebSelectionType=xlSpecifiedTables
    .WebFormatting=xlWebFormattingNone
    .WebTables="3"
    .WebPreFormattedTextToColumns=True
    .WebConsecutiveDelimitersAsOne=True
    .WebSingleBlockTextImport=False
    .WebDisableDateRecognition=False
    .WebDisableRedirections=False
```

```
    .RefreshBackgroundQuery:=False
        End With
        With ActiveSheet.QueryTables.Add(Connection:= _
        "URL;http://stockdata.stock.hexun.com/2008/lr.aspx?stockid=
" &rng& "&accountdate=2019.12.31" _
            , Destination:=Range("$A$1"))
    .Name="lr.aspx?stockid=" &rng& "&accountdate=2019.12.31"
    .FieldNames=True
    .RowNumbers=False
    .FillAdjacentFormulas=False
    .PreserveFormatting=True
    .RefreshOnFileOpen=False
    .BackgroundQuery=True
    .RefreshStyle=xlInsertDeleteCells
    .SavePassword=False
    .SaveData=True
    .AdjustColumnWidth=True
    .RefreshPeriod=0
    .WebSelectionType=xlSpecifiedTables
    .WebFormatting=xlWebFormattingNone
    .WebTables="3"
    .WebPreFormattedTextToColumns=True
    .WebConsecutiveDelimitersAsOne=True
    .WebSingleBlockTextImport=False
    .WebDisableDateRecognition=False
    .WebDisableRedirections=False
    .RefreshBackgroundQuery:=False
        End With
        '复制数据宏
            Sheets("BS原始数据").Select
Cells.Select
Selection.Copy
            Sheets("BS数据").Select
Cells.Select
Selection.PasteSpecialPaste:=xlPasteValues, Operation:=xlNone,
SkipBlanks _
    :=False, Transpose:=False
ActiveWindow.SmallScrollDown:=-9
            Sheets("PL原始数据").Select
Cells.Select
```

```
    ActiveWindow.SmallScrollDown:=-15
    Application.CutCopyMode=False
    Selection.Copy
            Sheets("PL 数据 ").Select
    Cells.Select
    ActiveWindow.SmallScrollDown:=-12
    Selection.PasteSpecialPaste:=xlPasteValues, Operation:=xlNone,
SkipBlanks _
    :=False, Transpose:=False
            Sheets("BS 原始数据 ").Select
    Cells.Select
    Application.CutCopyMode=False
    Selection.DeleteShift:=xlUp
            Sheets("PL 原始数据 ").Select
    Cells.Select
    Application.CutCopyMode=False
    Selection.DeleteShift:=xlUp
        ' 导入现金流量表宏

        Sheets("CF 原始数据 ").Select
        With ActiveSheet.QueryTables.Add(Connection:= _
            "URL;http://stockdata.stock.hexun.com/2008/xjll.aspx?stockid=
" &rng& "&accountdate=2017.12.31" _
            , Destination:=Range("$A$1"))
    .Name="xjll.aspx?stockid=" &rng& "&accountdate=2017.12.31"
    .FieldNames=True
    .RowNumbers=False
    .FillAdjacentFormulas=False
    .PreserveFormatting=True
    .RefreshOnFileOpen=False
    .BackgroundQuery=True
    .RefreshStyle=xlInsertDeleteCells
    .SavePassword=False
    .SaveData=True
    .AdjustColumnWidth=True
    .RefreshPeriod=0
    .WebSelectionType=xlSpecifiedTables
    .WebFormatting=xlWebFormattingNone
    .WebTables="3"
    .WebPreFormattedTextToColumns=True
```

```
.WebConsecutiveDelimitersAsOne=True
.WebSingleBlockTextImport=False
.WebDisableDateRecognition=False
.WebDisableRedirections=False
.RefreshBackgroundQuery:=False
        End With


    With ActiveSheet.QueryTables.Add(Connection:= _
        "URL;http://stockdata.stock.hexun.com/2008/xjll.aspx?stockid=
" &rng& "&accountdate=2018.12.31" _
            , Destination:=Range("$A$1"))
    .Name="xjll.aspx?stockid=" &rng& "&accountdate=2018.12.31"
    .FieldNames=True
    .RowNumbers=False
    .FillAdjacentFormulas=False
    .PreserveFormatting=True
    .RefreshOnFileOpen=False
    .BackgroundQuery=True
    .RefreshStyle=xlInsertDeleteCells
    .SavePassword=False
    .SaveData=True
    .AdjustColumnWidth=True
    .RefreshPeriod=0
    .WebSelectionType=xlSpecifiedTables
    .WebFormatting=xlWebFormattingNone
    .WebTables="3"
    .WebPreFormattedTextToColumns=True
    .WebConsecutiveDelimitersAsOne=True
    .WebSingleBlockTextImport=False
    .WebDisableDateRecognition=False
    .WebDisableRedirections=False
    .RefreshBackgroundQuery:=False
        End With


    With ActiveSheet.QueryTables.Add(Connection:= _
        "URL;http://stockdata.stock.hexun.com/2008/xjll.aspx?stockid=
" &rng&"&accountdate=2019.12.31" _
            , Destination:=Range("$A$1"))
    .Name="xjll.aspx?stockid=" &rng& "&accountdate=2019.12.31"
    .FieldNames=True
```

```
.RowNumbers=False

.FillAdjacentFormulas=False

.PreserveFormatting=True

.RefreshOnFileOpen=False

.BackgroundQuery=True

.RefreshStyle=xlInsertDeleteCells

.SavePassword=False

.SaveData=True

.AdjustColumnWidth=True

.RefreshPeriod=0

.WebSelectionType=xlSpecifiedTables

.WebFormatting=xlWebFormattingNone

.WebTables="3"

.WebPreFormattedTextToColumns=True

.WebConsecutiveDelimitersAsOne=True

.WebSingleBlockTextImport=False

.WebDisableDateRecognition=False

.WebDisableRedirections=False

.RefreshBackgroundQuery:=False
        End With
            Sheets("CF原始数据").Select
Cells.Select
Selection.Copy
            Sheets("CF数据").Select
Cells.Select
Selection.PasteSpecialPaste:=xlPasteValues, Operation:=xlNone, SkipBlanks _
    :=False, Transpose:=False
            Sheets("CF原始数据").Select
Cells.Select

Selection.DeleteShift:=xlUp


    '比较评估出来的价值，如果大于市场价值，那么新建一个以这个股票代码命名的工作簿
到此文件夹

sh=Sheets("自选股").Range("E" &i).Value
        cu3=Sheets("价值评估").Range("d125").Value
        Sheets("自选股").Range("f" &i).Value=cu3
        If cu3 >sh Then
```

```
ChDriveLeft(ThisWorkbook.Path, 1)
ChDirThisWorkbook.Path
Application.DisplayAlerts=False
ThisWorkbook.SaveCopyAsFilename:=ThisWorkbook.Path& "\" &rng& ".xls"
Application.DisplayAlerts=True
   End If
   Next i
      Sheets(" 自选股 ").Select
End Sub
```

　　对于精通 VBA 编程的程序员来说，我这几段代码可能非常的粗糙，肯定会有很大的优化空间，但是这两段代码确实节省了我下载大量原始数据的时间，大大地提高了我的工作效率，如果有读者是编程高手，欢迎提供优化指导。

　　至此，第二章的内容全部分享完毕，这个估值模板 90% 的操作也都在第二章，这一章对财务基础的要求不高。第三章开始进入现金流量表估值的基本原理部分，如果一点财务基础都没有的，建议学习一下货币的时间价值和现金流量估值原理。我把基本原理部分放在了第七章。

　　我尽量用"如果这样，这样……就那样了"的思路给读者讲明白，如果不明白请补习一下财务基础知识。

第三章

将上市公司财务报表整理为管理财务报表

现金流量法估值的基本原理就是把企业的未来现金流量折现到当前这个时点的企业价值。下面的图示简单描述了如果计算企业价值需要的一些资料。历史的净利润、税后利息费用、折旧与摊销这 3 个数据我们可以直接从前面下载的报表中找到，资本支出怎么计算出来是我们本章重点讲述的内容。

企业价值要素如下。

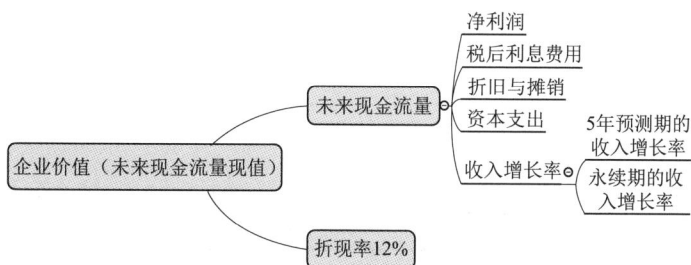

一、设置管理类财务报表代码

要想计算出当期的资本支出，需要把资产负债表中的会计科目重新分类。将资产分为经营资产与金融资产。负债也分为经营负债与金融负债。经营资产又分为经营性流动资产和经营性非流动资产。

因为：资产＝负债＋所有者权益

所以：经营资产＋金融资产＝经营负债＋金融负债＋所有者权益

等式两边同时减去金融资产：

经营资产＝金融负债－金融资产＋经营负债＋所有者权益

等式两边同时减去经营负债：

经营资产－经营负债＝金融负债－金融资产＋所有者权益

净经营资产＝经营资产－经营负债

净负债＝金融负债－金融资产

所以，**净经营资产＝净负债＋所有者权益**

经营资产＝经营性流动资产＋经营性非流动资产

我学注会《财务管理》课程的老师是中华会计网校的陈华亭，遗憾的是陈老师英年早逝。陈老师的课件我还一直保存着，基本原理部分我会借鉴一下陈老师的课件进行讲解。

前面的公式黑体部分已经推导出来管理用资产负债表的基本公式，那么具体到报表的会计科目，哪些科目属于经营资产，哪些科目属于金融资产，这个在会计界并没有定论。这种分类的目的主要是为了把资产和负债区分为经营性的与非经营性的，经营性的净资产会随着收入的增加需要后续的资金支持，也就是本章开头所说的资本支出。这种没有定论的分法读者可以根据自己的理解便宜行事。

1. 管理用报表的编制原理

管理用报表的编制原理，见下表。

编制管理用报表需要明确的两个问题

（1）要明确企业从事的是什么业务	① 企业经营的业务内容，决定了经营性资产和负债的范围 ② 存款和贷款属于经营业务还是金融业务： 　　非金融企业——金融业务 　　金融企业——经营业务
（2）资产、负债与损益的对应关系	① 划分经营资产（负债）和金融资产（负债）的界限，应与划分经营损益和金融损益的界限一致 ② 经营性资产和负债形成的损益——经营损益 ③ 金融性资产和负债形成的损益——金融损益

2. 管理用资产负债表的编制原理

区分经营资产和金融资产，见下表。

基本含义	【经营资产】销售商品或提供劳务所涉及的资产 【金融资产】利用经营活动多余资金进行投资所涉及的资产 （大部分资产的重分类并不困难，但有些项目不太容易识别）
特殊项目处理	
货币资金	（1）货币资金本身是金融性资产，但是有一部分货币资金是经营活动所必需的。 （2）在编制管理用资产负债表时，有三种做法： ①将全部货币资金列为经营性资产； ②根据行业或公司历史平均的"货币资金÷销售收入"百分比以及本期销售额，推算经营活动需要的货币资金额，多余部分列为金融资产； ③将其全部列为金融资产，理由是货币资金本来就是金融资产，生产经营需要多少，不但外部人员无法知道，内部人员也不一定能分清楚； （3）在编制管理用资产负债表时，要事先明确采用哪一种处理方法
短期应收票据	（1）以市场利率计息的投资，属于金融资产。 （2）无息应收票据，应归入经营资产，因为它们是促销的手段
短期权益性投资	它不是生产经营活动所需要的，而是暂时利用多余现金的一种手段，因此是金融资产
长期权益投资	经营性资产 【提示】购买长期股权就是间接购买另一个企业的资产。当然，被投资企业的资产也可能包含了部分金融资产，但往往比例不大，不予考虑
债权性投资	对于非金融企业，债券和其他带息的债权投资都是金融性资产，包括短期和长期的债权性投资
应收项目	（1）大部分应收项目是经营活动形成的，属于经营资产。 （2）"应收利息"是金融资产。 （3）"应收股利"分为两种： 长期权益投资的应收股利属于经营资产； 短期权益投资（已经划分为金融项目）形成的应收股利，属于金融资产
递延所得税资产	经营资产形成的递延所得税资产，应列为经营资产； 金融资产形成的递延所得税资产，应列为金融资产
其他资产	通常列为经营资产

金融资产总结如图 3-1-1 所示。

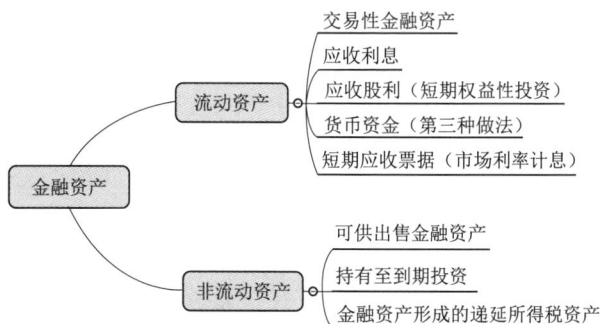

图 3-1-1　金融资产图示

在本书中，普通企业的资产基本按上图的思路被分类为金融资产。如果想进一步了解，可以研究下表，区分经营资产和金融资产，以及区分经营负债和金融负债。

基本含义	经营负债是指销售商品或提供劳务所涉及的负债 金融负债是债务筹资活动所涉及的负债 【提示】大部分负债是金融性的，包括短期借款、一年内到期的长期负债、长期借款、应付债券等
特殊项目处理	
短期应付票据	分两种情况： （1）以市场利率计息——金融负债； （2）无息应付票据——经营负债
优先股	从普通股股东角度看，优先股应属于金融负债
应付项目	（1）大多数应付项目是经营活动中应计费用，包括应付职工薪酬、应付税款、应付账款等，均属于经营负债； （2）"应付利息"是债务筹资的应计费用，属于金融负债； （3）"应付股利"中属于优先股的属于金融负债，属于普通股的属于经营负债
递延所得税负债	经营资产形成的递延所得税负债，应列为经营负债； 金融资产形成的递延所得税负债，应列为金融负债
长期应付款	融资租赁引起的属于金融负债，其他属于经营负债
其他负债	通常列作经营负债

金融负债总结如图 3-1-2 所示。

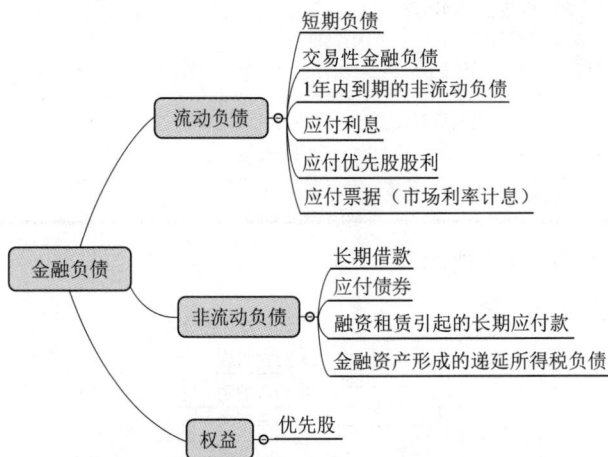

图 3-1-2　金融负债图示

我这里只借鉴《财务管理》中管理用资产负债表的编制方法，用这个方法计算出来的资本支出会过滤掉金融资产和金融负债对企业价值的影响。后面的企业价值评估采用《资产评估师》教材中的公式。

3. 实务中的金融资产、经营资产、金融负债、经营负债分类

实务中的金融资产、经营资产、金融负债、经营负债分类，见下表。

经营性流动资产	经营性非流动资产	经营负债	金融资产	金融负债
存货	待处理固定资产净损失	代销商品款	持有至到期投资	短期借款
存货（净额）	递延税项	待扣税金	短期投资（原值）	交易性金融负债
存货（原值）	递延所得税资产	递延利息收入	短期投资跌价准备	衍生金融负债
存货跌价准备	递延资产	递延收益	短期投资净额	一年内到期的非流动负债
待处理流动资产净损失	工程物资	递延收益 - 非流动负债	股权分置流通权	应付利息
待摊费用	股权投资差额	递延所得税负债	交易性金融资产	应付票据
待转其他业务支出	固定资产	工程结算	可供出售金融资产	应付债券
工程施工	固定资产合计	国际票证结算	投资性房地产	长期借款
坏账准备	固定资产减值准备	国内票证结算	衍生金融资产	长期应付款
货币资金	固定资产净额	合同负债	应收利息	长期债权投资
内部应收款	固定资产净值	内部应付款	应收票据	长期债权投资净额
期货保证金	固定资产清理	其他非流动负债		
其他货币资金	固定资产原值	其他流动负债		
其他流动资产	合并价差	其他应付款		
其他应收款	开办费	其他应交款		
其他应收款净额	开发支出	其他长期负债		
其中：消耗性生物资产	累计折旧	一年内到期的长期负债		
一年内到期的非流动资产	其他非流动资产	影响非流动负债其他科目		
一年内到期的长期债权投资	其他长期投资（原值）	影响流动负债其他科目		
影响流动资产其他科目	其他长期投资净额	应付短期债券		
应收补贴款	其他长期资产	应付福利费		
应收股利	商誉	应付股利		
应收关联企业款	生产性生物资产	应付关联企业款		
应收内部单位款	无形资产	应付内部单位款		
应收席位费	无形资产及其他资产	应付账款		

续上表

经营性流动资产	经营性非流动资产	经营负债	金融资产	金融负债
应收账款	无形资产及其他资产合计	应付职工薪酬		
应收账款净额	影响非流动资产其他科目	应交税费		
预付款项	油气资产	预计负债		
预付账款	在建工程	预收款项		
预缴税金	长期待摊费用	预收账款		
	长期股权投资	预提费用		
	长期股权投资净额	长期负债合计		
	长期投资（原值）	长期应付职工薪酬		
	长期投资减值准备	职工奖励及福利基金		
	长期投资净额	住房周转金		
	长期应收款	专项应付款		

本书中管理用资产负债表采用上表分类方法进行分类。在模板中叫"管理名称表"，读者可以根据企业的实际经营情况作出适当的修正。

二、用公式抓取原始财务报表数据

获取的原始数据存放在 BS 原始数据表、PL 原始数据表、CF 原始数据表中，本模板先把原始数据表复制粘贴到 BS 数据表、PL 数据表、CF 数据表中，再用 Excel 公式将 BS 数据表、PL 数据表、CF 数据表中数据抓取到 BS 表、PL 表、CF 表中，多出来的程序是为了防止原始数据表自动更新的时候会造成最终表格公式错误。

最终版的数据存放在 BS 表、PL 表、CF 表中，其中 PL 表、CF 表只抓取了数据表中 5 年的数据，其他没变化。BS 表除了抓取 5 年的数据之外，在首列之前插入了一列，用来标示经营资产、金融资产、经营负债、金融负债的分类。

1. 导入资产负债表数据的公式

在 BS 表 B5 单元格录入公式：

=BS 数据 !A4

直接用等号等于过来就可以，B5 单元格录入公式之后，鼠标光标滑动到 B5 单元格右下角，光标变成一个黑色的小十字，单击鼠标左键，向下拖拽鼠标到 140 行，将 BS 数据表中 A 列的数据全部导入到 BS 表 B 列中。

在 BS 表 C5 单元格录入公式：

=IFERROR(SUMIFS(BS 数据 !B:B,BS 数据 !$A:$A,BS!$B5),0)

C5 单元格录入公式之后，鼠标光标滑到 C5 单元格右下角，光标变成一个黑色的小十字，单击鼠标左键，向右拖拽鼠标到 G5 单元格，选中 C5:G5 单元格，鼠标光标滑动到 G5 单元格右下角，光标变成一个黑色的小十字，如图 3-2-1 所示。

B	C	D	E	F	G	H
向前<<截止日期>>向后	2019-12-31	2018-12-31	2017-12-31	2016-12-31	2015-12-31	
报表来源	年报	年报	年报			
资产						
流动资产						
货币资金(万元)	5 497 708.00	3 761 911.00	2 475 978.00	1 558 598.00	1 447 145.00	
结算备付金(万元)	-	-	-	-	-	
拆出资金(万元)	-	-	-	-	-	

图 3-2-1　导入 BS 表操作图

单击鼠标左键向下拖拽到 140 行，将 BS 数据表中 B 列到 F 列的数据全部导入到 BS 表 C 列到 G 列中。

在 BS 表 A5 单元格录入公式：

= =IF(ISERROR(VLOOKUP(TRIM($B5)

管理名称 ,2,0)),"",VLOOKUP(TRIM($B5), 管理名称 ,2,0))。

此列公式表示根据 BS 表 B5 单元格的内容到名称定义为“管理名称”的名称定义的第二列找到对应的数据，如果找不到，那么 A5 单元格为空。注意如果 B 列单元格存在会计科目，但 A 列返回空值的话，是因为“管理名称”中没有对该会计科目进行管理名称的分类，需要到“管理名称”表格的 A 列最下方加上该会计科目，并在 B 列将其分类为：经营资产、经营负债、金融资产、金融负债、股东权益。

将 BS 数据表中的数据导入 BS 表中，结果如图 3-2-2 所示。

	A	B	C	D	E
1	分类	向前<<截止日期>>向后	2019-12-31	2018-12-31	2017-12-31
2		报表来源	年报	年报	年报
3		资产			
4		流动资产			
5	经营性流动资产	货币资金(万元)	5 497 708.00	3 761 911.00	2 475 978.00
6	金融资产	结算备付金(万元)	-	-	-
7	金融资产	拆出资金(万元)	-	-	-
8	金融资产	交易性金融资产(万元)	1 678 274.00	2 514.00	231.00
9	金融资产	衍生金融资产(万元)	-	-	-
10	金融资产	应收票据(万元)	837 540.00	1 313 424.00	1 112 734.00
11	经营性流动资产	应收账款(万元)	195 750.46	123 264.00	105 971.00
12	经营性流动资产	预付款项(万元)	269 242.00	210 893.00	80 189.00

图 3-2-2　导入界面

2. 导入利润表数据的公式

在 PL 表 A2 单元格录入公式：

=PL 数据 !A2

此公式直接用等号等于过来就可以，A2 单元格录入公式之后，鼠标光标滑到 A2 单元格右下角，光标变成一个黑色的小十字，单击鼠标左键，向下拖拽鼠标到 140 行 (这个行数看被导入报表的行数，我这里默认拖拽 140 行)，将 PL 数据表中 A 列的数据全部导入到 PL 表 A 列中。

在 PL 表 B2 单元格录入公式：

SUMIFS(PL 数据 !B:B,PL 数据 !$A:$A,$A2)

B2 单元格录入公式之后，鼠标光标滑动到 B2 单元格右下角，光标变成一个黑色的小十字，单击鼠标左键，向右拖拽鼠标到 B2 单元格，选中 B2:F2 单元格，鼠标光标滑动到 F2 单元格右下角，光标变成一个黑色的小十字，如图 3-2-3 所示。

	A	B	C	D	E	F
		2019.12.31	2018.12.31	2017.12.31	2016.12.31	2015.12.31
(万元)		15 703 033.00	12 840 263.00	7 531 082.00	5 593 190.00	5 097 604.00
万元)		15 703 033.00	12 840 263.00	7 531 082.00	5 593 190.00	5 097 604.00
万元)		0.00	0.00	0.00	0.00	0.00
万元)		0.00	0.00	0.00	0.00	0.00

图 3-2-3　导入 PL 表操作图

单击鼠标左键向下拖拽到 140 行，将 PL 数据表中 B 列到 F 列的数据全部导入到 PL 表 B 列到 F 列中。

3. 导入现金流量表数据的公式

在 CF 表 A2 单元格录入公式：

=CF 数据 !A2

此公式直接用等号等于过来就可以，A2 单元格录入公式之后，鼠标光标滑到 A2 单元格右下角，光标变成一个黑色的小十字，单击鼠标左键，向下拖拽鼠标到 140 行 (这个行数看被导入报表的行数，我这里默认拖拽 140 行)，将 CF 数据表中 A 列的数据全部导入到 CF 表 A 列中。

在 CF 表 B2 单元格录入公式：

SUMIFS(CF 数据 !B:B,CF 数据 !$A:$A,$A2)

B2 单元格录入公式之后，鼠标光标滑动到 B2 单元格右下角，光标变成一个黑色的小十字，单击鼠标左键，向右拖拽鼠标到 B2 单元格，选中 B2:F2 单元格，鼠标光标滑动到 F2 单元格右下角，光标变成一个黑色的小十字，如图 3-2-4 所示。

B2 | =SUMIFS(CF数据!B:B,CF数据!$A:$A,CF!$A2)

	A	B	C	D	E	F
1	报告年度	2019-12-31	2018-12-31	2017-12-31	2016-12-31	2015-12-31
2	报告日期	2019-12-31	2018-12-31	2017-12-31	2016-12-31	2015-12-31
3	一、经营活动产生的现金流量	-	-	-	-	-
4	销售商品、提供劳务收到的现金(万元)	19 605 125.00	16 378 360.00	9 265 857.00	6 938 337.00	6 466 593.00
5	客户存款和同业存放款项净增加额(万元)	-	-	-	-	-
6	向中央银行借款净增加额(万元)	-	-	-	-	-

图 3-2-4　导入 CF 表操作图

单击鼠标左键向下拖拽到 140 行，将 CF 数据表中 B 列到 F 列的数据全部导入到 CF 表 B 列到 F 列中。

三、生成管理财务报表

1. 按管理用资产负债表口径汇总资产负债表数据

新增加一张工作表，重命名为“管理 BS”，在 A5 到 A10 单元格录入文本“经营性流动资产、经营性非流动资产、经营负债、金融资产、金融负债、股东权益”。在 B5 单元格录入公式：

=SUMIFS(BS!C$1:C$240,BS!$A$1:$A$240,TRIM($A5))

回车后，会将 BS 表中经营性流动资产 B 列中的汇总数据计算提取过来。计算完成一个 B5 单元格的数据之后，鼠标光标移动到 B5 单元格的右下角，变成一个黑色的小十字，鼠标左键按住小十字向右拖拽到 F5，如图 3-3-1 所示。

B5 | =SUMIFS(BS!C$1:C$240,BS!$A$1:$A$240,TRIM($A5))

	A	B	C	D	E	F
1		2019-12-31	2018-12-31	2017-12-31	2016-12-31	2015-12-31
2						
3						
4						
5	经营性流动资产	6 869 519.463	5 853 693	3 466 429	2 276 835	2 166 459
6	经营性非流动资产	8 295 015	7 775 531	7 608 190	7 754 714	7 630 368
7	经营负债	2 022 497	1 913 233	1 574 178	1 285 436	1 216 246
8	金融资产	2 606 530.571	1 351 835	1 178 644	958 913	783 155
9	金融负债	1 224 511	1 068 405	1 443 670	1 636 099	1 970 736
10	股东权益	14 217 694	11 630 762	9 167 292	7 970 794	7 318 656

图 3-3-1　管理 BS 表操作图

鼠标左键选中 B5:F5 单元格，鼠标滑动到 F5 单元格右下角，光标变为黑色的小十字，单击鼠标左键，向下拖拽到 F10，把管理 BS 表 5 年的数据全部汇总到了 B5:F10 的区域，如图 3-3-2 所示。

	A	B	C	D	E	F
1		2019-12-31	2018-12-31	2017-12-31	2016-12-31	2015-12-31
2						
3						
4						
5	经营性流动资产	6 869 519.463	5 853 693	3 466 429	2 276 835	2 166 459
6	经营性非流动资产	8 295 015	7 775 531	7 608 190	7 754 714	7 630 368
7	经营负债	2 022 497	1 913 233	1 574 178	1 285 436	1 216 246
8	金融资产	2 606 530.571	1 351 835	1 178 644	958 913	783 155
9	金融负债	1 224 511	1 068 405	1 443 670	1 636 099	1 970 736
10	股东权益	14 217 694	11 630 762	9 167 292	7 970 794	7 318 656
11						
12						

图 3-3-2　管理 BS 表操作图

2. 计算净经营资产

根据公式：

净经营资产 = 经营资产 − 经营负债

= 经营性流动资产 + 经营性非流动资产 − 经营负债

在 B15 单元格录入公式：

=B5+B6-B7

选中 B15 单元格，鼠标光标滑动到 B15 单元格右下角，光标变成黑色的小十字，单击鼠标左键，拖拽到 F15，如图 3-3-3 所示。

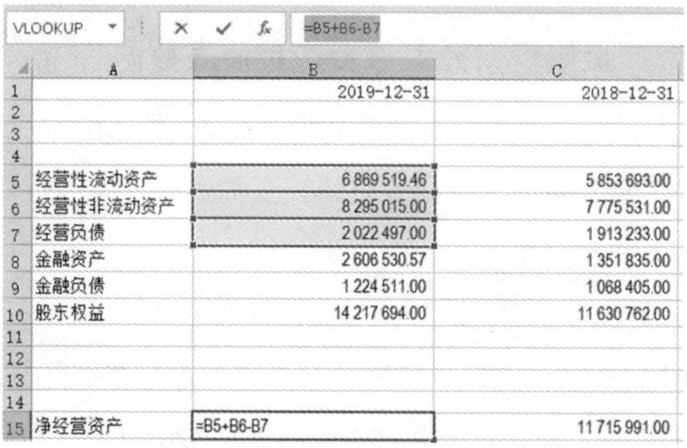

	A	B	C
1		2019-12-31	2018-12-31
2			
3			
4			
5	经营性流动资产	6 869 519.46	5 853 693.00
6	经营性非流动资产	8 295 015.00	7 775 531.00
7	经营负债	2 022 497.00	1 913 233.00
8	金融资产	2 606 530.57	1 351 835.00
9	金融负债	1 224 511.00	1 068 405.00
10	股东权益	14 217 694.00	11 630 762.00
11			
12			
13			
14			
15	净经营资产	=B5+B6-B7	11 715 991.00

图 3-3-3　管理 BS 表操作图

3. 计算净负债

根据公式：

净负债 = 金融负债 − 金融资产

在 B16 单元格录入公式：

=B9-B8 选中 B16 单元格，鼠标光标滑动到 B16 单元格右下角，单击鼠标左键，光标变成黑色的小十字，单击鼠标左键，拖拽到 F16。

4. 计算“净负债 + 股东权益”

根据公式：

净经营资产 = 净负债 + 股东权益

在 B17 单元格录入公式：= =B9-B8+B10

选中 B17 单元格，鼠标光标滑到 B17 单元格右下角，单击鼠标左键，光标变成黑色的小十字，单击鼠标左键，拖拽到 F17。

5. 平衡校验

根据公式：

净经营资产 = 净负债 + 股东权益

在 B18 单元格录入公式：

=B15-B17

选中 B18 单元格，鼠标光标滑动到 B18 单元格右下角，单击鼠标左键，光标变成黑色的小十字，单击鼠标左键，拖拽到 F18。如果净经营资产 = 净负债 + 股东权益，平衡校验的结果应该是 0，但是因为从网上抓取的报表往往会有一些错误或数据缺失，造成平衡校验不为零。这时候我一般先忽略，因为实践经验证明，缺失数据报表的估值结果和修正之后的估值结果往往差异不大。我一般找到被低估的股票之后，才去巨潮网下载审计报告，用审计报告的财务报表和网易财经下载的财务报表进行核对。

这张管理 BS 表实际并不是估值表的必要环节，该表的数据后面不会引入到估值表里面。

对于报表的核对，我会在第五章"上市公司估值分析示例"中用真实的例子讲解。

第四章

制作估值表

　　终于讲到了估值表，这张表是本书的核心内容。前面第二章、第三章讲述的内容完全是为第四章准备的。本人的核心竞争力就是这两张表：一张就是这个做股票估值的表，我指望这张表能让我在股市上获得稳定的收益，可以说这张表代表了我的未来，也是我的希望，而且近年利用这张表炒股也取得了不错的收益；另一张表是我用公式和透视表做的一个审计软件，对我的审计工作有很大的帮助，也是我目前赚钱的重要工具。两张表我分别写了两本书，分享给有缘的读者，希望能让朋友有所收益，也希望抛砖引玉，得到行业翘楚的斧正。

一、　现金流量法估值的基本原理

对于没有学习过《财务管理》的朋友，要想弄懂这个原理确实很有难度，所以我完全按自己的理解，以口头语言的方式给读者描述现金流量估值法的基本原理。这个原理涉及三个重要概念：实体现金流量、折现率和销售百分比法，所以我分成 3 小节来讲解。

1. 实体现金流量

问题：本书的"现金流量"和现金流量表中的"经营活动产生的现金流量"是一回事吗？

我先提出的这个问题也是困扰我多年的一个问题，我也是直到写这本书，才把这个问题厘清，所以把知识教授给别人确实是一种特别有效的学习方法。我一度以为我这个表格计算出来的现金流量就是现金流量表中的经营活动产生的现金流量，我想当然地认为两种方法是殊途同归，甚至想直接用公开的上市公司现金流量表作为估值的基础，但是因为这个方法我已经经过实践的验证，直接用现金流量表的方法未经验证，我没敢偷懒。写这本书的时候，我仔细地思考了一下两种方法的异同，还真让我想明白了。

现金流量表中经营活动产生的现金流量是基于收付实现制得出的，而本书中的现金流量是基于权责发生制得出的，基本原则是不一样的。对于企业的价值，我认为如果经营比较正常的企业用权责发生制做出的估值更客观，收付实现制波动较大，而且受融资活动和投资活动产生的现金流量的干扰，会造成估值不太客观，也不符合广大投资人的预期。

本书的现金流量是以净利润为基础推出的。净利润是按权责发生制得出的企业经营成果。但净利润只显示了股权部分获得的收益，为了得到企业的实体现金流量，需要加上债权部分的损益，再加上折旧摊销，减去资本支出，所以本书中现金流量指的是实体现金流量。公式是：

实体现金流量＝净利润＋财务费用 × （1 －所得税率）＋折旧摊销－资本支出

这个公式也并不复杂，只有四项内容，第二章做的工作就是从公开的上市公司财务报表中，找到前三项的历史数据。第三章做的工作是利用管理用资产负债表的原理，计算出这个公式的第四项资本支出。

根据上市公司的财务报表利用这个公式可以计算出上市公司的历史现金流量，但是未来的现金流量怎么算呢？

说到这个问题的时候，先要理解一下现在和未来。下一小节我要讲现在、未来以及折现。

实体现金流量是企业全部现金流入扣除成本费用和必要的投资后的剩余部分，它是企业一定期间可以提供给所有投资人（包括股权投资人和债权投资人）的税后现金流量。

2. 折现率

如果你有 10 万元闲置资金，借给别人一年，一年后的今天只收回 10 万元，你肯定不会满意，你一定期望一定的利息。比如你期望收回 11 万元。那么 11 万元就是你未来的现金流量，10 万元这个数字就是你未来收回 11 万元现金的现在的现金流量现值。

我这么说肯定很多人还是很蒙的。所谓的折现，就是为了把不同时点收到的现金折算到一个时点上，而折算的那个利率就是折现率。

我现在只说一期的，读者应该能看懂，如果不是财务专业的，够了，我这本书的目的是希望读者能够做到"这样，这样……就那样了"。所以，如果对基本原理感兴趣，可以看第七章讲述的详细的基本原理，或者学习注册会计师考试教材《财务管理》相关内容，或者学习资产评估师考试教材《企业价值评估》中收益法的相关内容。

3. 销售百分比法

一个企业未来经营情况如何，会不会出现意外情况，这种事情除了"万能的神仙"谁也说不准，那么未来的经营情况我们只能依赖假设。预计未来的经营情况我们用到如下假设：

（1）假设企业持续经营，今年很赚钱，明年仍然很赚钱，企业的收入是稳定并且增长的；

（2）假设企业资产、负债占收入的比例是不变的；

（3）假设企业的资本结构是不变的。

在上述假设的前提下，先预测企业未来 5 年的销售收入，再根据历史数据中企业资产负债占销售收入的比率，计算出企业未来 5 年的资产、负债，从而计算出企业未来的现金流量。再根据前一小节的折现率，将未来的现金流量折算为当前时点的现金流量就获得了企业的实体价值。

与这种方法接近的方法还有一种回归分析法。

4. 阶段法现金流量折现模型

阶段法现金流量折现模型如图 4-1-1 所示。

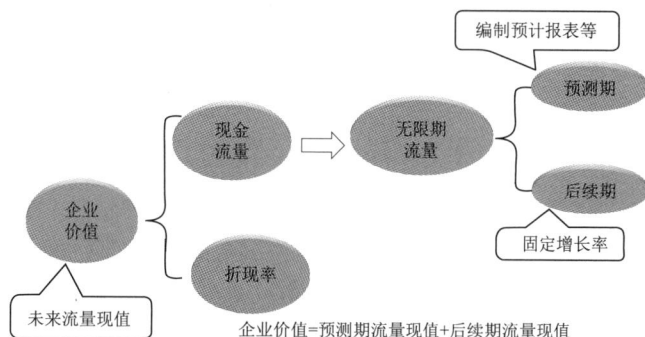

图 4-1-1　阶段法现金流量折现模型

二、　制作估值表的步骤

新建一个工作表，重命名为价值评估。

1. 制作表头

整个表格 12 列，A 列到 B 列列示原始数据，按年份数据预留 5 年的数据列，如图 4-2-1 所示。

A 年份	B 近5年	C 近4年	D 近3年	E 近2年	F 近1年
1					
2 收入增长率		10%	35%	70%	22%
3 税前经营利润率（%）	16%	16%	22%	24%	21%
4					
5 利润表项目：					

图 4-2-1　估值表表头

现金流量折现模型分为预测期和永续期。G 列到 K 列作为预测期，L 列作为永续期，如图 4-2-2 所示。

G 预测期1	H 预测期2	I 预测期3	J 预测期4	K 预测期5	L 永续期
15%	15%	15%	15%	15%	5%
21%	21%	21%	21%	21%	23%
	0				

图 4-2-2　估值表表头

55

2. 导入利润表

第一步，在价值评估表的 A6 单元格录入公式 =PL!A2，回车，如图 4-2-3 所示。

年份	近5年	近4年	近3年	近2年	近1年
5 利润表项目：					
6 营业总收入(万元)	5 097 604.00	5 593 190.00	7 531 082.00	12 840 263.00	15 703 033.00
7 营业收入(万元)	5 097 604.00	5 593 190.00	7 531 082.00	12 840 263.00	15 703 033.00
8 利息收入(万元)	-	-	-	-	-
9 已赚保费(万元)	-	-	-	-	-
10 手续费及佣金收入(万元)	-	-	-	-	-
11 房地产销售收入(万元)	-	-	-	-	-
12 其他业务收入(万元)	-	-	-	-	-
13 营业总成本(万元)	4 416 517.00	4 557 713.00	5 708 195.00	8 997 946.00	11 416 990.00
14 营业成本(万元)	3 688 786.00	3 776 996.00	4 888 773.00	8 123 003.00	10 476 009.00

图 4-2-3　导入利润表项目

第二步，再次选择 A6 单元格，鼠标左键滑动到 A6 单元格右下角，变成一个黑色的小十字，单击鼠标左键，拖拽到 A51 单元格，把 PL 表中的利润表项目全部抓取过来，如图 4-2-4 所示。

年份	近5年	近4年	近3年	近2年	近1年
5 利润表项目：					
6 =PL!A2	5 097 604.00	5 593 190.00	7 531 082.00	12 840 263.00	15 703 033.00
7 营业收入(万元)	5 097 604.00	5 593 190.00	7 531 082.00	12 840 263.00	15 703 033.00
8 利息收入(万元)	-	-	-	-	-
9 已赚保费(万元)	-	-	-	-	-
10 手续费及佣金收入(万元)	-	-	-	-	-
11 房地产销售收入(万元)	-	-	-	-	-
12 其他业务收入(万元)	-	-	-	-	-
13 营业总成本(万元)	4 416 517.00	4 557 713.00	5 708 195.00	8 997 946.00	11 416 990.00

图 4-2-4　导入利润表项目

第三步，录入公式。

价值评估表的 B6 单元格录入公式：=IFERROR(SUMIFS(PL!F:F,PL!$A:$A, 价值评估 !$A6),"")；

价值评估表的 C6 单元格录入公式：=SUMIFS(PL!E:E,PL!$A:$A, 价值评估 !$A6)；

价值评估表的 D6 单元格录入公式：=SUMIFS(PL!D:D,PL!$A:$A, 价值评估 !$A6)；

价值评估表的 E6 单元格录入公式：=SUMIFS(PL!C:C,PL!$A:$A, 价值评估 !$A6)；

价值评估表的 F6 单元格录入公式：=SUMIFS(PL!B:B,PL!$A:$A, 价值评估 !$A6)。

注意：此处不要横向拖拽，因为 PL 表的数据是从 2019—2015 年由近及远，而估值表的数据是从 2015—2019 年按年份小大顺序，所以每个单元格的公式要手工录入的。第一行的公式录入完成后，选中 B6:F6，鼠标光标滑到 F6 的右下角，光标变成一个黑色的小十字，单击鼠标左键，把公式拖拽到 A51:F51，如图 4-2-5 至图 4-2-6 所示。

B6　=IFERROR(SUMIFS(PL!F:F,PL!$A:$A,价值评估!$A6),"")

	A	B	C	D	E	F
1	年份	近5年	近4年	近3年	近2年	近1年
5	利润表项目：					
6	营业总收入(万元)	5 097 604.00	5 593 190.00	7 531 082.00	12 840 263.00	15 703 033.00
7	营业收入(万元)	5 097 604.00	5 593 190.00	7 531 082.00	12 840 263.00	15 703 033.00
8	利息收入(万元)	-	-	-	-	-
9	已赚保费(万元)	-	-	-	-	-
10	手续费及佣金收入(万元)	-	-	-	-	-
11	房地产销售收入(万元)	-	-	-	-	-
12	其他业务收入(万元)	-	-	-	-	-

图 4-2-5　导入利润表数据

B6　=IFERROR(SUMIFS(PL!F:F,PL!$A:$A,价值评估!$A6),"")

	A	B	C	D	E	F
1	年份	近5年	近4年	近3年	近2年	近1年
42	利润总额(万元)	1 003 940.00	1 165 321.00	2 122 876.00	3 962 920.00	4 455 685.00
43	所得税费用(万元)	241 145.00	270 256.00	480 002.00	899 318.00	1 020 484.00
44	未确认投资损失(万元)	-	-	-	-	-
45	净利润(万元)	762 795.00	895 064.00	1 642 873.00	3 063 601.00	3 435 201.00
46	归属于母公司所有者的净利润(万元)	751 639.00	852 992.00	1 585 467.00	2 981 428.00	3 359 276.00
47	被合并方在合并前实现净利润(万元)	-	-	-	-	-
48	少数股东损益(万元)	11 157.00	42 073.00	57 406.00	82 173.00	75 925.00
49	每股权益	-	-	-	-	-
50	基本每股收益	1.42	1.61	2.99	5.63	6.34
51	稀释每股收益	1.42	1.61	2.99	5.63	6.34

图 4-2-6　导入利润表数据结果图

3. 导入管理资产负债表

第一步，管理用资产负债表的项目名称直接手工录入。在 A90:A102 单元格录入："计算资本支出、经营性流动资产、经营性非流动资产、经营负债、金融资产、金融负债、股东权益、经营性净资产、净负债、净负债＋股东权益、净负债增加、股东权益增加、平衡校验"，如图 4-2-7 所示。

	A	B	C	D	E	F
1	年份	近5年	近4年	近3年	近2年	近1年
88				-		
89	所得税税率	24.02%	23.19%	22.61%	22.69%	22.90%
90	计算资本支出					
91	经营性流动资产	2 166 459.00	2 276 835.00	3 466 429.00	5 853 693.00	6 869 519.46
92	经营性非流动资产	7 630 368.00	7 754 714.00	7 608 190.00	7 775 531.00	8 295 015.00
93	经营负债	1 216 246.00	1 285 436.00	1 574 178.00	1 913 233.00	2 022 497.00
94	金融资产	783 155.00	958 913.00	1 178 644.00	1 351 835.00	2 582 363.00
95	金融负债	1 970 736.00	1 636 099.00	1 443 670.00	1 068 405.00	1 224 511.00
96	股东权益	7 318 656.00	7 970 794.00	9 167 292.00	11 630 762.00	14 217 694.00
97	经营性净资产	8 580 581.00	8 746 113.00	9 500 441.00	11 347 332.00	12 859 842.00
98	净负债	1 187 581.00	677 186.00	265 026.00	5 862 298.00	6 272 518.00
99	净负债+股东权益	8 506 237.00	8 647 980.00	9 432 318.00	11 715 991.00	13 142 037.46
100	净负债增加		(510 395.00)	(412 160.00)	5 597 272.00	410 220.00
101	股东权益增加		652 138.00	1 196 498.00	2 463 470.00	2 586 932.00
102	平衡校验	74 344.00	98 133.00	68 123.00	(368 659.00)	(282 195.46)

图 4-2-7　导入管理资产负债表项目

第二步录入公式。

在价值评估表的 B91 单元格录入公式：=SUM(SUMIFS(BS!$G$3:$G$149,BS!$A$3:$A$149, 价值评估 !$A91))；

在价值评估表的 C91 单元格录入公式：=SUM(SUMIFS(BS!$F$3:$F$149,BS!$A$3:

$A$149, 价值评估 !$A91));

在价值评估表的 D91 单元格录入公式：=SUM(SUMIFS(BS!$E$3:$E$149,BS!$A$3:$A$149, 价值评估 !$A91))；

在价值评估表的 E91 单元格录入公式：=SUM(SUMIFS(BS!$D$3:$D$149,BS!$A$3:$A$149, 价值评估 !$A91))；

在价值评估表的 F91 单元格录入公式：=SUM(SUMIFS(BS!$C$3:$C$149,BS!$A$3:$A$149, 价值评估 !$A91))；

录完公式之后选中 B91:F91，鼠标滑动到 F91 右下角，光标变成黑色小十字，单击鼠标左键拖拽到 B96:F96，如图 4-2-8 所示。

B91 =SUM(SUMIFS(BS!$G$3:$G$149,BS!$A$3:$A$149,价值评估!$A91))

	A	B	C	D	E	F
1	年份	近5年	近4年	近3年	近2年	近1年
88				-		
89	所得税税率	24.02%	23.19%	22.61%	22.69%	22.90%
90	计算资本支出					
91	经营性流动资产	2 166 459.00	2 276 835.00	3 466 429.00	5 853 693.00	6 869 519.46
92	经营性非流动资产	7 630 368.00	7 754 714.00	7 608 190.00	7 775 531.00	8 295 015.00
93	经营负债	1 216 246.00	1 285 436.00	1 574 178.00	1 913 233.00	2 022 497.00
94	金融资产	783 155.00	958 913.00	1 178 644.00	1 351 835.00	2 582 363.00
95	金融负债	1 970 736.00	1 636 099.00	1 443 670.00	1 068 405.00	1 224 511.00
96	股东权益	7 318 656.00	7 970 794.00	9 167 292.00	11 630 762.00	14 217 634.00
97	经营性净资产	8 580 581.00	8 746 113.00	9 500 441.00	11 347 332.00	12 859 842.00
98	净负债	1 187 581.00	677 186.00	265 026.00	5 862 298.00	6 272 518.00
99	净负债+股东权益	8 506 237.00	8 647 980.00	9 432 318.00	11 715 991.00	13 142 037.46
100	净负债增加		(510 395.00)	(412 160.00)	5 597 272.00	410 220.00
101	股东权益增加		652 138.00	1 196 498.00	2 463 470.00	2 586 932.00
102	[illegible]	74 344.00	98 133.00	68 123.00	(368 659.00)	(282 195.46)

图 4-2-8　导入管理资产负债表数据

上述公式是根据管理资产负债表的分类，把资产负债表的数据进行汇总。

第三步，计算经营性净资产，公式如下：

经营性净资产＝经营性流动资产＋经营性非流动资产－经营负债

在 B97 单元格录入公式：=B91+B92-B93，录入完成后把 B97 单元格的公式拖拽到 F97。

第四步，计算净负债。根据公式：净负债＝金融负债－金融资产。在 B98 单元格录入公式：=B95-B94，录入完成后把 B98 单元格的公式拖拽复制到 F98。

第五步，计算净负债＋股东权益。在 B99 录入公式 =B98+B96，录入完成后把 B99 单元格的公式拖拽复制到 F99。

第六步，计算净负债增加，我们实际上要的就是这个数，净负债增加就是本期的净负债减上期净负债的差额，也就是资本支出。在 C100 单元格录入公式 =C98-B98，录入完成后把 C100 单元格的公式拖拽复制到 F100。

第七步，计算股东权益增加，股东权益增加是期末股东权益减去期初股东权益。在 C101 单元格录入公式 =C96-B96，录入完成后把 C101 单元格的公式拖拽复制到 F101。

第八步，平衡校验。经营性净资产＝净负债＋股东权益。在 B102 单元格录入公式 =B97-B99，录入完成后把 C102 单元格的公式拖拽复制到 F102。我们发现这个报表其实是不平的。具体怎样核对财务报表见第三章第四节“核对财务报表”。

4. 计算企业所得税税率

企业所得税的实际税率按当年的所得税费用除以利润总额计算。在 B89 单元格录入公式：=B43/B42，录入完成后把 B89 单元格的公式拖拽复制到 F89，如图 4-2-9 所示。

B89　=B43/B42

	A	B	C	D	E	F
1	年份	近5年	近4年	近3年	近2年	近1年
51	稀释每股收益	1.42	1.61	2.99	5.63	6.34
88				-		
89	所得税税率	24.02%	23.19%	22.61%	22.69%	22.90%

图 4-2-9　计算企业所得税税率

5. 计算税后经营净利润

税后经营利润公式如下：

税后经营净利润＝净利润＋利息费用 ×（1 －所得税税率）

在 B104 单元格录入公式：=B45+B15*(1-B89)，录入完成后，把 B104 单元格的公式拖拽复制到 F104。公式里面的利息费用注意不是财务费用，我选取的是利润表里面的利息支出，但是网易财经导出来的利润表一般没有这个数据，需要手工补充一下，不过这个数值一般不是很大，尤其是现金流比较好的公司，一般有息负债也比较少，也可以忽略，如图 4-2-10 所示。

VLOOKUP　=B45+B28*(1-B89)

	A	B	C	D	E	F
1	年份	近5年	近4年	近3年	近2年	近1年
88				-		
89	所得税税率	24.02%	23.19%	22.61%	22.69%	22.90%
90	计算资本支出					
91	经营性流动资产	2 166 459.00	2 276 835.00	3 466 429.00	5 853 693.00	6 869 519.46
92	经营性非流动资产	7 630 368.00	7 754 714.00	7 608 190.00	7 775 531.00	8 295 015.00
93	经营负债	1 216 246.00	1 285 436.00	1 574 178.00	1 913 233.00	2 022 497.00
94	金融资产	783 155.00	958 913.00	1 178 644.00	1 351 835.00	2 582 363.00
95	金融负债	1 970 736.00	1 636 099.00	1 443 670.00	1 068 405.00	1 224 511.00
96	股东权益	7 318 656.00	7 970 794.00	9 167 292.00	11 630 762.00	14 217 694.00
97	经营性净资产	8 580 581.00	8 746 113.00	9 500 441.00	11 715 991.00	13 142 037.46
98	净负债	1 187 581.00	677 186.00	265 026.00	(283 430.00)	(1 357 852.00)
99	净负债+股东权益	8 506 237.00	8 647 980.00	9 4[illegible]2 318.00	11 347 332.00	12 859 842.00
100	净负债增加		(510 395.00)	(412 160.00)	(548 456.00)	(1 074 422.00)
101	股东权益增加		652 138.00	1 196 498.00	2 463 470.00	2 586 932.00
102	平衡校验	74 344.00	98 133.00	68 123.00	368 659.00	282 195.46
103	**现金流量：**					
104	税后经营利润	=B45+B28*(1-B89)	920 937.69	1 659 559.63	3 026 950.67	3 332 032.06
105	加：折旧与摊销	480 527.67	506 254.00	517 029.30	509 872.40	513 429.10

图 4-2-10　计算税后经营净利润

1
2
3
4
5
6
7

6. 计算折旧摊销

计算折旧摊销这一步非常重要，因为生产型的企业大额的固定资产支出之后，以后分年摊销，这个摊销值对利润表的影响会很大，对现金流的影响也很大，做现金流估值这一部分一定要加回来的。

在 B105 单元格录入公式：=SUMIFS(BS 数据 !F:F,BS 数据 !$A:$A,{"* 累计折旧 *"})-SUMIFS(BS 数据 !G:G,BS 数据 !$A:$A,{"* 累计折旧 *"})+SUMIFS(BS 数据 !F:F,BS 数据 !$A:$A,{"* 无形资产 *"})/10。

注意：这个公式是获取 BS 数据表中“累计折旧”的数据，与无形资产摊销的数据，因为无形资产摊销的数据在资产负债表上不能直接找到，所以我用无形资产净值除以 10 得出来一个估算的数据。

千万注意这个公式获取的数据是 BS 表数据，因为 BS 表的排列顺序是按年份大小排列，而这个价值评估表是按年份小大排列，所以计算折旧摊销这一步的公式要逐个录入。

在 C105 单元格录入公式：=SUMIFS(BS 数据 !E:E,BS 数据 !$A:$A,{"* 累计折旧 *"})-SUMIFS(BS 数据 !F:F,BS 数据 !$A:$A,{"* 累计折旧 *"})+SUMIFS(BS 数据 !E:E,BS 数据 !$A:$A,{"* 无形资产 *"})/10

在 D105 单元格录入公式：=SUMIFS(BS 数据 !D:D,BS 数据 !$A:$A,{"* 累计折旧 *"})-SUMIFS(BS 数据 !E:E,BS 数据 !$A:$A,{"* 累计折旧 *"})+SUMIFS(BS 数据 !D:D,BS 数据 !$A:$A,{"* 无形资产 *"})/10

在 E105 单元格录入公式：=SUMIFS(BS 数据 !C:C,BS 数据 !$A:$A,{"* 累计折旧 *"})-SUMIFS(BS 数据 !D:D,BS 数据 !$A:$A,{"* 累计折旧 *"})+SUMIFS(BS 数据 !C:C,BS 数据 !$A:$A,{"* 无形资产 *"})/10

在 F105 单元格录入公式：=SUMIFS(BS 数据 !B:B,BS 数据 !$A:$A,{"* 累计折旧 *"})-SUMIFS(BS 数据 !C:C,BS 数据 !$A:$A,{"* 累计折旧 *"})+SUMIFS(BS 数据 !B:B,BS 数据 !$A:$A,{"* 无形资产 *"})/10

界面如图 4-2-11 所示。这些 Excel 函数我并没有详细讲解，如果对函数不熟悉的话可以自行学习相关的参考资料，也可以关注我的另一本图书《财务精英都是 EXCEL 控：CPA 手把手教你高效编制财务报表》，做财务估值的基础还是要把财务报表玩熟最好。

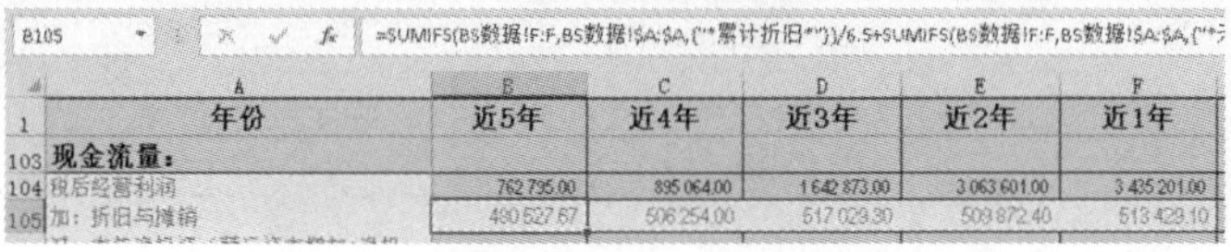
B105 =SUMIFS(BS数据!F:F,BS数据!$A:$A,{"*累计折旧*"})/6.5+SUMIFS(BS数据!F:F,BS数据!$A:$A,{"*

	A	B	C	D	E	F
1	年份	近5年	近4年	近3年	近2年	近1年
103	现金流量：					
104	税后经营利润	762 795.00	895 064.00	1 642 873.00	3 063 601.00	3 435 201.00
105	加：折旧与摊销	480 527.67	506 254.00	517 029.30	508 872.40	513 429.10

图 4-2-11 计算折旧摊销

7. 计算资本支出

计算资本支出相对简单，就是净经营资产的差额。在 C106 单元格录入公式：=C97-B97，然后把公式拉到 L106，如图 4-2-12 所示。

根据公式：

$$资本支出＝资本性支出＋营运资金增加$$

按生活中的场景描述就是你今年挣了 50 万元，买了一辆奥迪花了 10 万元，你的现金流量是 50 万元减去 10 万元等于 40 万元。

年份	近5年	近4年	近3年	近2年	近1年	预测期1	预测期2	预测期3	预测期4	预测期5	永续期
97 经营性净资产	5 238 927.00	5 108 056.00	4 290 458.00	5 278 280.00	5 741 514.00	13 000 065.03	18 850 094.29	27 332 636.72	39 632 321.25	57 466 868.71	60 340 212.14
98 净负债	2 852 767.00	2 690 870.00	1 527 262.00	1 906 045.00	1 191 105.00	5 153 475.27	7 472 539.14	10 835 181.75	15 711 013.54	22 780 969.63	23 920 018.11
99 净负债+股东权益	5 929 230.00	5 739 253.00	4 818 483.00	5 800 189.00	6 490 697.00	14 585 774.09	21 149 372.43	30 666 590.03	44 466 555.54	64 476 508.54	67 700 330.82
100 净负债增加		(162 097.00)	(1 163 408.00)	378 783.00	(714 940.00)	3 962 370.27	2 319 063.87	3 362 642.61	4 875 831.79	7 069 956.09	1 139 048.48
101 股东权益增加		(27 880.00)	242 638.00	602 923.00	1 405 448.00	4 132 706.83	4 244 534.47	6 154 574.98	8 924 133.73	12 939 993.90	2 084 776.80
102 平衡校验	(690 303.00)	(639 197.00)	(528 025.00)	(521 909.00)	(749 183.00)	(1 585 709.06)	(2 299 278.14)	(3 333 953.31)	(4 834 232.30)	(7 009 636.83)	(7 360 118.67)
103 现金流量：							0				
104 税后经营利润		13 815.00	16 380.00	222 709.00	630 349.00	1 149 445.00	1 666 695.25	2 416 708.11	3 504 226.76	5 081 128.81	7 367 636.77	7 736 018.61
105 加：折旧与摊销	177 785.00	209 775.00	191 346.00	193 218.00	202 029.00	283 519.95	328 070.69	393 249.49	485 672.73	583 379.91	706 779.37
106 减：本年净投资（营运资本增加+净投资费）		(138 871.00)	(809 598.00)	987 822.00	463 234.00	7 258 561.03	5 850 029.26	8 482 542.43	12 299 686.52	17 834 545.46	2 873 343.44

图 4-2-12　计算资本支出

8. 计算实体现金流量

计算实体现金流量是关键的一步，公式很简单。

$$实体现金流量＝净利润＋财务费用 \times（1－所得税率）＋折旧摊销－资本支出$$

在 C107 单元格录入公式：=C104+C105-C106，录入完成后把从 C107 单元格的公式拖拽复制到 L107，如图 4-2-13 所示。

G107	▼	× ✓ fx	=G104+G105-G106			
年份	预测期1	预测期2	预测期3	预测期4	预测期5	永续期
88						
89 所得税税率	22.90%	22.90%	22.90%	22.90%	22.90%	22.90%
90 计算资本支出						
91 经营性流动资产	7 967 459.55	9 162 578.49	10 536 965.26	12 117 510.05	13 935 136.56	14 631 893.38
92 经营性非流动资产	15 084 590.87	17 347 279.50	19 949 371.43	22 941 777.14	26 383 043.71	27 702 195.90
93 经营负债	3 093 695.49	3 557 749.81	4 091 412.28	4 705 124.12	5 410 892.74	5 681 437.38
94 金融资产	2 647 040.61	3 044 096.71	3 500 711.21	4 025 817.89	4 629 690.58	4 861 175.11
95 金融负债	2 835 680.36	3 261 032.41	3 750 187.27	4 312 715.36	4 959 622.67	5 207 603.80
96 股东权益	19 425 477.83	22 339 299.50	25 690 194.43	29 543 723.59	33 975 282.13	35 674 046.24
97 经营性净资产	19 958 354.94	22 952 100.18	26 394 924.41	30 354 163.07	34 907 287.53	36 652 651.91
98 净负债	188 639.74	216 935.70	249 476.06	286 897.47	329 932.09	346 428.69
99 净负债+股东权益	19 614 117.57	22 556 235.21	25 939 670.49	29 830 621.06	34 305 214.22	36 020 474.93
100 净负债增加	1 546 401.74	28 295.96	32 540.36	37 421.41	43 034.62	16 496.60
101 股东权益增加	5 207 783.83	2 913 821.67	3 350 894.93	3 853 529.16	4 431 558.54	1 698 764.11
102 平衡校验	344 237.37	395 872.97	395 872.97	395 872.97	395 872.97	395 872.97
103 现金流量：		0				
104 税后经营利润	3 950 481.15	4 543 053.32	5 224 511.32	6 008 188.02	6 909 416.22	7 945 828.66
105 加：折旧与摊销	590 460.14	618 608.63	660 290.85	716 587.85	764 936.81	821 029.28
106 减：本年净投资（营运资本增加+净投资）	6 816 317.48	2 993 753.24	3 442 816.23	3 959 238.66	4 553 124.46	1 745 364.38
107 实体现金流量	(2 275 376.19)	2 167 908.71	2 441 985.94	2 765 537.21	3 121 228.57	7 021 493.56

图 4-2-13　计算实体现金流量

9.计算收入增长率

计算收入增长率分为以下四步。

第一步，计算近五年的收入增长率。计算公式如下：

$$收入增长率 ＝ 本年收入 \div 上年收入 － 1$$

在 C2 单元格录入公式：=(C6-B6)/B6，录入完成后把从 C2 单元格的公式拖拽复制到 F2，如图 4-2-14 所示。

年份	近5年	近4年	近3年	近2年	近1年
收入增长率		=(C6-B6)/B6	35%	70%	22%
税前经营利润率（%）	15%	16%	22%	24%	22%
利润表项目：					
营业总收入（万元）	5 097 604.00	5 593 190.00	7 531 082.00	12 840 263.00	15 703 033.00
营业收入（万元）	5 097 604.00	5 593 190.00	7 531 082.00	12 840 263.00	15 703 033.00

图 4-2-14　计算收入增长率

第二步，计算近三年的收入增长率。在 G125 单元格录入公式：=(D6/C6-1)/3+(E6/D6-1)/3+(F6/E6-1)/3，计算出 3 年的平均收入增长率。

第三步，预估预测期的增长率。说到预测一般只有"高人"能干这个事，作为一名严谨的注册会计师，我们怎么才能得到这项技能呢？我一般考虑 3 个数值，第一个就是过去三年的平均增长率，好的企业一般这个数值都不低，但多好的企业也不可能永远高速增长，所以出于谨慎的考虑，我一般把企业的收入增长率定为 15%。15% 这个数据其实就是拍脑袋得出来的，也具有一定的主观性，但是我认为好企业，给一个 5 年预测期平均 15% 的增长率还是比较谨慎了。第二个数值我一般用 0%，也就是预测期 0% 的增长。第三个数值我用一个 － 10%。这两个数值其实都是测试安全边际。一个好企业如果收入负增长，那么它就不是一个好企业了，所以逻辑上是有问题的，但是谨慎起见，我一般也会测试一下增长率为零或增长率为负的情况下企业的估值。当然，我最终采用的增长率是 15%，因为我相信我基本具备了一定的技能。

第四步，把 15% 增长率的数值填好。这个数值填到 F125 单元格。后面的 G125 单元格显示的是近三年的平均增长率，也可以让 F125=G125。一般为了稳妥起见，我手工填写为 15%。

第五步，预测永续期（稳定期）的收入增长率。这个稳定期的增长率我一般取 3% 或 5%，考虑到国内通货膨胀的因素，我一般把稳定期的增长率定为 5%。这个数据也是手工录入的，图 4-2-15 白色的部分的数值里面要是没有公式的，可以手工录入，用于调整预测的股权价值。

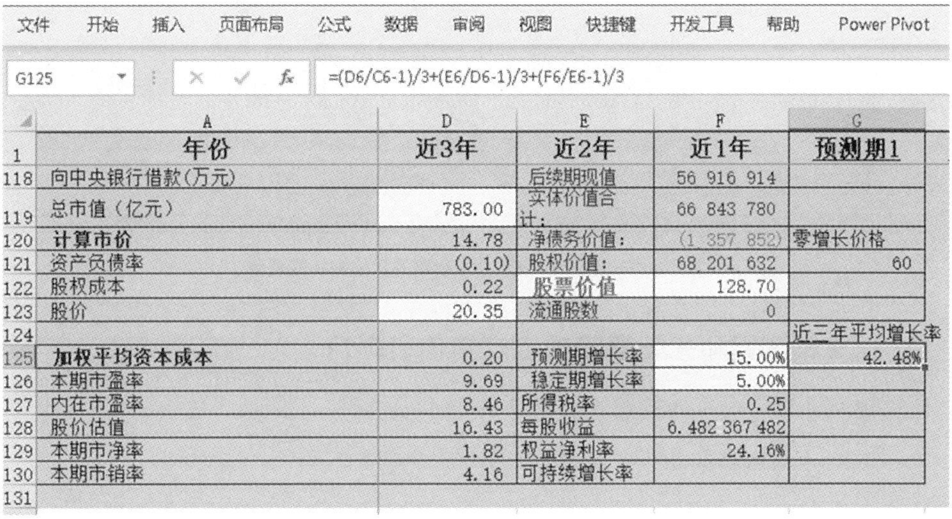

	A	D	E	F	G
1	年份	近3年	近2年	近1年	预测期1
118	向中央银行借款(万元)		后续期现值	56 916 914	
119	总市值（亿元）	783.00	实体价值合计：	66 843 780	
120	计算市价	14.78	净债务价值：	(1 357 852)	零增长价格
121	资产负债率	(0.10)	股权价值：	68 201 632	60
122	股权成本	0.22	股票价值	128.70	
123	股价	20.35	流通股数	0	
124					近三年平均增长率
125	加权平均资本成本	0.20	预测期增长率	15.00%	42.48%
126	本期市盈率	9.69	稳定期增长率	5.00%	
127	内在市盈率	8.46	所得税率	0.25	
128	股价估值	16.43	每股收益	6.482 367 482	
129	本期市净率	1.82	权益净利率	24.16%	
130	本期市销率	4.16	可持续增长率		
131					

图 4-2-15　计算收入增长率

10. 计算预测期和永续期的营业收入

预测期和永续期的营业收入计算公式如下：

预测期的收入＝基期的收入 ×（1 ＋收入增长率）

在 G6 单元格录入公式：=IFERROR(F6*(1+$F$125),0)，录入完成后把从 G6 单元格的公式拖拽复制到 K6，在 L6 单元格录入公式：=K6*(1+$F$126)，如图 4-2-16 所示。

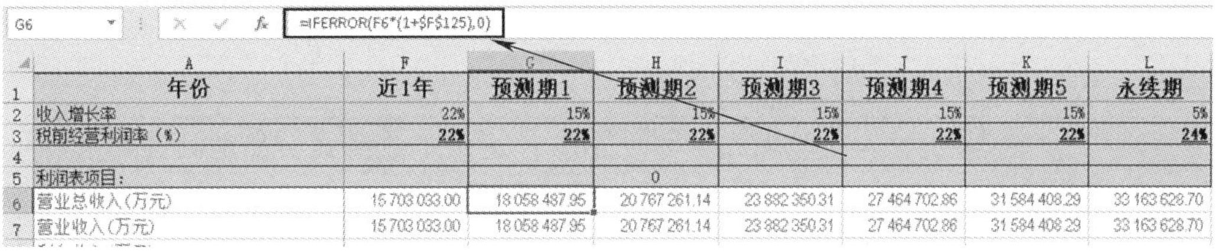

	A	F	G	H	I	J	K	L
1	年份	近1年	预测期1	预测期2	预测期3	预测期4	预测期5	永续期
2	收入增长率	22%	15%	15%	15%	15%	15%	5%
3	税前经营利润率（%）	22%	22%	22%	22%	22%	22%	24%
4								
5	利润表项目：			0				
6	营业总收入(万元)	15 703 033.00	18 058 487.95	20 767 261.14	23 882 350.31	27 464 702.86	31 584 408.29	33 163 628.70
7	营业收入(万元)	15 703 033.00	18 058 487.95	20 767 261.14	23 882 350.31	27 464 702.86	31 584 408.29	33 163 628.70

图 4-2-16　计算预测期和永续期的营业收入

11. 计算预测期和永续期的其他利润表项目

计算其他利润表项目就用到了销售百分比法。假设各种成本都和销售收入同比例变化，那么净利润也会和销售收入同比例变化，最后的净利润也会跟随收入的变化而变化。选中 G6:L6，鼠标滑到 L6 右下角，拖拽鼠标至 L51，把所有预测期和永续期的公式都复制过来。这么做的关键就是取得了预测期和永续期的净利润的数值，如图 4-2-17 所示。

F6 | =SUMIFS(PL!B:B,PL!$A:$A,价值评估!$A6)

年份	近1年	预测期1	预测期2	预测期3	预测期4	预测期5	永续期
42 利润总额(万元)	4 455 685.00	5 124 037.75	5 892 643.41	6 776 539.92	7 793 020.91	8 961 974.05	9 410 072.75
43 所得税费用(万元)	1 020 484.00	1 173 556.60	1 349 590.09	1 552 028.60	1 784 832.89	2 052 557.83	2 155 185.72
44 未确认投资损失(万元)							
45 净利润(万元)	3 435 201.00	3 950 481.15	4 543 053.32	5 224 511.32	6 008 188.02	6 909 416.22	7 254 887.03
46 归属于母公司所有者的净利润(万元)	3 359 276.00	3 863 167.40	4 442 642.51	5 109 038.89	5 875 394.72	6 756 703.93	7 770 209.52
47 被合并方在合并前实现净利润(万元)		-	-	-	-	-	-
48 少数股东损益(万元)	75 925.00	87 313.75	100 410.81	115 472.43	132 793.30	152 712.29	175 619.14
49 每股权益							
50 基本每股收益	6.34	7.29	8.38	9.64	11.09	12.75	14.66
51 稀释每股收益	6.34	7.29	8.38	9.64	11.09	12.75	14.66
88							

图 4-2-17　计算预测期和永续期的其他利润表项目

12. 计算预测期和永续期管理资产负债表项目

计算预测期和永续期管理资产负债表项目共分三步。

第一步，计算预测期和永续期管理资产负债表项目。

计算预测期和永续期管理资产负债表项目，管理资产负债表的项目也是按销售百分比法确定，按项目占销售收入的比率确认项目的金额。

预测期经营性流动资产＝（预测期收入－基期经营性流动资产）÷基期销售收入

预测期经营性非流动资产＝预测期收入 × 基期经营性非流动资产 ÷ 基期销售收入

预测期经营负债＝预测期收入 × 基期经营负债 ÷ 基期销售收入

预测期金融资产＝预测期收入 × 基期金融资产 ÷ 基期销售收入

预测期金融负债＝预测期收入 × 基期金融负债 ÷ 基期销售收入

预测期股东权益＝预测期收入 × 基期股东权益 ÷ 基期销售收入。

G91 | =SUM($B91:$F91)/SUM($B$6:$F$6)*G$6

年份	近3年	近2年	近1年	预测期1	预测期2	预测期3
42 利润总额(万元)	2 122 876.00	3 962 920.00	4 455 685.00	5 124 037.75	5 892 643.41	6 776 539.92
43 所得税费用(万元)	480 002.00	899 318.00	1 020 484.00	1 173 556.60	1 349 590.09	1 552 028.60
44 未确认投资损失(万元)						
45 净利润(万元)	1 642 873.00	3 063 601.00	3 435 201.00	3 950 481.15	4 543 053.32	5 224 511.32
46 归属于母公司所有者的净利润(万元)	1 585 467.00	2 981 428.00	3 359 276.00	3 863 167.40	4 442 642.51	5 109 038.89
47 被合并方在合并前实现净利润(万元)						
48 少数股东损益(万元)	57 406.00	82 173.00	75 925.00	87 313.75	100 410.81	115 472.43
49 每股权益						
50 基本每股收益	2.99	5.63	6.34	7.29	8.38	9.64
51 稀释每股收益	2.99	5.63	6.34	7.29	8.38	9.64
88						
89 所得税税率	22.61%	22.69%	22.90%	22.90%	22.90%	22.90%
90 计算资本支出						
91 经营性流动资产	3 466 429.00	5 853 693.00	6 869 519.46	7 967 459.55	9 162 578.49	10 536 965.26
92 经营性非流动资产	7 608 190.00	7 775 531.00	8 295 015.00	15 084 590.87	17 347 279.50	19 949 371.43
93 经营负债	1 574 178.00	1 913 233.00	2 022 497.00	3 093 695.49	3 557 749.81	4 091 412.28
94 金融资产	1 178 644.00	1 351 835.00	2 582 363.00	2 647 040.61	3 044 096.71	3 500 711.21
95 金融负债	1 443 670.00	1 068 405.00	1 224 511.00	2 835 680.36	3 261 032.41	3 750 187.27
96 股东权益	9 167 292.00	11 630 762.00	14 217 694.00	19 425 477.83	22 339 299.50	25 690 194.43

图 4-2-18　计算预测期和永续期管理资产负债表项目

在 G91 单元格录入公式 =SUM($B91:$F91)/SUM($B$6:$F$6)*G$6。注意 SUM($B91:$F91)

是列的绝对引用，行是相对引用；SUM($B$6:$F$6)是行列全部绝对引用；G$6是行绝对引用，列相对引用。录入结束后选中G91单元格，将公式拖拽复制到G91:L96区域。这样就把预测期和永续期的管理用资产负债表项目全部计算出来了，如图4-1-19所示。

第二步，计算预测期和永续期的净经营资产、净负债、净负债＋股东权益、净负债增加、股东权益增加、平衡校验。选中F97:F102，把公式拖拽复制到F97:L102区域。计算出来相应的结果，如图4-2-19所示。

图4-2-19　计算预测期和永续期管理资产负债表项目

13. 计算预测期和永续期的实体现金流量

计算预测期和永续期的实体现金流量分为以下三步。

第一步，计算预测期和永续期税后经营净利润。在G104单元格录入=G45+G15*(1-G89)，再次选中G104，将G104单元格公式拖拽复制到G104:L104。

第二步，计算预测期和永续期折旧摊销额。在G105单元格录入=SUM(D105:F105)/3*(1+$F$125)，再次选中G105，将G105单元格公式拖拽复制到G105:L105。注意此处的基期采用前三年折旧额的平均数，如图4-2-20所示。

图4-2-20　计算预测期和永续期的实体现金流量

第三步，计算本年净投资。在G106单元格录入=G97-F97，再次选中G106将G106单元格公式拖拽复制到G106:L106。

第四步，计算预测期和永续期的实体现金流量。在G107单元格录入=G104+G105-G106，再次选中G107将G107单元格公式拖拽复制到G107:L107。

到这里，就把预测期和永续期的现金流量计算出来了，再把预测期和永续期的现金流量折现，即可得出企业的全部价值。

14. 计算预测期现值

计算预测期现值分为以下四步。

第一步，确定折现率。折现率这个概念如果是非财务专业理解起来，可能确实挺困难的，所以大部分读者不需要特别理解它的内涵。据说，巴菲特老爷子用的现金流量模型折现率选的是 8%，国内央企要求不低于 12%。这个数越小，企业的价值会越大，我选 12%，因为我是给中国的上市公司估值。这个数对企业的价值影响非常大。建议不要轻易改动。在 G115 手工录入 12%，在 H115 录入公式 =G115，再次选中 H115，把 H115 的公式复制到 H115:L115。

第二步，计算折现系数。在 F116 手工录入 1，在 G116 录入公式 =F116/(1+G115)，把 G116 的公式拖拽复制到 G116:L116，得到折现系数，如图 4-2-21 所示。

资本成本		12.00%	12.00%	12.00%	12.00%	12.00%	12.00%
折现系数	1.000 0	0.892 9	0.797 2	0.711 8	0.635 5	0.567 4	0.506 6
成长期现值	4 963 433	(2 031 586)	1 728 244	1 738 157	1 757 549	1 771 069	
后续期现值	51 316 074						90 436 456
实体价值合计	61 242 940						
净债务价值	(1 357 852)	零增长价格					
股权价值	62 600 792	60					
股票价值	118.13						
流通股数	0						
		近三年平均增长率					
预测期增长率	15.00%	42.48%					
稳定期增长率	5.00%						

图 4-2-21　计算预测期现值

第三步，计算预测期现值 = 实体现金流量 × 折现系数。在 G117 录入公式 =G113*G116，把 G117 的公式拖拽复制到 G117:L117，得到折现系数。

第四步，汇总成长期现值 = 累加 5 个预测期的现值，在 F117 录入公式 =SUM(G117:K117)，得到了成长期的现值。

15. 计算永续期现值

计算永续期现值分为以下两步。

第一步，永续期的现金流量 = 永续期的实体现金流量 ÷（折现率 － 永续期增长率）。在 L117 录入公式 =L113/($G$115-$F$126)。

第二步，永续期的现值 = 永续期现金流量 × 折现系数。在 F118 录入公式 =L117*K116，获得了永续期的现值，如图 4-2-22 所示。

	近2年	近1年	预测期1	预测期2	预测期3	预测期4	预测期5	永续期
资本成本			12.00%	12.00%	12.00%	12.00%	12.00%	12.00%
折现系数		1.000 0	0.892 9	0.797 2	0.711 8	0.635 5	0.567 4	0.506 6
成长期现值		4 963 433	(2 031 586)	1 728 244	1 738 157	1 757 549	1 771 069	$C$115-
后续期现值		51 316 074						$F$126)
实体价值合计:		61 242 940						
净债务价值:		(1 357 852)	零增长价格					
股权价值:		62 600 792	60					
股票价值		118.13						
流通股数		0						
			近三年平均增长率					
预测增长率	15.00%	42.48%						
稳定期增长率	5.00%							

图 4-2-22 计算永续期现值

16. 计算实体价值

计算实体价值公式如下:

$$实体价值 = 成长期现值 + 后续期现值$$

在 F119 录入公式: =F117+F118,获得实体价值。

17. 计算股权价值

计算股权价值分为以下两步。

第一步,获取净债务价值 = 当期的净负债。在 F120 录入公式 =F98。取得当期净债务价值。

第二步,股权价值 = 实体价值 - 净债务价值。在 F121 录入公式 =F119 - F120,得到公司的总体股权价值。

18. 计算股票价格

计算股票价格分为以下三步。

第一步,取得公司总的股数。在 D115 录入公式 =BS 数据 !B103,取得当期的公司总的股票数额。

第二步,计算股票价格 = 股权价值 ÷ 股票数量。在 F122 录入公式 =F121/D115。

至此股票的估值计算过程全部结束,得到了公司股票的估值 108.76 元。远远高于海螺水泥的现价,所以我给予"600585 海螺水泥"的评级为买入!

第三步,验证股票数量。这一步不能省略,有的时候,公司的股权发生变动,用公式简单取过来的数计算出来股票价格很可能不对。我有一次计算"中公教育"的时候就犯错了,然后买了"中公教育",交了 8 000 多元学费,才发现"中公教育"的股票数量被我算错了。因为这 8 000 多元的学费,我始终记得要把股票数量验算一遍。

怎么验算呢?打开炒股软件,找到上市公司市值。填到 D119,这里以"海螺水泥"为例。它的总市值是 2 855.52 亿元，当日的股价是 56.79 元，如图 4-2-23 所示。

图 4-2-23　海螺水泥

在 D120 录入公式 =D119/D115*10000，计算出来的股价是 53.88 元，股价差异率 5.39%，可以证明"海螺水泥"的报表总股数是没问题的，因为估值的报表简化到万元，炒股软件的总市值数据也不是很及时地更新，所以这点差异是没有问题的。

前四章讲了怎么获取原始数据，怎么设置表格，怎么设计公式，对于不是"表哥、表姐"，也没有财务基础的人员怎么办？可以直接找我要模板，拿到这个模板把股票代码输入进去就可以做股票的估值了。如果嫌要模板自己估值麻烦，那就继续往下读。我在本书中的例子都是我十分看好的股票，估出的价值也是我反复验证过的。

第五章

上市公司估值分析示例

经过前面几章理论知识的讲解，肯定有很多读者不耐烦了，如果不能很快地学习财务管理的知识，又想尽快上手价值投资的方法，凡是购买了本书的读者可以和我索要估值模板，完全免费，不过不提供技术支持。如需提供技术支持是要另行收费。下面，我根据几个实例讲解模板的用法。再次声明，我的分析不构成投资建议，据此入市，风险自负。

一、 "海螺水泥" 估值分析

1. 毛估估 *

无论是和我要模板，还是自己制作的现金流量法估值模板，里面的公式搭建好了之后，只要把上市公司近五年的资产负债表、利润表、现金流量表导入现金流量法估值模板。估值就会自动出来的。第二章我介绍了三种导入数据的方法。我建议大家只用两种：第一种就是用 Excel 的 VBA 直接导入；第二种就是直接在网易财经下载报表，复制粘贴到 BS 数据表、PL 数据表、CF 数据表中。用 Excel "数据导入向导" 导入的方法不建议大家用，这个脚本错误太烦人了，弄起来一点也不快，还不如一次导入下来复制粘贴呢。

用 Excel 的 VBA 直接导入的方法：打开现金流量法估值模板中的自选股表，在 A2 单元格录入股票代码。单击执行估值那个矩形图片，在联网状态下，现金流量法估值模板会自动把上市公司财务数据导入到现金流量法估值模板中，并且自动做出估值。我一般会用长城证券烽火版导出一些财务指标比较好的股票，然后直接粘贴到 A2:E2，如图 5-1-1 所示。

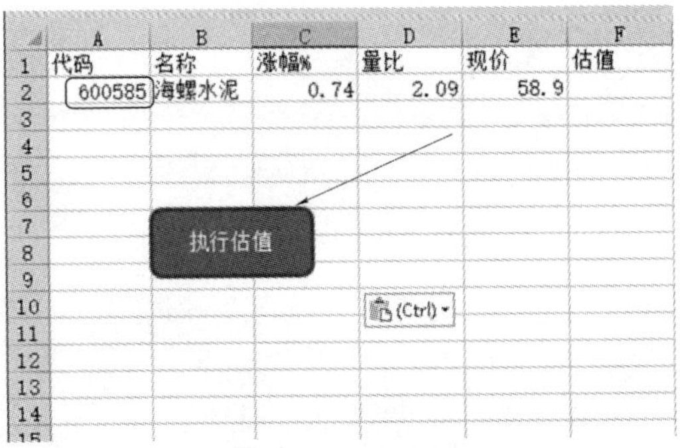

图 5-1-1　估值表

注意：执行一只股票的估值需要 30 秒左右，如果估值结果大于现价，还会自动复制出一个以这个股票的代码作为名称的现金流量法估值模板，也可以一次做多只股票的估值，但是我 VBA 水平有限，多只股票估值的时候经常会报错，我一般一次选 5 到 10 只。估值表运行过程中最好别碰电脑了，否则容易报错。经过毛估估之后会选出一些估出来的价值高于现价的股票。例如，这只海螺水泥（股票代码 600585），在折

---

*　方言，意为大概估算。

现率为 12%，预测期增长率 15%，永续期增长率 5% 的条件下，得出的估值是 108 元。而我在 2019 年 12 月买入海螺水泥的时候，它的价格是 46 元左右，如图 5-1-2 所示。

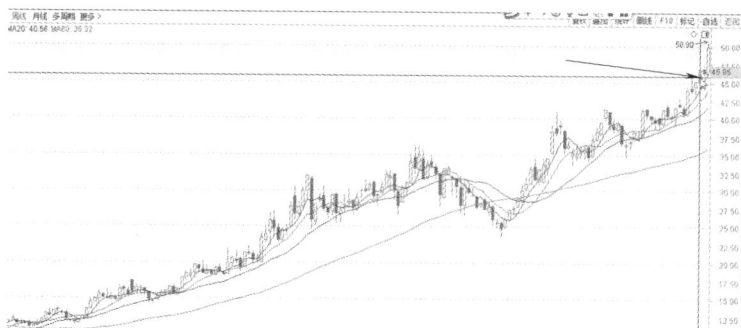

图 5-1-2　估值表

从 2019 年 1 月的低点 25 元左右，到我建仓的时点 2019 年 12 月 11 日 46 元左右，股价几乎翻了一倍，而且是屡创新高，如果没有现金流量估值的加持，我以前是没胆量买这种创新高的股票的，即使现在有了现金流量估值的加持，我也不敢把钱都买这种创新高的股票。还好只是盘整了一周之后，在我建仓之后的第三周就大幅度上涨，大大地增强了我对现金流量法估值的信心。

当然，选出来好股票之后，一定要好好验证，我就是因为不够严谨，2019 年末错选了中公教育，3 天就赔了 8 000 多元。后面几节我会介绍毛估估出来的好股票怎样进行反复推敲验证。

2. 设置估值参数

我一次做了 3 只股票的估值，这几只也是我千挑万选的好股票，怎么算都是被低估了，这几只以股票代码命名的 Excel 工作簿，出现在现金流量法估值模板的同一文件夹中，如图 5-1-3 所示。

图 5-1-3　生成新的工作簿

71

双击"600585"Excel 工作簿，这时候会弹出一个警报框，如图 5-1-4 所示。

图 5-1-4　打开新的工作簿

单击"是"，打开工作簿。选中价值评估工作表，如图 5-1-5 所示。

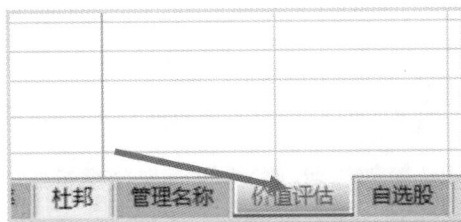

图 5-1-5　打开价值评估表

其中，标白的单元格需要手工调整或设置，如图 5-1-6 所示。

估值表				
实收资本（或股本）	529 930.00	资本成本		12.00%
		折现系数	1.000 0	0.892 9
		成长期现值	4 963 433	(2 031 586)
		后续期现值	51 316 074	
总市值（亿元）	2 855.52	实体价值合计	56 279 507	
计算市价	53.88	净债务价值：	(1 357 852)	零增长价格
资产负债率	(0.10)	股权价值：	57 637 359	60
股价差异率	5.39%	股票价值	108.76	
当前股价	56.79	流通股数	0	
				近三年平均增长率
加权平均资本成本	0.20	预测期增长率	15.00%	42.48%
本期市盈率	9.69	稳定期增长率	5.00%	
内在市盈率	8.46	所得税率	0.25	
股价估值	16.43	每股收益	6.482 367 482	
本期市净率	1.82	权益净利率	24.16%	
本期市销率	4.16	可持续增长率		

图 5-1-6　设置估值参数

默认状态下的资本成本是 12%，预测期增长率是 15%，稳定期增长率 5%，得出的估值是 108.76 元 / 股，远高于 2020 年 11 月 19 日的 56.79 元 / 股。我在 2019 年 12 月 11 日建仓的时候是 46 元 / 股，我也有点不敢相信这个结果，怎么办？谨慎点再好好验证一下。

第一步，验证下总股数。

打开炒股软件，找到上市公司市值，如图 5-1-7 所示。

海螺水泥 (600585.SH) ESG 300 融 MSCI 买 问股　　在APP中查看 ＋ 加入

56.79 ↓ -0.71 -1.23%	今 开：57.13	成交量：23.05万手	振 幅：1.76%
	最 高：57.45	成交额：13.07亿元	换手率：0.58%
涨停：63.25 跌停：51.75	最 低：56.44	总市值：2855.52亿	市净率：1.99
2020-11-19 15:00:02	昨 收：57.50	流通值：2271.43亿	市盈率TTM：8.72
	总股本：52.99亿	流通股：40.00亿	

海螺水泥.HK 52.900 -2.76% H/A 79.33%　12海螺02 103.00 —　水泥行业 -1.29%

图 5-1-7　设置估值参数

把上市公司海螺水泥总市值填到 D119，它的总市值是 2 855.52 亿元，当日的股价是 56.79 元。在 D120 录入公式 =D119/D115*10000，计算出来的股价是 53.88 元，股价差异率 5.39%，可以证明海螺水泥的报表总股数是没问题的，因为估值的报表简化到万元，炒股软件的总市值数据也不是能及时地更新，所以这点差异是没有问题的。

第二步，修改预测期增长率，查看不同增长率情况下的估值。

如果预测期增长率为 0%，如图 5-1-8 所示。

估值表				
实收资本（或股本）	529 930.00	资本成本		12.00%
		折现系数	1.000 0	0.892 9
		成长期现值	10 470 343	(236 080)
		后续期现值	26 361 851	
总市值（亿元）	2 855.52	实体价值合计：	36 832 195	
计算市价	53.88	净债务价值：	(1 357 852)	零增长价格
资产负债率	(0.10)	股权价值：	38 190 047	60
股价差异率	5.39%	股票价值	72.07	
当前股价	56.79	流通股数	0	
				近三年平均增长率
加权平均资本成本	0.20	预测期增长率	0.00%	42.48%
本期市盈率	9.69	稳定期增长率	5.00%	
内在市盈率	8.46	所得税率	0.25	
股价估值	16.43	每股收益	6.482 367 482	
本期市净率	1.82	权益净利率	24.16%	
本期市销率	4.16	可持续增长率		

图 5-1-8　设置估值参数

虽然好股票未来 5 年增长率为 0% 的可能性不是太高，但是如果真的出现这种情况，股票的价值还是达到了 72.07 元 / 股，超过了现价 56.79 元 / 股，安全边际还是有的，如图 5-1-9 所示。

如果预期增长率为－10%，设置估值参数，如图 5-1-9 所示。

估值表				
实收资本（或股本）	**529 930.00**	资本成本		12.00%
		折现系数	1.000 0	0.892 9
		成长期现值	12 370 516	960 925
		后续期现值	16 049 585	
总市值（亿元）	2 855.52	实体价值合计	28 420 101	
计算市价	53.88	净债务价值：	(1 357 852)	零增长价格
资产负债率	(0.10)	股权价值：	29 777 953	60
股价差异率	5.39%	**股票价值**	56.19	
当前股价	56.79	流通股数	0	
				近三年平均增长率
加权平均资本成本	0.20	预测期增长率	-10.00%	42.48%
本期市盈率	9.69	稳定期增长率	5.00%	
内在市盈率	8.46	所得税率	0.25	
股价估值	16.43	每股收益	6.482 367 482	
本期市净率	1.82	权益净利率	24.16%	
本期市销率	4.16	可持续增长率		

图 5-1-9　设置估值参数

虽然好股票未来 5 年增长率为－10% 的可能性不是太高，但是如果真的出现这种情况，股票的价值还是达到了 56.19 元 / 股，与现价 56.79 元 / 股也差不多，所以说无论如何，海螺水泥（600585）56 元 / 股还是物有所值的。

如果预期增长率为 42.48% 呢，设置估值参数，如图 5-1-10 所示。

估值表				
实收资本（或股本）	**529 930.00**	资本成本		12.00%
		折现系数	1.000 0	0.892 9
		成长期现值	(19 110 828)	(5 320 935)
		后续期现值	144 389 296	
总市值（亿元）	2 855.52	实体价值合计	125 278 469	
计算市价	53.88	净债务价值：	(1 357 852)	零增长价格
资产负债率	(0.10)	股权价值：	126 636 321	60
股价差异率	5.39%	**股票价值**	238.97	
当前股价	56.79	流通股数	0	
				近三年平均增长率
加权平均资本成本	0.20	预测期增长率	42.48%	42.48%
本期市盈率	9.69	稳定期增长率	5.00%	
内在市盈率	8.46	所得税率	0.25	
股价估值	16.43	每股收益	6.482 367 482	
本期市净率	1.82	权益净利率	24.16%	
本期市销率	4.16	可持续增长率		

图 5-1-10　设置估值参数

我的神啊，238.97 元 / 股，而过去三年的平均增长率确实是 42.48%，太有潜力了，我就选它了。自从 2019 年 12 月 11 日海螺水泥建仓之后，只要有人问我股票，我首先会推荐它，为啥？第一，各项指标确实是好；第二，海螺水泥的年线几乎是一路上扬，不管在那个价位买的，长期持有都是盈利的，所以这么好的股权资产，你值得拥有，如图 5-1-11 所示。

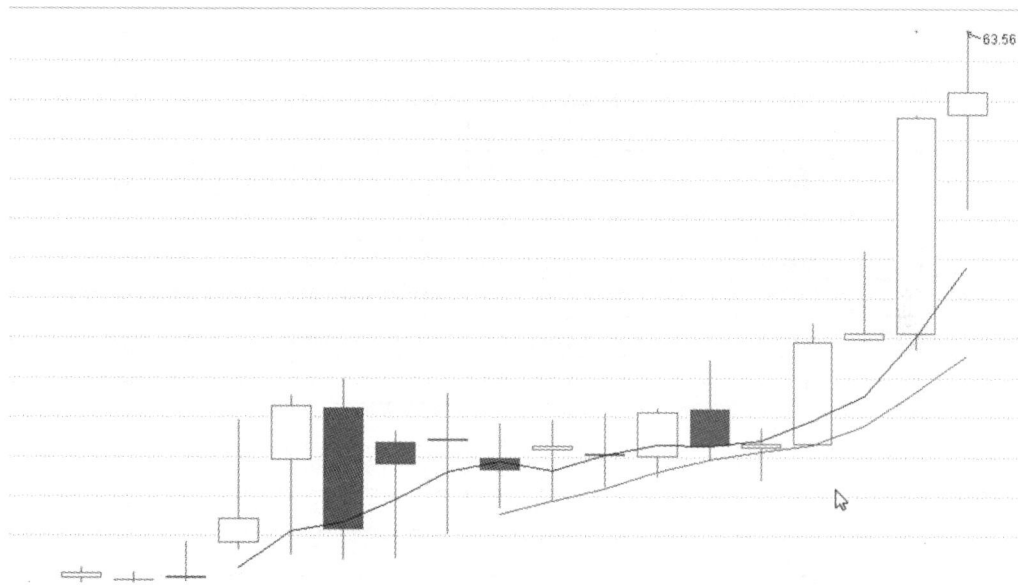

图 5-1-11　海螺水泥年 K 线图

3. 核对报表

其实 2020 年以来，海螺水泥在我所有股票的收益排名并不是那么靠前，但我依然坚定地看好它。书归正传，既然我如此看好，还是严谨一些吧，从网易财经上导出来的资产负债表还不平呢。

第一步，核对利润表。

利润表比较好核对，与最后的净利润对一下就好了，先把 PL 表的公式重新设置一下。

原始的利润表错误还是挺多的，主要是这几年会计准则的变化，导致会计报表的科目变化，致使靠机器抓取数据获得的数据财经网站无法保证准确，好在这几个科目的变化对净利润的影响正负相抵，差异不大。我调整完利润表之后，估值并没有发生变化，还是 108.76 元 / 股。

正确的报表是我从巨潮资讯网下载的年度审计报告。2019 年海螺水泥的审计报告会有 2018 年、2019 年两年的数据。2017 年的审计报告会有 2017 年、2016 年两年的数据，我就下载了两年的审计报告。2015 年的审计报告就算了，反正对估值的影响很小，如图 5-1-12 至图 5-1-14 所示。

安徽海螺水泥股份有限公司
合并利润表

金额单位：人民币元

项目	附注	2019 年	2018 年
一、营业收入	五、37	157 030 328 135	128 402 625 696
减：营业成本	五、37	104 760 090 086	81 230 031 437
税金及附加	五、38	1 403 049 105	1 457 667 777
销售费用	五、39	4 416 574 602	3 733 294 706
管理费用	五、40	4 741 154 188	3 752 167 303
研发费用	五、41	187 198 737	70 967 313
财务费用(收益以"-"号填列)	五、42	-1 338 169 232	-474 090 826
其中：利息费用		446 007 016	483 381 653
利息收入		-1 588 831 946	-1 076 546 170
加：其他收益	五、43	870 484 774	773 513 859
投资收益	五、44	1 209 080 928	658 485 100
其中：对联营企业和合营企业的投资收益		853 622 685	460 380 672
公允价值变动收益	五、45	257 596 877	22 833 563
信用减值损失(损失以"-"号填列)	五、46	-6 260 519	-2 432 941
资产减值损失(损失以"-"号填列)	五、47	-1 164 209 774	-206 990 458
资产处置收益	五、48	30 214 686	4 358 748
二、营业利润		44 057 337 621	39 882 355 857
加：营业外收入	五、49	648 126 672	590 681 765
减：营业外支出	五、49	148 619 034	843 841 723
三、利润总额		44 556 845 259	39 629 195 899
减：所得税费用	五、50	10 204 838 573	8 993 181 439
四、净利润		34 352 006 686	30 636 014 460

图 5-1-12　2018、2019 年海螺水泥合并利润表

安徽海螺水泥股份有限公司
合并利润表

金额单位：人民币元

项目	附注	2017 年	2016 年（已重述）
一、营业收入	五、37	75 310 819 763	55 931 900 959
二、减：营业成本	五、37	48 887 730 288	37 769 958 978
税金及附加	五、38	946 987 748	672 450 031
销售费用	五、39	3 571 929 955	3 276 413 657
管理费用	五、40	3 459 690 531	3 143 599 769
财务费用	五、41	215 619 749	336 856 697
资产减值损失（转回以"-"号填列）	五、42	-11 504	377 847 342
加：公允价值变动收益	五、43	2 306 632	6 393 050
投资收益	五、44	2 026 686 898	399 088 488
其中：对联营企业和合营企业的投资收益(损失以"-"号填列)		120 063 237	-96 910 127
资产处置收益	五、45	67 604 964	106 844 375
其他收益	五、46	499 826 408	-
三、营业利润		20 825 297 898	10 867 100 398
加：营业外收入	五、47	479 897 829	874 353 926
减：营业外支出	五、47	76 439 675	88 248 335
四、利润总额		21 228 756 052	11 653 205 989
减：所得税费用	五、48	4 800 022 157	2 702 563 365
五、净利润		16 428 733 895	8 950 642 624

图 5-1-13　2016、2017 年海螺水泥合并利润表

会计年度	2019.12.31	2018.12.31	2017.12.31	2016.12.31	2015.12.31
营业总收入(万元)	15 703 033.00	12 840 263.00	7 531 082.00	5 593 190.00	5 097 604.00
营业成本(万元)	10 476 009.00	8 123 003.00	4 888 773.00	3 776 996.00	3 688 786.00
研发费用(万元)	18 720.00	7 097.00			
营业税金及附加(万元)	140 305.00	145 767.00	94 699.00	67 245.00	42 526.00
销售费用(万元)	441 657.00	373 329.00	357 193.00	327 641.00	310 509.00
管理费用(万元)	474 115.00	375 217.00	345 969.00	314 360.00	317 760.00
财务费用(万元)	(133 817.00)	(47 409.00)	21 562.00	33 686.00	56 950.00
资产减值损失(万元)	(116 420.98)	(20 699.00)	1.00	(37 785.00)	(14.00)
公允价值变动收益(万元)	25 760.00	2 283.00	231.00	639.00	(2 526.00)
投资收益(万元)	120 908.00	65 849.00	202 669.00	39 909.00	188 090.00
其他收益（补充）	87 048.47	77 351.39	49 982.64	0.00	0.00
信用减值损失	(626.05)	(243.29)	0.00	0.00	0.00
资产处置收益	3 021.47	435.87	6 760.50	0.00	0.00
营业利润(万元)	4 405 734.91	3 988 235.97	2 082 530.14	1 076 025.00	866 623.00
营业外收入(万元)	64 813.00	59 068.00	47 990.00	98 120.00	144 449.00
营业外支出(万元)	14 862.00	84 384.00	7 644.00	8 825.00	7 160.00
非流动资产处置损失(万元)	0.00	0.00	0.00	693.00	1 041.00
利润总额(万元)	4 455 685.91	3 962 919.97	2 122 876.14	1 164 627.00	1 002 871.00
所得税费用(万元)	1 020 484.00	899 318.00	480 002.00	270 256.00	241 145.00
净利润(万元)	3 435 201.91	3 063 601.97	1 642 874.14	894 371.00	761 726.00
归属于母公司所有者的净利润(万元)	3 359 276.00	2 981 428.00	1 585 467.00	852 992.00	751 639.00
少数股东损益(万元)	75 925.00	82 173.00	57 406.00	42 073.00	11 157.00
基本每股收益	6.34	5.63	2.99	1.61	1.42
稀释每股收益	6.34	5.63	2.99	1.61	1.42
差异	0.91	0.97	1.14	(693.00)	(1 069.00)

图 5-1-14　2015～2019 年海螺水泥合并利润表

图 5-1-14 是我修正之后的海螺水泥的利润表，深色的部分都是网易财经的数据没

有相关科目，或者相关科目不对造成的，核对完成后，最下面一行的差异已经非常小了，因为本模板用的是万元为单位，所以误差到 1 万元左右就 OK 了。如果有强迫症的读者，希望一分不差，那就需要把这个模板首先调整成元版的，然后把审计报告的数据一一录入进去。

第二步，核对资产负债表。

资产负债表的问题也是一样的，核对之前资产负债表是不平的，2019 年的数据差了 10.8 亿元之多，如图 5-1-15 所示（近一年的数据就是 2019 年的数据）。

	A	B	C	D	E	F
1	年份	近5年	近4年	近3年	近2年	近1年
100	净负债增加		(510 395.00)	(412 160.00)	(548 456.00)	(1 074 422.00)
101	股东权益增加		652 138.00	1 196 498.00	2 463 470.00	2 586 932.00
102	平衡校验	72 502.00	59 883.00	29 119.00	310 205.00	107 332.46

图 5-1-15 海螺水泥合并资产负债表

那么我们也是下载 2019 年审计报告、2017 年审计报告，取得合并资产负债表，如图 5-1-16 所示。

安徽海螺水泥股份有限公司
合并资产负债表

金额单位：人民币元

项目	附注	2019 年 12 月 31 日	2018 年 12 月 31 日
流动资产：			
货币资金	五、1	54 977 077 591	37 619 107 062
交易性金融资产	五、2	16 782 737 071	25 140 194
应收票据	五、3	8 375 401 956	9 067 583 799
应收账款	五、4	1 273 619 922	1 232 637 935
应收款项融资	五、5	3 350 585 849	4 066 653 238
预付款项	五、6	2 692 415 606	2 108 931 491
其他应收款	五、7	3 623 379 951	11 427 975 928
存货	五、8	5 571 522 957	6 022 717 523
持有待售资产	五、9	9 810 993	62 640 063
一年内到期的非流动资产	五、10	27 960 000	-
其他流动资产	五、11	425 091 810	419 572 589
流动资产合计		97 109 603 706	72 052 959 822
非流动资产：			
长期股权投资	五、12	3 820 612 569	3 181 990 116
其他权益工具投资	五、13	326 095 800	258 679 568
投资性房地产	五、14	85 734 294	64 949 854
固定资产	五、15	58 858 416 078	60 320 463 517
在建工程	五、16	6 237 843 095	3 458 400 315
使用权资产	五、56	54 245 329	-
无形资产	五、17	9 978 706 283	8 371 835 258
商誉	五、18	514 398 098	514 398 098
递延所得税资产	五、19	1 099 391 022	953 856 240
其他非流动资产	五、20	692 135 262	369 819 251
非流动资产合计		81 667 577 830	77 494 392 217
资产总计		178 777 181 536	149 547 352 039

续上表

项目	附注	2019 年 12 月 31 日	2018 年 12 月 31 日
流动负债：			
短期借款	五、21	2 941 698 150	1 376 933 268
应付账款	五、22	7 303 645 233	6 395 728 639
合同负债	五、23	3 493 690 637	3 313 102 709
应付职工薪酬	五、24	1 480 291 712	1 246 100 404
应交税费	五、25	6 703 915 585	7 247 657 201
其他应付款	五、26	4 064 198 334	3 821 201 414
一年内到期的非流动负债	五、27	1 433 749 770	2 751 237 021
流动负债合计		27 421 189 421	26 151 960 656
非流动负债：			
长期借款	五、28	3 871 291 872	2 606 582 305
应付债券	五、29	3 498 053 867	3 498 750 180
其中：优先股		-	-
永续债		-	-
租赁负债	五、56	34 832 884	
长期应付款	五、30	458 132 294	-
递延收益	五、31	449 458 832	405 888 810
递延所得税负债	五、19	723 773 386	466 296 761
非流动负债合计		9 035 543 135	6 977 518 056
负债合计		36 456 732 556	33 129 478 712
股东权益：			
股本	五、32	5 299 302 579	5 299 302 579
资本公积	五、33	10 587 320 348	10 584 747 968
其他综合收益	五、34	143 509 977	110 249 690
盈余公积	五、35	2 649 651 290	2 649 651 290
未分配利润	五、36	118 681 897 985	94 044 964 143
归属于母公司股东权益合计		137 361 682 179	112 688 915 670
少数股东权益		4 958 766 801	3 728 957 657
股东权益合计		142 320 448 980	116 417 873 327
负债和股东权益总计		178 777 181 536	149 547 352 039

图 5-1-16　2018、2019 年度海螺水泥合并资产负债表

安徽海螺水泥股份有限公司
合并资产负债表

金额单位：人民币元

项目	附注	2017 年	2016 年
流动资产：			
货币资金	五、1	24 759 779 144	15 585 983 488
以公允价值计量且其变动计入当期损 　益的金融资产	五、2	2 306 632	-
应收票据	五、3	11 127 342 544	6 511 093 870
应收账款	五、4	1 059 713 200	654 679 046
预付款项	五、5	801 888 763	581 050 657
应收利息	五、6	158 913 131	114 888 462
其他应收款	五、7	2 932 018 832	738 835 434

续上表

项目	附注	2017 年	2016 年
存货	五、8	4 705 200 427	4 548 533 840
其他流动资产	五、9	405 692 619	659 266 730
流动资产合计		45 952 855 292	29 394 331 527
非流动资产：			
可供出售金融资产	五、10	461 408 780	2 935 176 878
长期股权投资	五、11	2 790 763 160	3 315 428 492
投资性房地产	五、12	36 466 164	27 966 832
固定资产	五、13	59 667 633 436	62 278 022 164
在建工程	五、14	2 364 219 125	1 521 041 533
工程物资	五、15	1 329 498 764	1 050 911 833
无形资产	五、16	7 976 125 778	7 497 703 033
商誉	五、17	493 647 906	493 647 906
递延所得税资产	五、18	677 818 880	529 546 679
其他非流动资产	五、19	392 147 311	470 344 088
非流动资产合计		76 189 729 304	80 119 789 438
资产总计		122 142 584 596	109 514 120 965
流动负债：			
短期借款	五、20	934 810 900	1 275 213 970
应付账款	五、21	4 986 281 006	4 379 278 388
预收款项	五、22	2 143 823 124	1 550 141 571
应付职工薪酬	五、23	1 030 652 032	724 510 019
应交税费	五、24	3 515 082 900	1 513 089 962
应付利息	五、25	118 391 286	131 609 050
应付股利	五、26	258 065 295	100 000 000
其他应付款	五、27	3 441 931 233	4 112 963 051
一年内到期的非流动负债	五、28	4 685 265 140	3 262 417 814
流动负债合计		21 114 302 916	17 049 223 825
非流动负债：			
长期借款	五、29	4 860 480 971	5 447 249 980
应付债券	五、30	3 498 461 258	5 995 858 648
其中：优先股		-	-
永续债		-	-
递延收益	五、31	339 285 112	248 641 934
递延所得税负债	五、18	365 946 979	474 375 096
非流动负债合计		9 064 174 320	12 166 125 658
负债合计		30 178 477 236	29 215 349 483
股东权益：			
股本	五、32	5 299 302 579	5 299 302 579
资本公积	五、33	10 576 324 900	10 684 321 525
其他综合收益	五、34	291 174 141	590 822 143
盈余公积	五、35	2 649 651 290	2 649 651 290
未分配利润	五、36	70 589 842 409	57 384 823 590
归属于母公司股东权益合计		89 406 295 319	76 608 921 127
少数股东权益		2 557 812 041	3 689 850 355
股东权益合计		91 964 107 360	80 298 771 482
负债和股东权益总计		122 142 584 596	109 514 120 965

图 5-1-17　2016、2017 年度海螺水泥合并资产负债表

核对完 2016 年、2017 年、2018 年、2019 年的海螺水泥合并资产负债表只有发现主要的差异是网易财经的数据没有抓取其他综合收益的数据，所以 2015 年的合并财务报表我只把权益类的报表粘贴过来，资产部分和负债部分就省略了，如图 5-1-18 所示。

安徽海螺水泥股份有限公司
合并资产负债表 (节选)

金额单位: 人民币元

项目	附注	2015 年	2014 年
股东权益:			
股本	五、34	5 299 302 579	5 299 302 579
资本公积	五、35	10 684 321 525	10 686 638 402
其他综合收益	五、36	725 005 636	519 247 041
盈余公积	五、37	2 649 651 290	2 649 651 290
未分配利润	五、38	51 133 606 916	47 061 768 574
归属于母公司股东权益合计		70 491 887 946	66 216 607 886
少数股东权益		3 419 682 762	3 394 633 047
股东权益合计		73 911 570 708	69 611 240 933
负债和股东权益总计		105 781 391 621	102 253 097 283

图 5-1-18　2014、2015 年度海螺水泥合并资产负债表（部分）

调整完成后，再看平衡校验，资产、负债、所有者权益的数值已经很小了，如图 5-1-19 所示。

	A	B	C	D	E	F
1	年份	近5年	近4年	近3年	近2年	近1年
100	净负债增加		(510 395.00)	(412 160.00)	(574 323.96)	(1 035 350.39)
101	股东权益增加		638 719.65	1 166 533.20	2 445 377.55	2 590 258.03
102	平衡校验	1.44	0.79	1.69	1.72	1.22

图 5-1-19　资产负债表平衡校验

修改完成的合并资产负债表，如图 5-1-20 所示。

向前<<截止日期>>向后	2019-12-	2018-12-	2017-12-	2016-12-	2015-12-
货币资金（万元）	5 497 708.00	3 761 911.00	2 475 978.00	1 558 598.00	1 447 145.00
交易性金融资产（万元）	1 678 274.00	2 514.00	231.00	-	-
应收票据（万元）	837 540.00	1 313 424.00	1 112 734.00	651 109.00	449 518.00
应收账款（万元）	127 362.00	123 264.00	105 971.00	65 468.00	42 205.00
预付款项（万元）	269 242.00	210 893.00	80 189.00	58 105.00	44 228.00
应收款项融资（万元）	335 058.58				
应收利息（万元）	57 976.00	29 402.00	15 891.00	11 489.00	4 661.00
其他应收款（万元）	304 362.00	1 113 396.00	293 202.00	73 884.00	76 310.00
存货（万元）	557 152.00	602 272.00	470 520.00	454 853.00	423 804.00
持有待售资产（万元）	981.10	6 264.01			
一年内到期的非流动资产	2 796.00	-	-	-	-
其他流动资产（万元）	42 509.00	41 957.00	40 569.00	65 927.00	132 767.00
流动资产合计（万元）	9 710 960.68	7 205 297.01	4 595 285.00	2 939 433.00	2 620 638.00
可供出售金融资产（万元）		-	46 141.00	293 518.00	324 960.00
长期股权投资（万元）	382 061.00	318 199.00	279 076.00	331 543.00	297 544.00
其他权益工具投资（万	32 609.58	25 867.96			
投资性房地产（万元）	8 573.00	6 495.00	3 647.00	2 797.00	4 016.00
固定资产（万元）	5 885 842.00	6 032 046.00	5 966 763.00	6 227 802.00	6 169 552.00
在建工程（万元）	403 740.00	190 887.00	236 422.00	152 104.00	157 151.00
工程物资（万元）	220 045.00	154 953.00	132 950.00	105 091.00	106 036.00
使用权资产（万元）	5 424.53	-	-	-	-
无形资产（万元）	997 871.00	837 184.00	797 613.00	749 770.00	716 049.00
商誉（万元）	51 440.00	51 440.00	49 365.00	49 365.00	46 373.00
递延所得税资产（万元）	109 939.00	95 386.00	67 782.00	52 955.00	45 394.00
其他非流动资产（万元）	69 214.00	36 982.00	39 215.00	47 034.00	90 427.00
非流动资产合计（万元）	8 166 759.11	7 749 439.96	7 618 974.00	8 011 979.00	7 957 502.00
资产总计（万元）	17 877 719.80	14 954 736.96	12 214 259.00	10 951 412.00	10 578 140.00
短期借款（万元）	294 170.00	137 693.00	93 481.00	127 521.00	85 987.00
交易性金融负债（万元）	-	-	-	-	639.00
合同负债（万元）	349 369.06	331 310.27	-	-	-
应付账款（万元）	730 365.00	639 573.00	498 628.00	437 928.00	390 405.00
预收账款（万元）			214 382.00	155 014.00	135 510.00
应付职工薪酬（万元）	148 029.00	124 610.00	103 065.00	72 451.00	58 276.00
应交税费（万元）	670 392.00	724 766.00	351 508.00	151 309.00	97 221.00
应付利息（万元）	5 086.00	4 466.00	11 839.00	13 161.00	34 641.00
应付股利（万元）	-	-	25 807.00	10 000.00	15 377.00
其他应付款（万元）	401 334.00	377 654.00	344 193.00	411 296.00	463 622.00
一年内到期的非流动负债	143 375.00	275 124.00	468 527.00	326 242.00	758 538.00
流动负债合计（万元）	2 742 120.06	2 615 196.27	2 111 430.00	1 704 922.00	2 040 216.00
长期借款（万元）	387 129.00	260 658.00	486 048.00	544 725.00	224 640.00
应付债券（万元）	349 805.00	349 875.00	349 846.00	599 586.00	849 328.00
长期应付款（万元）	45 813.23	-	-	-	-
租赁负债（万元）	3 483.29				
长期递延收益（万元）	44 946.00	40 589.00	33 929.00	24 864.00	16 963.00
递延所得税负债（万元）	72 377.00	46 630.00	36 595.00	47 438.00	55 835.00
非流动负债合计（万元）	903 553.52	697 752.00	906 418.00	1 216 613.00	1 146 766.00
负债合计（万元）	3 645 673.58	3 312 948.27	3 017 848.00	2 921 535.00	3 186 982.00
实收资本（或股本）（万元）	529 930.00	529 930.00	529 930.00	529 930.00	529 930.00
资本公积（万元）	1 058 732.00	1 058 475.00	1 057 632.00	1 068 432.00	1 068 432.00
盈余公积（万元）	264 965.00	264 965.00	264 965.00	264 965.00	264 965.00
其他综合收益（万元）	14 351.00	11 024.97	29 117.41	59 082.21	72 500.56
未分配利润（万元）	11 868 190.00	9 404 496.00	7 058 984.00	5 738 482.00	5 113 361.00
归属于母公司股东权益合	13 736 168.00	11 268 892.00	8 940 630.00	7 660 892.00	7 049 189.00
少数股东权益（万元）	495 877.00	372 896.00	255 781.00	368 985.00	341 968.00
所有者权益（或股东权益	14 232 045.00	11 641 786.97	9 196 409.41	8 029 876.21	7 391 156.56
负债和所有者权益（或股	17 877 718.58	14 954 735.24	12 214 257.41	10 951 411.21	10 578 138.56
平衡校验	(1.22)	(1.72)	(1.59)	(0.79)	(1.44)
与原始数据核对	0.58	0.24	(0.59)	(0.79)	(0.44)

图 5-1-20　修改后合并资产负债表

白色的部分是错误的，读者自己核对时也要关注这几个科目。

这个对报表的工作比较费眼力，但也是我们注册会计师的日常，如果没有财务功底的，核对这个报表来可能确实挺费力气，好在对与不对出来的估值差异不是很大，如图 5-1-21 所示。

实收资本（或股本）	529 930.00	资本成本		12.00%
		折现系数	1.000 0	0.892 9
		成长期现值	5 121 693	(2 011 378)
		后续期现值	51 512 642	
总市值（亿元）	2 855.52	实体价值合计	56 634 335	
计算市价	53.88	净债务价值	(1 344 648)	零增长价格
资产负债率	(0.10)	股权价值	57 978 983	60
股价差异率	5.39%	股票价值	109.41	
当前股价	56.79	流通股数	0	
				近三年平均增长率
加权平均资本成本	0.20	预测期增长率	15.00%	42.48%
本期市盈率	9.69	稳定期增长率	5.00%	
内在市盈率	8.46	所得税率	0.25	
股价估值	16.43	每股收益	6.482 369 207	
本期市净率	1.82	权益净利率	24.14%	
本期市销率	4.16	可持续增长率		

图 5-1-21　资产负债表平衡校验

采用核对过的财务报表，海螺水泥（600585）在折现率 12%，预测期增长率 15%，稳定期增长率 5% 的条件下，股票价值达到了 109.41 元 / 股，非常优秀。

4. 海螺水泥估值总结

经过了毛估估、调整参数、核对报表，我们得出海螺水泥在增长率－10% 到 42.48% 之间变化时，股票的价值范围是 56 元 / 股到 238 元 / 股。我认为确认海螺水泥价值 109.41 元 / 股已经是很保守的估计了。而现在海螺水泥的价格只有 56.79 元 / 股，绝对是物超所值，所以我决定购买。但是作为一个注册会计师，我要谨慎，谨慎，再谨慎，我决定把选出来的这些被市场低估的股票再做一遍财务报表分析，如果依然非常优秀，我在力所能及的范围内再做做财务尽职调查，确实没问题，再下注。

本章后面我会把自选股里面的股票估值全部演示一遍，如果想继续了解海螺水泥的财务报表分析的，可以跳到下一章，继续阅读海螺水泥的财务报表分析。

二、　华东医药估值分析

1. 毛估估

用 Excel 的 VBA 直接导入的方法：打开现金流量法估值模板中的自选股表，在 A2 单元格录入股票代码"000963"，如图 5-2-1 所示。

图 5-2-1　估值表

　　这只华东医药（股票代码 000963），在折现率为 12%，预测期增长率 15%，永续期增长率 5% 的条件下，得出的估值是 29.66 元。而我在 2020 年 5 月 6 日买入的时候，它的价格是 21 元左右，如图 5-2-2 所示。

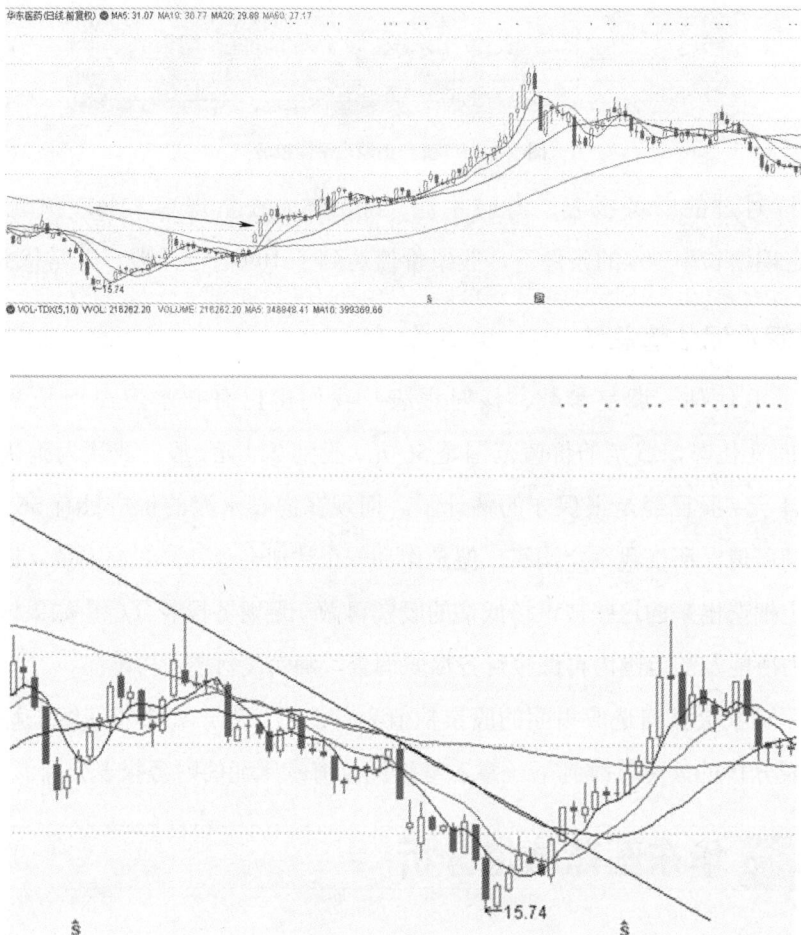

图 5-2-2　估值表

　　从 2020 年 3 月的低点 15.74 元，到我建仓的时点 2020 年 5 月 6 日为 21 元，股价刚好突破了压力线，上一只海螺水泥是创新高的股票，所以这一次我选了一只底部反弹的，分散风险。如果没有现金流量估值的加持，我以前比较爱买这种底部的股票，但是往往底部反弹的股票比较弱势，这只也算我选择比较成功的股票，这只股票是我 2020 年股票收益排名第二的股票，虽然估值差异没有海螺水泥那么大，但当时建仓的时点确实也是被低估的，而且我也想配置些医药股，千挑万选才选出了这只，后来陆续加仓，仓位一度达到我持仓比例的 25%，但是 7 月份的震荡让我减了一半的仓位，现在回头看错了，后面又创新高了。报表分析我也会着重介绍这只股票，虽然到 2020 年 11 月 22 日这个时点，这只股票的价格已经超过了我的估值 29.66 元，但是由于在报表分析中它的 ROE 特别优秀，简直就是 A 股 "白富美" 的代表，所以如果市场不给它 60 元的价值我就耐心持有，每年收获 20% 的复利也不错。

2. 设置估值参数

选择以股票代码命名的 Excel 工作簿，出现在现金流量法估值模板的同一文件夹中，如图 5-2-3 所示。

图 5-2-3　生成新的工作簿

双击 "000963" Excel 工作簿，这时候会弹出一个警报框，如图 5-2-4 所示。

图 5-2-4　打开新的工作簿

单击 "是"，打开工作簿。选择 "价值评估" 工作表，如图 5-2-5 所示。

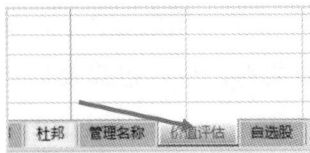

图 5-2-5 打开价值评估表

其中，标白的单元格需要手工调整或设置，如图 5-2-6 所示。

估值表			
实收资本（或股本）	174 981.00	资本成本	12.00%
		折现系数	1.000 0	0.892 9
		成长期现值	1 001 128	336 609
		后续期现值	4 410 142	
总市值（亿元）	539.80	实体价值合计	5 411 271	
计算市价	30.85	净债务价值:	221 988	零增长价格
资产负债率	14.71%	股权价值:	5 189 282	
股价差异率	0.00%	股票价值	29.66	
当前股价	30.85	流通股数	0	
				近三年平均增长率
加权平均资本成本		预测期增长率	15.00%	11.81%
本期市盈率	18.45	稳定期增长率	5.00%	
内在市盈率		所得税率	25.00%	
股价估值		每股收益	1.67	
本期市净率	4.20	权益净利率	22.74%	
本期市销率	1.52	可持续增长率		

图 5-2-6 设置估值参数

默认状态下的资本成本是 12%，预测期增长率是 15%，稳定期增长率是 5%，得出的估值是 29.66 元 / 股，已经低于 2020 年 11 月 22 日的 30.85 元 / 股。我在 2020 年 5 月 6 日建仓的时候是 21 元 / 股，在这只股票上我的收益不错，我想继续持有，所以还要谨慎点再好好验证一下。

第一步，验证下总股数。

打开炒股软件，找到上市公司市值，如图 5-2-7 所示。

图 5-2-7 设置估值参数

把上市公司华东医药（000963）总市值填到 D119，它的总市值是 540 亿元，当日的股价是 30.85 元。在 D120 录入公式 =D119/D115*10 000，计算出来的股价是 30.85 元，股价差异率 0.00%，可以证明华东医药的报表总股数是没问题的。

第二步，修改预测期增长率。查看不同增长率情况下的估值，如图 5-2-8 所示。

如果预测期增长率为 0%。

估值表				
实收资本(或股本)	174 981.00	资本成本		12.00%
		折现系数	1.000 0	0.892 9
		成长期现值	1 360 300	468 401
		后续期现值	2 253 980	
总市值（亿元）	539.80	实体价值合计:	3 614 280	
计算市价	30.85	净债务价值:	221 988	零增长价格
资产负债率	14.71%	股权价值:	3 392 291	
股价差异率	0.00%	股票价值	19.39	
当前股价	30.85	流通股数	0	
				近三年平均增长率
加权平均资本成本		预测期增长率	0.00%	11.81%
本期市盈率	18.45	稳定期增长率	5.00%	
内在市盈率		所得税率	25.00%	
股价估值		每股收益	1.67	
本期市净率	4.20	权益净利率	22.74%	
本期市销率	1.52	可持续增长率		

图 5-2-8　设置估值参数

虽然好股票未来 5 年增长率为 0% 的可能性不是太高，但是如果真的出现这种情况，股票的价值还是达到了 19.39 元 / 股，低于现价 30.85 元 / 股，没有安全边际，如图 5-2-9 所示。

如果预期增长率为 - 10%。

估值表				
实收资本(或股本)	174 981.00	资本成本		12.00%
		折现系数	1.000 0	0.892 9
		成长期现值	1 476 374	556 262
		后续期现值	1 366 023	
总市值（亿元）	539.80	实体价值合计:	2 842 397	
计算市价	30.85	净债务价值:	221 988	零增长价格
资产负债率	14.71%	股权价值:	2 620 409	
股价差异率	0.00%	股票价值	14.98	
当前股价	30.85	流通股数	0	
				近三年平均增长率
加权平均资本成本		预测期增长率	-10.00%	11.81%
本期市盈率	18.45	稳定期增长率	5.00%	
内在市盈率		所得税率	25.00%	
股价估值		每股收益	1.67	
本期市净率	4.20	权益净利率	22.74%	
本期市销率	1.52	可持续增长率		

图 5-2-9　设置估值参数

虽然好股票未来 5 年增长率为 –10% 的可能性不是太高，但是如果真的出现这种情况，股票的价值还是达到了 14.98 元 / 股，现价 30.85 元 / 股腰斩的价格，但是我认为出现 5 年连续负增长的概率不大，如图 5-2-10 所示。

如果预期增长率为 11.81% 呢？

估值表				
实收资本（或股本）	174 981.00	资本成本		12.00%
		折现系数	1.000 0	0.892 9
		成长期现值	1 100 799	364 631
		后续期现值	3 850 799	
总市值（亿元）	539.80	实体价值合计	4 951 598	
计算市价	30.85	净债务价值：	221 988	零增长价格
资产负债率	14.71%	股权价值：	4 729 610	
股价差异率	0.00%	股票价值	27.03	
当前股价	30.85	流通股数	0	
				近三年平均增长率
加权平均资本成本		预测期增长率	11.81%	11.81%
本期市盈率	18.45	稳定期增长率	5.00%	
内在市盈率		所得税率	25.00%	
股价估值		每股收益	1.67	
本期市净率	4.20	权益净利率	22.74%	
本期市销率	1.52	可持续增长率		

图 5-2-10 设置估值参数

按照过去三年平均增长率 11.81% 计算，价格只有 27 元，现在市场已经高估了，如图 5-2-11 所示，不过我用巴菲特老爷子的折现率试试。

估值表				
实收资本（或股本）	174 981.00	资本成本		9.00%
		折现系数	1.000 0	0.917 4
		成长期现值	1 184 292	374 667
		后续期现值	7 718 743	
总市值（亿元）	539.80	实体价值合计	8 903 035	
计算市价	30.85	净债务价值：	221 988	零增长价格
资产负债率	14.71%	股权价值：	8 681 046	
股价差异率	0.00%	股票价值	49.61	
当前股价	30.85	流通股数	0	
				近三年平均增长率
加权平均资本成本		预测期增长率	11.81%	11.81%
本期市盈率	18.45	稳定期增长率	5.00%	
内在市盈率		所得税率	25.00%	
股价估值		每股收益	1.67	
本期市净率	4.20	权益净利率	22.74%	
本期市销率	1.52	可持续增长率		

图 5-2-11 设置估值参数

不怕，能到 49.61 元 / 股。考虑到医药这个好赛道，我决定长期持有这一份股权资产。华东医药年 K 线如图 5-2-12 所示。

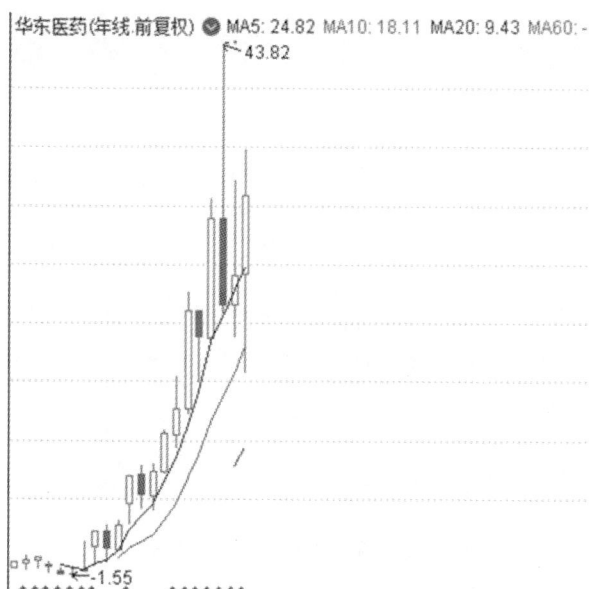

图 5-2-12　华东医药年 K 线图

这也是一只年年上涨，很少下跌的大白马，涨幅不亚于海螺水泥。

3. 核对报表

华东医药在我的股票池里属于白富美类型的，2020 年以来，它在我所有股票的收益排名第二。

第一步，核对利润表。

利润表比较好核对。先把 PL 表的公式重新设置一下。

我调整完利润表之后，估值并没有发生变化，还是 29.66 元 / 股。

我是在巨潮资讯网下载正确的年度审计报告。2019 年华东医药（000963）的审计报告会有 2018 年、2019 年的数据，2017 年的审计报告会有 2017 年、2016 年的数据，我就下载了包含两年的审计报告，2015 年的就算了，反正对估值的影响很小，如图 5-2-13 所示。报表的样子我就不贴在书里了，读者可以到巨潮网络上下载下来看。

会计年度	2019.12.31	2018.12.31	2017.12.31	2016.12.31	2015.12.31
营业总收入（万元）	3 544 570.00	3 066 337.00	2 783 182.00	2 537 967.00	2 172 738.00
营业成本（万元）	2 408 672.00	2 177 471.00	2 056 172.00	1 921 911.00	1 651 778.00
研发费用（万元）	107 294.00	70 604.00	0.00	0.00	0.00
营业税金及附加（万元）	18 199.00	17 095.00	16 306.00	13 175.00	10 431.00
销售费用（万元）	579 724.00	429 736.00	372 891.00	329 862.00	276 946.00
管理费用（万元）	109 523.00	78 517.00	106 795.00	75 931.00	72 203.00
财务费用（万元）	247.00	8 648.00	4 748.00	9 409.00	20 586.00
资产减值损失（万元）	372.60	(5 101.88)			
投资收益（万元）	(1 501.00)	3 476.00	1 765.00	2 661.00	845.00
其他收益（补充）	11 363.54	8 099.84			
信用减值损失	(2 858.15)				
资产处置收益	11 415.49	216.56			
营业利润（万元）	339 703.50	290 956.53	228 035.00	190 340.00	141 639.00
营业外收入（万元）	11 829.00	158.00	635.00	5 956.00	6 368.00
营业外支出（万元）	4 507.00	3 860.00	2 324.00	3 378.00	2 624.00
非流动资产处置损失（万元）	0.00	0.00		1 598.00	221.00
利润总额（万元）	347 025.50	287 254.53	226 346.00	191 320.00	145 162.00
所得税费用（万元）	54 486.00	47 737.00	43 616.00	34 686.00	26 779.00
净利润（万元）	292 539.50	239 517.53	182 730.00	156 634.00	118 383.00
归属于母公司所有者的净利润（万元）	281 312.00	226 723.00	177 951.00	144 659.00	109 691.00
少数股东损益（万元）	11 228.00	12 794.00	10 871.00	8 882.00	5 525.00
基本每股收益	1.61	1.55	1.83	3.00	2.53
稀释每股收益	1.61	1.55	1.83	3.00	2.53
差异	(0.50)	0.53	(6 092.00)	3 093.00	3 166.00

图 5-2-13　2015～2019 年华东医药（000963）合并利润表

图 5-2-13 是我修正之后的华东医药（000963）的利润表，反色的部分都是网易财经的数据没有相关科目，过录相关科目不对造成的。核对完成后最下面一行的差异已经非常小了，因为本模板用的是万元为单位，所以误差到 1 万元左右就 OK 了。如果有强迫症的读者，希望一分不差，那么，首先需要把这个模板调整成元版的，然后把审计报告的数据一一录入进去。因为前一个海螺水泥调整利润表之后估值都没有变化，所以这里我只把 2019 年、2018 年的利润表做了修正，2017 年至 2015 年的没动。

第二步，核对资产负债表。

资产负债表的问题也是一样的，核对之前资产负债表是不平的，2019 年的数据差也挺大的（近一年的数据就是 2019 年的数据）。

那么，我们也是下载 2019 年审计报告、2017 年审计报告，取得合并资产负债表。有了海螺水泥的经验之后，之前已经把网易财经报表易错数据都标反色了，这次只要把反色的地方修正即可，注意如果审计报告没有反色区域的科目，一定要把没有反色区域的数值去掉，要不这个数值就会是上一个公司的手工调整数据了。

调整完成后，再看平衡校验，资产、负债、所有者权益列的差值已经很小了，如图 5-2-14 所示。

		2019	2018	2017	2016
净负债增加			(235 426.00)	(20 704.00)	112 997.98	32 770.45
股东权益增加			439 851.00	116 701.00	161 666.38	244 109.86
平衡校验	3.00		(2.00)	3.00	(1.37)	5.78

图 5-2-14　资产负债表平衡校验

修改完成的合并资产负债表，如图 5-2-15 所示。

向前<<截止日期>>向后	2019-12-	2018-12-	2017-12-	2016-12-	2015-12-
报表来源	年报	年报	年报		
货币资金(万元)	240 273.00	244 272.00	250 507.00	266 132.00	148 651.00
应收票据(万元)	-	63 985.00	96 597.00	95 684.00	99 198.00
应收账款(万元)	609 231.00	563 301.00	488 493.00	446 615.00	363 732.00
预付款项(万元)	36 325.00	35 168.00	24 334.00	31 770.00	33 034.00
应收款项融资(万元)	68 388.46				
应收股利(万元)	82.00	78.00	78.00	24.00	24.00
其他应收款(万元)	9 139.00	8 210.00	4 624.00	2 982.00	3 682.00
存货(万元)	403 898.00	387 565.00	340 638.00	308 442.00	242 289.00
其他流动资产(万元)	6 253.00	3 810.00	74 002.00	19 248.00	5 125.00
流动资产合计(万元)	1 373 589.46	1 306 389.00	1 279 273.00	1 170 897.00	895 735.00
可供出售金融资产(万元)		9 111.00	9 111.00	9 111.00	9 141.00
长期股权投资(万元)	22 260.00	8 892.00	7 491.00	6 456.00	5 308.00
其他权益工具投资(万元)	24 167.57				
投资性房地产(万元)	2 170.00	2 384.00	2 540.00	1 381.00	1 224.00
固定资产(万元)	217 522.00	203 359.00	197 714.00	185 049.00	126 509.00
在建工程(万元)	182 981.00	61 700.00	20 143.00	8 008.00	48 865.00
无形资产(万元)	145 490.00	150 786.00	60 984.00	49 088.00	38 081.00
商誉(万元)	146 962.00	145 832.00	4 295.00	1 426.00	1 492.00
长期待摊费用(万元)	1 229.00	1 249.00	1 364.00	1 451.00	1 382.00
递延所得税资产(万元)	11 616.00	9 692.00	8 292.00	5 849.00	4 569.00
其他非流动资产(万元)	18 414.00	22 340.00	7 506.00	6 928.00	9 412.00
非流动资产合计(万元)	772 811.57	615 345.00	319 440.00	274 747.00	245 983.00
资产总计(万元)	2 146 401.03	1 921 734.00	1 598 713.00	1 445 644.00	1 141 718.00
短期借款(万元)	65 555.00	62 573.00	37 557.00	47 312.00	241 396.00
应付票据(万元)	61 337.00	56 696.00	37 367.00	46 556.00	58 417.00
应付账款(万元)	378 905.00	390 546.00	345 223.00	335 304.00	279 928.00
预收账款(万元)	25 489.00	15 552.00	7 396.00	4 101.00	5 812.00
应付职工薪酬(万元)	13 258.00	11 527.00	5 506.00	4 226.00	3 376.00
应交税费(万元)	53 280.00	59 174.00	62 098.00	42 212.00	24 565.00
应付利息(万元)	-	4 019.00	2 974.00	3 122.00	3 925.00
应付股利(万元)	22.00	22.00	938.00	22.00	22.00
其他应付款(万元)	136 493.00	135 698.00	112 195.00	92 496.00	61 765.00
一年内到期的非流动负债	105 323.00	4 090.00		2 847.00	5 757.00
流动负债合计(万元)	839 662.00	739 897.00	611 254.00	578 198.00	684 963.00
长期借款(万元)	-	-		2 128.00	31 442.00
应付债券(万元)	-	99 555.00	99 244.00	98 950.00	98 671.00
长期应付款(万元)	4 808.00	27 475.98			
预计非流动负债(万元)	5 207.00	3 475.00	-		-
长期递延收益(万元)	6 096.00	6 814.00	7 326.00	2 185.00	2 305.00
递延所得税负债(万元)	3 960.00	1 966.00			
非流动负债合计(万元)	20 071.00	139 285.98	106 570.00	103 263.00	132 418.00
负债合计(万元)	859 733.00	879 182.98	717 824.00	681 461.00	817 381.00
实收资本(或股本)(万元)	174 981.00	145 817.00	97 212.00	48 606.00	43 406.00
资本公积(万元)	215 808.00	245 553.00	294 159.00	343 625.00	1 980.00
盈余公积(万元)	71 036.00	59 290.00	49 225.00	35 733.00	24 471.00
其他综合收益(万元)	2 279.25	(2 242.62)			
未分配利润(万元)	766 843.00	545 397.00	398 731.00	299 889.00	227 248.00
归属于母公司股东权益合计	1 230 948.00	993 815.00	839 327.00	727 852.00	297 106.00
少数股东权益(万元)	55 715.00	48 738.00	41 559.00	36 332.00	27 229.00
所有者权益(或股东权益)	1 286 662.25	1 042 552.38	880 886.00	764 185.00	324 334.00
负债和所有者权益(或股东权益)总计	2 146 395.25	1 921 735.37	1 598 710.00	1 445 646.00	1 141 715.00

图 5-2-15　修改完成的资产负债表

反色的部分是错误的，读者自己核对的时候要关注这几个科目。

对报表的工作比较费眼力，但也是我们注册会计师的日常工作。如果没有财务功底的，核对报表可能确实挺费力气，好在对与不对出来的估值差异不是很大，如图 5-2-16 所示。

估值表				
实收资本（或股本）	174 981.00	资本成本		12.00%
		折现系数	1.000 0	0.892 9
		成长期现值	1 001 128	336 609
		后续期现值	4 410 142	
总市值（亿元）	539.80	实体价值合计：	5 411 271	
计算市价	30.85	净债务价值：	221 988	零增长价格
资产负债率	14.71%	股权价值：	5 189 282	
股价差异率	0.00%	股票价值	29.66	
当前股价	30.85	流通股数	0	
				近三年平均增长率
加权平均资本成本		预测期增长率	15.00%	11.81%
本期市盈率	18.45	稳定期增长率	5.00%	
内在市盈率		所得税率	25.00%	
股价估值		每股收益	1.67	
本期市净率	4.20	权益净利率	22.74%	
本期市销率	1.52	可持续增长率		

图 5-2-16　资产负债表平衡校验

采用核对过的财务报表，华东医药在折现率 12%，预测期增长率 15%，稳定期增长率 5% 的条件下，股票价值达到了 29.66 元 / 股。市场现在给的价格合理公道，应耐心持有。

4. 华东医药估值总结

经过了毛估估、调整参数、核对报表，我们得出华东医药在增长率 - 10% 到 15% 之间变化时，股票的价值范围是 14.98 元 / 股到 29.66 元 / 股之间，如果折现率调整为 9%，预测期增长率调整为近三年的平均增长率，股票的价值为 49.61 元，我认为确认华东医药价值在 29.66 元 / 每股已经是比较保守的估计了。而现在华东医药的价格 30.85 元 / 股，估值合理，所以我决定继续持有。

本章后面我会把我的自选股里面的股票估值全部演示一遍，如果想继续了解华东医药的财务报表分析的，可以跳到下一章，继续阅读华东医药的财务报表分析。

三、 宝钢股份估值分析

1. 毛估估

还是继续用 Excel 的 VBA 直接导入的方法：打开现金流量法估值模板中的自选股表，在 A2 单元格录入股票代码"600019"。单击"执行估值"，在联网状态下，现金流量法估值模板会自动把上市公司财务数据导入现金流量法估值模板中，并且自动做出估值。我一般会用长城证券烽火版导出一些财务指标比较好的股票，然后直接粘贴到 A2:E2，如图 5-3-1 所示。

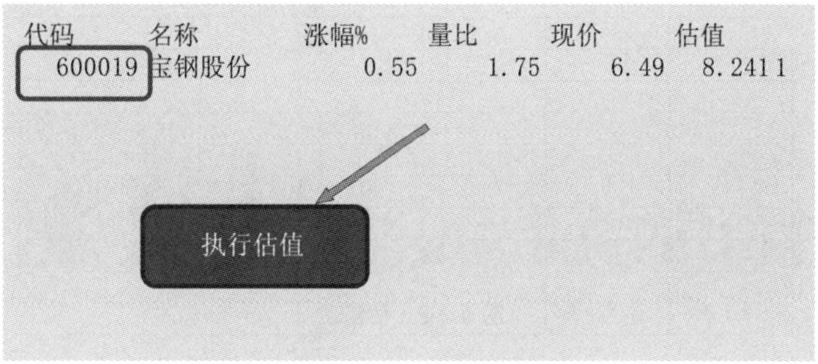

图 5-3-1　估值表

这只股票代码为 600019 的宝钢股份，在折现率为 12%，预测期增长率 15%，永续期增长率 5% 的条件下，得出的估值是 8.24 元。

宝钢股份从 2020 年 3 月的低点 4.30 元，到我建仓的时点 2020 年 10 月 23 日 5.33 元，股价刚好突破了压力线，如图 5-3-2 所示。海螺水泥是创新高的股票，所以这一次我选了一只底部反弹的股票分散风险。如果没有现金流量估值的加持，我以前是比较爱买这种底部的股票，但是往往处于底部的股票反弹比较弱势，宝钢股份也算我选择比较成功的股票。虽然估值差异没有海螺水泥那么大，但当时建仓的时点确实也是被低估的，而且我也想配置些钢铁股。由于在报表分析中它的表现平平，也想过换掉它，但是暂时也没什么更好的标的，所以还一直拿着。

在后面几节，我会介绍毛估估出来的好股票，怎样反复推敲验证。第六章我会把选出的好股票再做一遍财务报表分析。

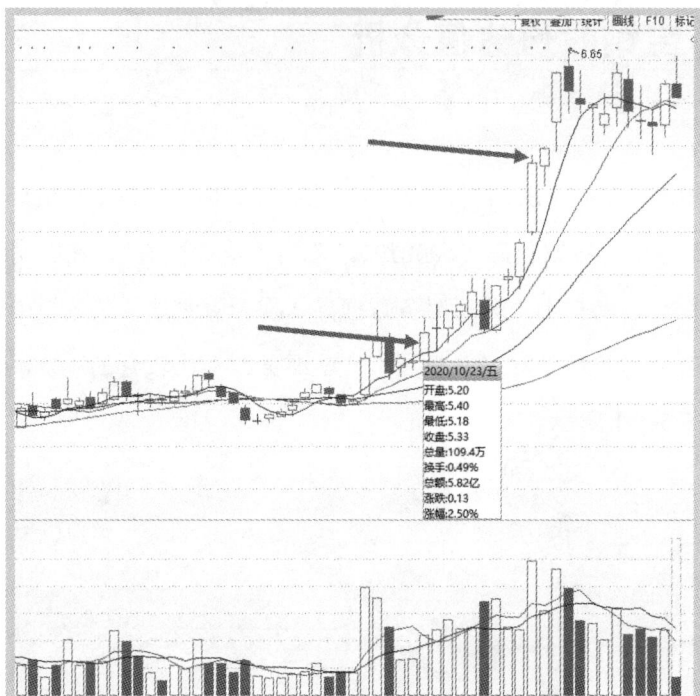

图 5-3-2 估值表

2. 设置估值参数

我一次做了 3 只股票的估值，这几只也是我千挑万选的好股票，怎么算都是被低估了，这几只股票代码命名的 Excel 工作簿出现在现金流量法估值模板的同一文件夹中，如图 5-3-3 所示。

图 5-3-3 生成新的工作簿

双击"600019"Excel 工作簿，这时候会弹出一个警报框，如图 5-3-4 所示。

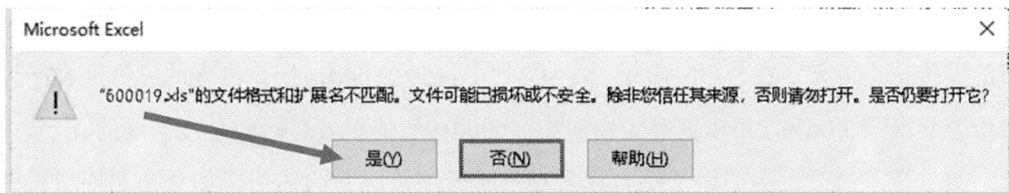

图 5-3-4　打开新的工作簿

单击"是"，打开工作簿，选择价值评估工作表，如图 5-3-5 所示。

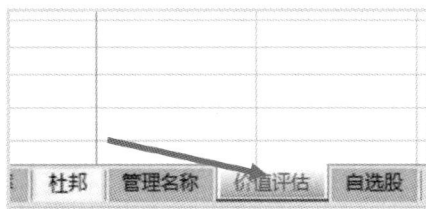

图 5-3-5　打开价值评估表

其中，标白的单元格需要手工调整或设置，如图 5-3-6 所示。

估值表				
实收资本(或股本)	2 227 446.00	资本成本		12.00%
资本公积(万元)	4 997 805.00	折现系数	1.000 0	0.892 9
减:库存股(万元)	69 176.00	成长期现值	(1 944 936)	(1 067 169)
实际市值/估值	66.31%	后续期现值	28 411 397	
总市值（亿元）	1 445.00	实体价值合计	26 466 461	
计算市价	6.70	净债务价值:	4 676 354	零增长价格
资产负债率	20.67%	股权价值:	21 790 108	
股价差异率	-3.06%	股票价值	9.78	
当前股价	6.49	流通股数	0	
				近三年平均增长率
加权平均资本成本		预测期增长率	15.00%	6.20%
本期市盈率	10.73	稳定期增长率	5.00%	
内在市盈率		所得税率	25.00%	
股价估值		每股收益	0.60	
本期市净率	0.75	权益净利率	7.02%	
本期市销率	0.49	可持续增长率		

图 5-3-6　设置估值参数

默认状态下的资本成本是 12%，预测期增长率是 15%，稳定期增长率是 5%，得出的估值是 9.78 元/股，高于我写书时（2020 年 11 月 22 日）的 6.49 元每股。我在 2020 年 10 月 23 日建仓时是 5.33 元每股。在这只股票上我的收益不错，我想继续持有，所以还要谨慎，再好好验证一下。

第一步，验证下总股数。打开炒股软件，找到上市公司市值为 1 445 亿元。

把上市公司宝钢股份（600019）总市值填到 D119，它的总市值是 1 445 亿元，当日的股价是 6.49 元。在 D120 录入公式 =D119/D115*10 000，计算出来的股价是 6.7 元，股价差异率－3.06%，可以证明宝钢股份（600019）的报表总股数是没问题的。

第二步，修改预测期增长率。查看不同增长率情况下的估值，如果预测期增长率为 0%，如图 5-3-7 所示。

估值表				
实收资本(或股本)	2 227 446.00	资本成本		12.00%
资本公积(万元)	4 997 805.00	折现系数	1.000 0	0.892 9
减:库存股(万元)	69 176.00	成长期现值	10 551 722	1 706 533
实际市值/估值	62.44%	后续期现值	17 267 579	
总市值（亿元）	1 445.00	实体价值合计	27 819 301	
计算市价	6.70	净债务价值:	4 676 354	零增长价格
资产负债率	20.67%	股权价值:	23 142 947	
股价差异率	-3.06%	股票价值	10.39	
当前股价	6.49	流通股数	0	
				近三年平均增长率
加权平均资本成本		预测期增长率	0.00%	6.20%
本期市盈率	10.73	稳定期增长率	5.00%	
内在市盈率		所得税率	25.00%	
股价估值		每股收益	0.60	
本期市净率	0.75	权益净利率	7.02%	
本期市销率	0.49	可持续增长率		

图 5-3-7　设置估值参数

虽然好股票未来 5 年增长率为 0% 的可能性不是太高，但是如果真的出现这种情况，股票的价值还是达到了 10.39 元 / 股，高于现价 6.49 元 / 股，有安全边际。

如果预期增长率为－10%，如图 5-3-8 所示。

估值表				
实收资本(或股本)	2 227 446.00	资本成本		12.00%
资本公积(万元)	4 997 805.00	折现系数	1.000 0	0.892 9
减:库存股(万元)	69 176.00	成长期现值	15 454 758	3 555 667
实际市值/估值	63.48%	后续期现值	11 985 384	
总市值（亿元）	1 445.00	实体价值合计	27 440 142	
计算市价	6.70	净债务价值:	4 676 354	零增长价格
资产负债率	20.67%	股权价值:	22 763 789	
股价差异率	-3.06%	股票价值	10.22	
当前股价	6.49	流通股数	0	
				近三年平均增长率
加权平均资本成本		预测期增长率	-10.00%	6.20%
本期市盈率	10.73	稳定期增长率	5.00%	
内在市盈率		所得税率	25.00%	
股价估值		每股收益	0.60	
本期市净率	0.75	权益净利率	7.02%	
本期市销率	0.49	可持续增长率		

图 5-3-8　设置估值参数

虽然好股票未来 5 年增长率为－10% 的可能性不是太高，但是如果真的出现这种情况，股票的价值还是达到了 10.22 元 / 股，现价 6.49 元 / 股的价格还是有安全边际，但是我认为出现 5 年连续负增长的概率不大。

如果预期增长率为 6.2% 呢？如图 5-3-9 所示。

估值表			
实收资本(或股本)	2 227 446.00	资本成本	12.00%
资本公积(万元)	4 997 805.00	折现系数	1.000 0	0.892 9
减:库存股(万元)	69 176.00	成长期现值	6 256 313	560 069
实际市值/估值	63.01%	后续期现值	21 353 712	
总市值（亿元）	1 445.00	实体价值合计	27 610 025	
计算市价	6.70	净债务价值:	4 676 354	零增长价格
资产负债率	20.67%	股权价值:	22 933 671	
股价差异率	-3.06%	股票价值	10.30	
当前股价	6.49	流通股数	0	
				近三年平均增长率
加权平均资本成本		预测期增长率	6.20%	6.20%
本期市盈率	10.73	稳定期增长率	5.00%	
内在市盈率		所得税率	25.00%	
股价估值		每股收益	0.60	
本期市净率	0.75	权益净利率	7.02%	
本期市销率	0.49	可持续增长率		

图 5-3-9　设置估值参数

如果按过去三年平均增长率 6.2% 计算，价格为 10.30 元，现在市场低估了。我再用巴菲特老爷子的折现率试试，如图 5-3-10 所示。

估值表			
实收资本(或股本)	2 227 446.00	资本成本	9.00%
资本公积(万元)	4 997 805.00	折现系数	1.000 0	0.917 4
减:库存股(万元)	69 176.00	成长期现值	6 824 626	575 484
实际市值/估值	32.15%	后续期现值	42 802 491	
总市值（亿元）	1 445.00	实体价值合计	49 627 117	
计算市价	6.70	净债务价值:	4 676 354	零增长价格
资产负债率	20.67%	股权价值:	44 950 763	
股价差异率	-3.06%	股票价值	20.18	
当前股价	6.49	流通股数	0	
				近三年平均增长率
加权平均资本成本		预测期增长率	6.20%	6.20%
本期市盈率	10.73	稳定期增长率	5.00%	
内在市盈率		所得税率	25.00%	
股价估值		每股收益	0.60	
本期市净率	0.75	权益净利率	7.02%	
本期市销率	0.49	可持续增长率		

图 5-3-10　设置估值参数

乖乖，能达到 20.18 元 / 股。宝钢股份在中国钢铁行业的龙头地位，我决定长期持有这一份股权资产。宝钢股份年 K 线如图 5-3-11。

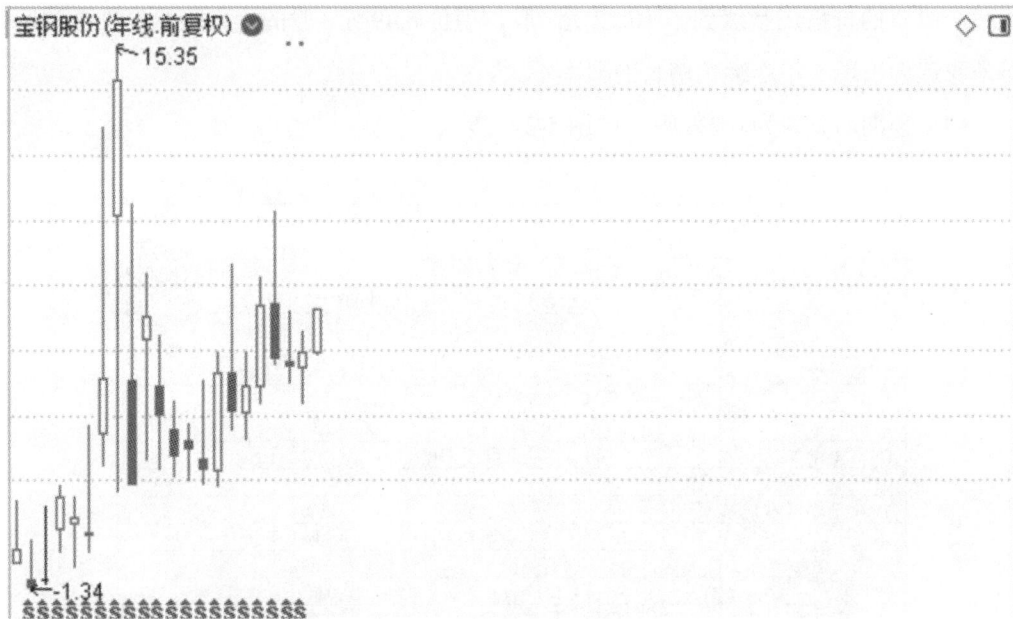

图 5-3-11　宝钢股份年 K 线

这是一只比较稳健的白马。

3. 核对报表

宝钢股份在我的股票池里属于行业龙头类型的股票，2020 年以来，它在我所有股票的收益排名靠前。书归正传，既然我如此看好，还是严谨一些吧，从网易财经上导出来的资产负债表还不平呢。

第一步，核对利润表。

利润表比较好核对，核对净利润数据是否正确。要先把 PL 表的公式重新设置，原始的利润表错误还是挺多的，主要是这几年《企业会计准则》的变化导致会计报表的科目变化，因财经网站这种靠机器抓取数据获得的数据无法保证准确，好在这几个科目的变化对净利润的影响正负相抵，总体数额并不大，我调整完利润表之后，估值并没有发生变化，还是 10.3 元 / 股。

正确的报表是我从巨潮资讯网下载的年度审计报告。2019 年宝钢股份的审计报告会有 2018 年、2019 年两年的数据，2017 年的审计报告会有 2017 年、2016 年两年的数据，我就下载了两年的审计报告，2015 年的就算了，反正对估值的影响很小。报表的样子我就不贴在书里了，读者可以自己到巨潮网络上下载。我在书的最前面也贴了巨潮资讯网网址。

会计年度	2019.12.31	2018.12.31	2017.12.31	2016.12.31	2015.12.31	2014.12.31
营业总收入(万元)	29 205 746.00	30 520 487.00	28 949 779.00	24 642 109.00	16 411 714.00	18 778 901.00
营业收入(万元)						
利息收入(万元)	44 908.00	41 082.00	39 275.00	23 908.00	32 157.00	37 157.00
已赚保费(万元)	0.00	0.00	0.00	0.00	0.00	0.00
手续费及佣金收入(万元)	1 440.00	1 458.00	1 215.00	1 256.00	602.00	380.00
房地产销售收入(万元)	0.00	0.00	0.00	0.00	0.00	0.00
其他业务收入(万元)	0.00	0.00	0.00	0.00	0.00	0.00
营业总成本(万元)						
营业成本(万元)	25 987 110.00	25 908 500.00	24 842 510.00	21 821 220.00	14 925 836.00	16 893 114.00
利息支出(万元)	17 867.00	16 959.00	17 476.00	19 552.00	26 625.00	25 683.00
手续费及佣金支出(万元)	566.00	388.00	404.00	226.00	107.00	62.00
房地产销售成本(万元)	0.00	0.00	0.00	0.00	0.00	0.00
研发费用(万元)	886 400.00	703 059.00	0.00	0.00	0.00	0.00
退保金(万元)	0.00	0.00	0.00	0.00	0.00	0.00
赔付支出净额(万元)	0.00	0.00	0.00	0.00	0.00	0.00
提取保险合同准备金净额(万元)	0.00	0.00	0.00	0.00	0.00	0.00
保单红利支出(万元)	0.00	0.00	0.00	0.00	0.00	0.00
分保费用(万元)	0.00	0.00	0.00	0.00	0.00	0.00
其他业务成本(万元)	0.00	0.00	0.00	0.00	0.00	0.00
营业税金及附加(万元)	126 648.00	162 350.00	187 990.00	65 371.00	46 620.00	47 050.00
销售费用(万元)	338 138.00	349 271.00	336 645.00	292 819.00	215 276.00	220 035.00
管理费用(万元)	558 178.00	592 662.00	963 198.00	915 480.00	728 661.00	772 824.00
财务费用(万元)	246 043.00	436 607.00	337 042.00	397 662.00	239 257.00	48 771.00
资产减值损失(万元)	**32 341.84**	**(32 943.25)**				
公允价值变动收益(万元)	25 687.00	18 969.00	(18 414.00)	10 281.00	566.00	2 335.00
投资收益(万元)	369 989.00	412 290.00	304 227.00	107 525.00	103 821.00	37 891.00
对联营企业和合营企业的投资收益(万元)						
其他收益(补充)	**57 360.06**	**59 778.83**				
期货损益(万元)	0.00	0.00	0.00	0.00	0.00	0.00
信用减值损失(万元)	**(4 245.13)**	**9 545.00**				
资产处置收益(万元)	**25 530.63**		(57 910.00)	(55 684.00)	(84 805.00)	
其他业务利润(万元)	0.00	0.00	0.00	0.00	0.00	0.00
营业利润(万元)	1 551 459.40	2 818 330.58	2 492 417.00	1 191 901.00	248 914.00	811 588.00
营业外收入(万元)	21 309.00	31 156.00	27 453.00	50 807.00	66 823.00	118 062.00
营业外支出(万元)	73 364.00	67 881.00	116 357.00	53 815.00	66 455.00	54 359.00
非流动资产处置损失(万元)	0.00	0.00	0.00	0.00	63 869.00	42 275.00
利润总额(万元)	1 499 404.40	2 781 605.58	2 403 513.00	1 188 893.00	185 413.00	833 016.00
所得税费用(万元)	152 503.00	453 792.00	363 199.00	254 989.00	114 006.00	218 708.00
未确认投资损失(万元)						
净利润(万元)	1 346 901.40	2 327 813.58	2 040 314.00	933 904.00	71 407.00	614 308.00
归属于母公司所有者的净利润(万元)	1 242 323.00	2 156 516.00	1 917 034.00	907 593.00	101 287.00	579 235.00
被合并方在合并前实现净利润(万元)	0.00	0.00	7 127.00	13 374.00	0.00	0.00
少数股东损益(万元)	104 578.00	171 298.00	123 280.00	26 311.00	(29 880.00)	29 834.00
每股权益(万元)	0.00	0.00	0.00	0.00	0.00	0.00
基本每股收益	0.56	0.97	0.86	0.41	0.06	0.35
稀释每股收益	0.56	0.97	0.86	0.41	0.06	0.35
	0					
	0					
	0					
差异	0.40	(0.42)	0.00	0.00	0.00	

图 5-3-12 宝钢股份合并利润表

图 5-3-12 是我修正之后的宝钢股份的利润表,反色的部分都是网易财经的数据没有相关科目,过录有误造成的。核对完成后最下面一行的差异已经非常小了,因为本模板用的是万元为单位,所以误差到 1 万元左右就 OK 了。如果希望一分不差,需要把这个模板首先调整成元版的,然后再把审计报告的数据一一录入进去。因为前一个海螺水泥调整利润表之后估值都没有变化,所以这里我只把 2019 年、2018 年的利润表做了修正,2017 年和 2015 年的没动。

第二步,核对资产负债表。

资产负债表的问题也是一样的,核对之前资产负债表是不平的,2019 年的数据差也挺大的（近一年的数据就是 2019 年的数据）。那么我们也是下载 2019 年审计报告、2017 年审计报告，取得合并资产负债表。有了海螺水泥的经验之后，就把网易财经报表易错数据都标反色了，这次只要把反色的地方修正一下就好，注意如果审计报告没有反色区域的科目，一定要把没有反色区域的数值去掉，否则，这个数值就会是上一个公司的手工调整数据了。

调整完成后，再看平衡校验，"资产－负债－所有者权益"的差值已经很小了，如图 5-3-13 所示。

净负债增加（万元）		(235 426.00)	(20 704.00)	112 997.98	32 770.45
股东权益增加（万元）		439 851.00	116 701.00	161 666.38	244 109.86
平衡校验（万元）	3.00	(2.00)	3.00	(1.37)	5.78

图 5-3-13　资产负债表平衡校验

修改完成的合并资产负债表，如图 5-3-14 所示。

股东权益	少数股东权益（万元）	1 316 280.00	1 248 254.00	1 003 990.00	1 047 428.00	934 318.00
	所有者权益（或股东权益）（万元）	19 121 591.45	18 859 843.46	17 469 608.00	16 053 523.00	12 314 401.00
	负债和所有者权益（万元）	33 963 301.30	33 514 060.00	35 023 461.00	35 906 772.00	23 412 313.00
	0					
	平衡校验	－	－	－	－	－
	与原始数据核对	1.30	(1.00)	(2.00)	(3.00)	(2.00)

图 5-3-14　修改完成的资产负债表

反色的部分是错误的，读者自己核对的时候也要关注这几个科目。

核对报表的工作比较费眼力，但也是我们注册会计师的日常，如果没有财务功底的，对起这个报表来可能确实挺费力气，好在核对与不核对的估值差异不是很大，如图 5-3-15 所示。

估值表			
实收资本（或股本）	2 227 446.00	资本成本	12.00%
资本公积（万元）	4 997 805.00	折现系数	1.000 0	0.892 9
减：库存股（万元）	69 176.00	成长期现值	6 256 313	560 069
实际市值/估值	63.01%	后续期现值	21 353 712	
总市值（亿元）	1 445.00	实体价值合计	27 610 025	
计算市价	6.70	净债务价值：	4 676 354	零增长价格
资产负债率	20.67%	股权价值：	22 933 671	
股价差异率	-3.06%	股票价值	10.30	
当前股价	6.49	流通股数	0	
				近三年平均增长率
加权平均资本成本		预测期增长率	6.20%	6.20%
本期市盈率	10.73	稳定期增长率	5.00%	
内在市盈率		所得税率	25.00%	
股价估值		每股收益	0.60	
本期市净率	0.75	权益净利率	7.02%	
本期市销率	0.49	可持续增长率		

图 5-3-15　资产负债表平衡校验

采用核对过的财务报表，宝钢股份在折现率为 12%，预测期增长率为 15%，稳定期增长率为 5% 的条件下，股票价值达到 10.3 元 / 股。市场现在给的价格低估，还要耐心持有。

4. 宝钢股份估值总结

经过毛估估，调整参数，核对报表，我们得出宝钢股份在增长率 - 10% 到 15% 之间变化时，股票的价值范围是 9.78 元 / 股到 10.39 元 / 股。如果折现率调整为 9%，预测期增长率调整为近 3 年的平均增长率，股票的价值为 20.18 元，我认为确认宝钢股份价值 10.3 元 / 股已经是比较保守的估计了。而现在宝钢股份的价格 6.49 元 / 股，市价处于被低估。所以我决定继续持有。

本章后面我会把我的自选股里面的股票估值全部演示一遍，如果想继续了解宝钢股份的财务报表分析的，可以跳到第六章。

四、 方大特钢估值分析

1. 快速估值

还是继续用 Excel 的 VBA 直接导入的方法：打开现金流量法估值模板中的自选股表，在 A2 单元格录入股票代码 "600507"。单击 "执行估值" 矩形图片，在联网状态下，现金流量法估值模板会自动把上市公司财务数据导入现金流量法估值模板中，并且自动做出估值，然后直接粘贴到 A2:E2，如图 5-4-1 所示。

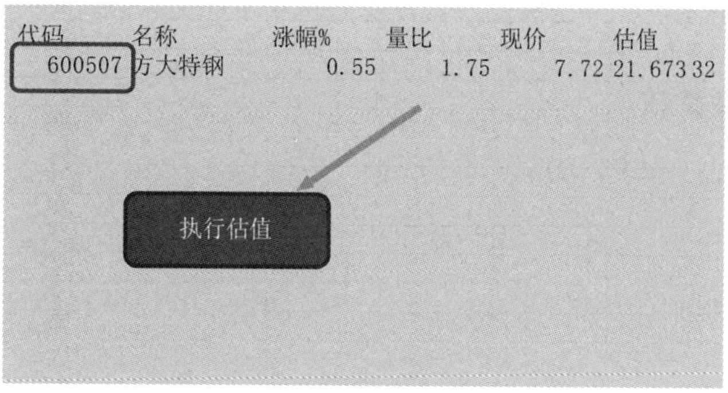

图 5-4-1　估值表

方大特钢（600507），在折现率为 12%，预测期增长率 15%，永续期增长率 5% 的条件下，得出的估值是 21.67 元。我在 2020 年 7 月 31 日建仓的时候，它的价格是 5.71 元。2020 年 11 月 6 日加仓的时候是 6.72 元，如图 5-4-2 所示。

账户名称	成交日期	买卖标志	成交价格	剩余数量	求和项:修正成交数量	求和项:修正成交金额
⊟LP7560	⊟2019-12-10	⊟证券买入	⊟9.58	9 000	9 000.00	86 220.00
			⊟9.72	11 600	2 600.00	25 272.00
LP7560 汇总					11 600.00	111 492.00
⊟公司户7505	⊟2019-3-4	⊟证券买入	⊟14.27	3 300	200.00	2 854.00
	⊟2019-7-17	⊟证券卖出	⊟9.47	0	-3 300.00	-31 251.00
公司户7505 汇总					-3 100.00	-28 397.00
总					8 500.00	83 095.00
⊟LP7560	⊟2020-1-17	⊟证券卖出	⊟9.69	5 800	-5 800.00	-56 202.00
	⊟2020-2-4	⊟证券买入	⊟8.35	11 800	6 000.00	50 100.00
	⊟2020-2-6	⊟证券卖出	⊟8.88	5 900	-5 900.00	-52 392.00
	⊟2020-2-11	⊟证券买入	⊟9.52	6 300	400.00	3 808.00
	⊟2020-3-4	⊟证券卖出	⊟8.91	0	-6 300.00	-56 133.00
LP7560 汇总					-11 600.00	-110 819.00
⊟本人5848账户	⊟2020-7-31	⊟证券买入	⊟5.71	17 500	17 500.00	99 925.00
	⊟2020-11-6	⊟证券买入	⊟6.72	18 200	700.00	4 704.00
本人5848账户 汇总					18 200.00	104 629.00
总					6 600.00	-6 190.00
					15 100.00	76 905.00

图 5-4-2　估值表

我在方大特钢上的收益一直也不错，2019 年初我只看财务指标，懒得用现金流估值的时候也买了方大特钢，不过交易操作还是有点多，读者不要看到我在 2020 年 3 月 4 日 8.91 元的时候卖了，到 7 月份 5.71 元又买回来，好像很厉害的样子，其实是瞎折腾，因为这只股票除权了。2020 年 3 月 4 日，我实际卖价 8.91 元的除权价格是 5.94 元和 7 月份我建仓时 5.71 元相比差的也不多，但 3~7 月我在华东医药上倒是斩获不少，这只也算我选择比较成功的股票，这只股票是我 2020 年股票收益排名第四的股票。看着估值差异真够大的，但这个 21 元的估值其实是错误的，后面调整参数的时候我再讲为什么是错误的。第六章我也会着重介绍这只股票报表分析，这只股票的年线也特别好看，与海螺水泥、华东医药一样，都是每年不停地涨。

2. 设置估值参数

打开价值评估工作表，如图 5-4-3 所示。

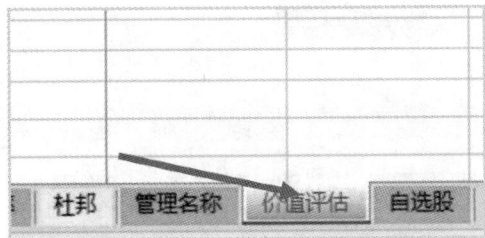

图 5-4-3　打开价值评估表

默认状态下的资本成本是 12%，预测期增长率是 15%，稳定期增长率是 5%，得出的估值是 24.13 元 / 股，远高于 2020 年 11 月 22 日的 7.85 元 / 股。看着有点不对，我需要验证一下。

第一步，验证总股数。打开炒股软件，找到上市公司市值 166 亿元，把上市公司方大特钢（600507）总市值填到 D119，它的总市值是 166 亿元，当日的股价是 7.85 元。在 D120 录入公式 =D119/D115*10 000，计算出来的股价是 14.83 元，股价差异率 -47.07%，可以发现方大特钢（600507）的报表总股数是有问题的。我查了公司资本，是因为公司 2020 年没有现金分红。2 月 28 日采用了股票分红，每 10 股送 4.9 股，所以我用现在的市值除以 2019 年 12 月 31 日的股数得出来的市价当然不对了，正确的除法应该是 166×10 000÷(144 777×1.49) = 7.69 元。估算出来的股权价值是 3 493 251 万元，股票价值也应该用 3 493 251÷(144 777×1.49) = 16.19 元 / 股。这样就差不多了，为了防止出问题，我干脆用总市值再测算一遍。

2020 年 11 月 22 日，这个时点的总市值是 166 亿元，实际市值÷估值 = 47.52%，用 7.85÷47.52% = 16.52 元，和刚才的 16.19 元也是非常接近的，因为用估出来的股权价值除以总股数都是万元，所以出现 0.33 元的差异，那么从精确度角度来说，用 7.85÷47.52% 的估值是最准确的，所以这里的股票价值我确认为 16.52 元。

其中，标白的单元格需要手工调整或设置，如图 5-4-4 所示。

估值表				
实收资本（或股本）	144 777.00	资本成本		12.00%
资本公积(万元)	185 765.00	折现系数	1.000 0	0.892 9
减：库存股(万元)	32 840.00	成长期现值	793 554	294 992
实际市值／估值	47.52%	后续期现值	2 955 720	
总市值（亿元）	166.00	实体价值合计：	3 749 274	
计算市价	14.83	净债务价值：	256 022	零增长价格
资产负债率	27.18%	股权价值：	3 493 251	
股价差异率	-47.07%	股票价值	24.13	
当前股价	7.85	流通股数	0	
				近三年平均增长率
加权平均资本成本		预测期增长率	15.00%	23.08%
本期市盈率	6.63	稳定期增长率	5.00%	
内在市盈率		所得税率	25.00%	
股价估值		每股收益	1.18	
本期市净率	1.58	权益净利率	23.86%	
本期市销率	0.74	可持续增长率		

图 5-4-4　设置估值参数

第二步，修改预测期增长率，查看不同增长率情况下的估值。虽然好股票未来 5

年增长率为 0% 的可能性不是太高，但是如果真的出现这种情况，股票的价值还是达到了 10.68 元 / 股，高于现价 7.85 元 / 股，有 30% 安全边际，如图 5-4-5 所示。

估值表				
实收资本（或股本）	144 777.00	资本成本		12.00%
资本公积（万元）	185 765.00	折现系数	1.000 0	0.892 9
减：库存股（万元）	32 840.00	成长期现值	963 534	366 212
实际市值/估值	73.52%	后续期现值	1 550 474	
总市值（亿元）	166.00	实体价值合计：	2 514 007	
计算市价	14.83	净债务价值：	256 022	零增长价格
资产负债率	27.18%	股权价值：	**2 257 985**	
股价差异率	-47.07%	股票价值	15.60	
当前股价	7.85	流通股数	0	
按总市值股票估值	**10.68**			近三年平均增长率
加权平均资本成本		预测期增长率	0.00%	23.08%
本期市盈率	6.63	稳定期增长率	5.00%	
内在市盈率		所得税率	25.00%	
股价估值		每股收益	1.18	
本期市净率	1.58	权益净利率	23.86%	
本期市销率	0.74	可持续增长率		

图 5-4-5　设置估值参数

如果预期增长率为 -10%，如图 5-4-6 所示。

估值表				
实收资本（或股本）	144 777.00	资本成本		12.00%
资本公积（万元）	185 765.00	折现系数	1.000 0	0.892 9
减：库存股（万元）	32 840.00	成长期现值	1 009 929	413 693
实际市值/估值	96.76%	后续期现值	961 659	
总市值（亿元）	166.00	实体价值合计：	1 971 587	
计算市价	14.83	净债务价值：	256 022	零增长价格
资产负债率	27.18%	股权价值：	**1 715 565**	
股价差异率	-47.07%	股票价值	11.85	
当前股价	7.85	流通股数	0	
按总市值股票估值	**8.11**			近三年平均增长率
加权平均资本成本		预测期增长率	-10.00%	23.08%
本期市盈率	6.63	稳定期增长率	5.00%	
内在市盈率		所得税率		
股价估值		每股收益	1.18	
本期市净率	1.58	权益净利率	23.86%	
本期市销率	0.74	可持续增长率		

图 5-4-6　设置估值参数

实际 2019 年方大特钢出现了 -11% 的增长。

如果预期增长率为近三年平均增长率 23.08% 呢？如图 5-4-7 所示。

估值表				
实收资本(或股本)	144 777.00	资本成本		12.00%
资本公积(万元)	185 765.00	折现系数	1.000 0	0.892 9
减:库存股(万元)	32 840.00	成长期现值	630 904	256 610
实际市值/估值	37.42%	后续期现值	4 061 015	
总市值（亿元）	166.00	实体价值合计	4 691 919	
计算市价	14.83	净债务价值:	256 022	零增长价格
资产负债率	27.18%	股权价值:	**4 435 897**	
股价差异率	-47.07%	股票价值	30.64	
当前股价	7.85	流通股数	0	
按总市值股票估值	**20.98**			近三年平均增长率
加权平均资本成本		预测期增长率	23.08%	23.08%
本期市盈率	6.63	稳定期增长率	5.00%	
内在市盈率		所得税率	25.00%	
股价估值		每股收益	1.18	
本期市净率	1.58	权益净利率	23.86%	
本期市销率	0.74	可持续增长率		

图 5-4-7　设置估值参数

如果按过去三年平均增长率 23.08% 计算，价格 20.98 元，高于现在市场价格 7.85 元两倍多了。再用巴菲特老爷子的折现率试试，如图 5-4-8 所示。

估值表				
实收资本(或股本)	144 777.00	资本成本		9.00%
资本公积(万元)	185 765.00	折现系数	1.000 0	0.917 4
减:库存股(万元)	32 840.00	成长期现值	676 021	263 672
实际市值/估值	19.39%	后续期现值	8 140 111	
总市值（亿元）	166.00	实体价值合计	8 816 131	
计算市价	14.83	净债务价值:	256 022	零增长价格
资产负债率	27.18%	股权价值:	**8 560 109**	
股价差异率	-47.07%	股票价值	59.13	
当前股价	7.85	流通股数	0	
按总市值股票估值	**40.48**			近三年平均增长率
加权平均资本成本		预测期增长率	23.08%	23.08%
本期市盈率	6.63	稳定期增长率	5.00%	
内在市盈率		所得税率	25.00%	
股价估值		每股收益	1.18	
本期市净率	1.58	权益净利率	23.86%	
本期市销率	0.74	可持续增长率		

图 5-4-8　设置估值参数

股价达到 40.48 元/股。告诉大家一个秘密，很多公司融资的时候尽量选择低的折现率，股权价值就扶摇直上了，不过这只方大特钢真的也很不错，我决定长期持有。

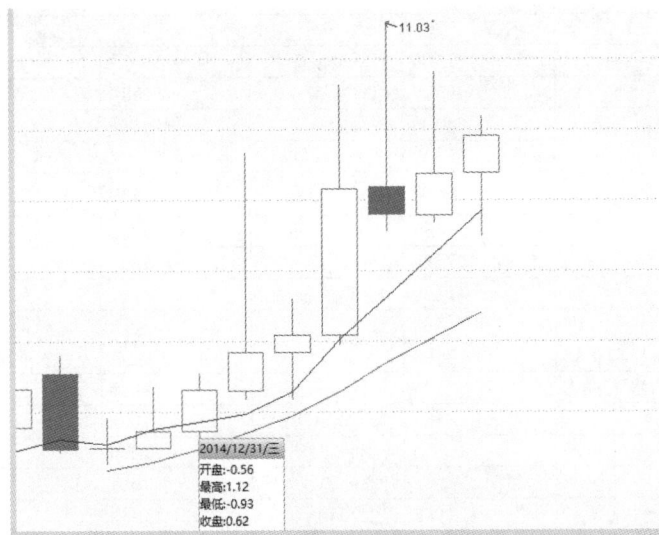

图 5-4-9　方大特钢（600507）年 K 线图

从图 5-4-9 的年线上看，2014 年 12 月 31 日的除权价格只有 0.62 元，到现在的 7.85 元 / 股，6 年，7.85÷0.62 ＝ 12.66 倍，这样的股票是不是值得长期持有？

3. 核对报表

2020 年以来，方大特钢（600507）在我所有股票的收益排名第四。书归正传，既然我如此看好，还是严谨一些吧，从网易财经上导出来的资产负债表还不平呢。

第一步，核对利润表。

利润表比较好核对，要先把 PL 表的公式重新设置。

我调整完利润表之后，估值并没有发生变化，还是 16.52 元 / 股。

我是在巨潮资讯网下载的年度审计报告。其实利润表不修正也无所谓，因为估值表只是选用的利润表中净利润、营业收入这两个数据，所以不是像我这样做审计的强迫症患者可以不用修正利润表。

第二步，核对资产负债表。

资产负债表的问题也是一样的，目前，资产负债表是不平的，2019 年的数据差也挺大的（近一年的数据就是 2019 年的数据）。

那么，我们也是下载 2019 年审计报告、2017 年审计报告，取得合并资产负债表。有了海螺水泥的经验之后，我已经把网易财经报表易错数据都标反色了，这次只要修正反色的地方，注意，如果审计报告没有反色区域的科目，一定不要把反色区域的数值去掉，否则这个数值就会是上一个公司的手工调整数据了。

调整完成后，再看平衡校验，资产、负债、所有者权益的差值已经很小了，如图 5-4-10 所示。

| 平衡校验 | (1.97) | (3.00) | – | (206.00) | (288.00) |
| 与原始数据核对 | (1.91) | – | 1.00 | (206.00) | (286.00) |

图 5-4-10　资产负债表平衡校验

反色的部分是错误的，读者自己核对的时候也关注这几个科目就可以。这个对报表的工作比较费眼力，好在估值差异不是很大，如图 5-4-11 所示。

估值表			
实收资本（或股本）	174 981.00	资本成本	12.00%
		折现系数	1.000 0　0.892 9
		成长期现值	1 001 128　336 609
		后续期现值	4 410 142
总市值（亿元）	539.80	实体价值合计：	5 411 271
计算市价	30.85	净债务价值：	221 988　零增长价格
资产负债率	14.71%	股权价值：	5 189 282
股价差异率	0.00%	股票价值	29.66
当前股价	30.85	流通股数	0
			近三年平均增长率
加权平均资本成本		预测期增长率	15.00%　11.81%
本期市盈率	18.45	稳定期增长率	5.00%
内在市盈率		所得税率	25.00%
股价估值		每股收益	1.67
本期市净率	4.20	权益净利率	22.74%
本期市销率	1.52	可持续增长率	

图 5-4-11　资产负债表平衡校验

采用核对过的财务报表，方大特钢（600507）在折现率 12%，预测期增长率 15%，稳定期增长率 5% 的条件下，股票价值达到了 16.52 元 / 股。市场现在给的价格很低，耐心持有，静等估值修复的红利。

4. 方大特钢估值总结

经过快速估值、调整参数、核对报表，我们得出方大特钢（600507）在增长率－10% 到 15% 之间变化时，股票的价值范围是 8.11 元 / 股到 20.68 元 / 股之间，如果折现率调整为 9%，预测期增长率调整为近三年的平均增长率，股票的价值为 40.48 元，我确认方大特钢（600507）价值 16.52 元 / 股已经是比较保守的估计了。而现在方大特钢（600507）的价格 7.85 元 / 股，严重低估，安全边际很大。所以我决定继续持有。

本章后面我会把我的自选股里面的股票估值全部演示一遍，如果想继续了解方大特钢（600507）的财务报表分析的，可以跳到第六章。

五、 华新水泥估值分析

1. 快速估值

还是继续用 Excel 的 VBA 直接导入的方法：打开现金流量法估值模板中的自选股表，在 A2 单元格录入股票代码"600801"。单击执行估值那个矩形图片，在联网状态下，现金流量法估值模板会自动把上市公司财务数据导入到现金流量法估值模板中，并且自动做出估值，然后直接粘贴到 A2:E2，如图 5-5-1 所示。

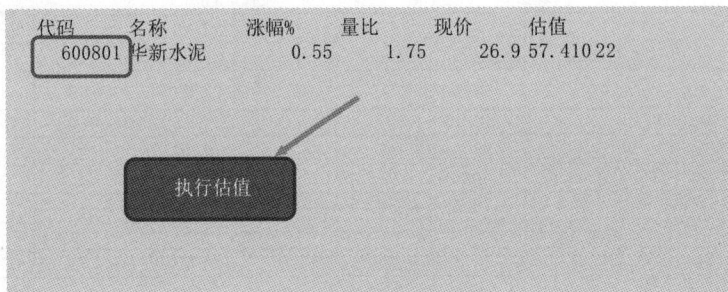

图 5-5-1　估值表

这只华新水泥（600801），在折现率为 12%，预测期增长率为 15%，永续期增长率为 5% 的条件下，得出的估值是 57.41 元。而我在 2019 年 12 月 11 日建仓的时候，它的价格是 22.32 元。2019 年 12 月 13 日加仓的时候是 23.18 元，如图 5-5-2 所示。

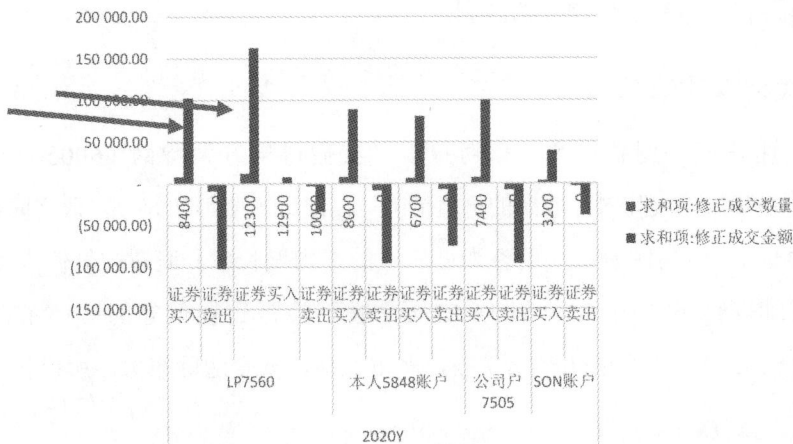

图 5-5-2　估值表

图 5-5-3　估值表

2020 年，我在华新水泥上的收益很一般，本来两个账户都持有华新水泥，但是最近清掉公司账户，加仓万科 A 和华东医药了，因为 2020 年水泥的走势确实不太强，把水泥的总仓位降到了 20% 左右。这两天还在琢磨把海螺水泥也减一点仓，换成陕西煤业，因为煤和水泥好像能产生跷跷板效应，但是手里哪一只股票都有点舍不得卖，现在的想法是把宝钢股份减掉 40% 的仓位，因为宝钢的 ROE 并不是太出色，再把威孚高科减掉 3 万元，凑 10 万元建仓陕西煤业。这样我的持仓会更分散，行业也更分散，有利于长期持股，而我本人账户的股票也从 5 只变为 6 只，取一个"六六大顺"好寓意。

书归正传，虽然华新水泥今年表现一般，但分红都拿了 1.2 万元，还是挺不错的，想到这只股票在分红前我加仓了十多万元，拿到分红，除权之后股价基本没跌，明年还可以这么操作，而且按估值 57 元算，现价才 24.4 元了，超值！

2. 设置估值参数

打开价值评估工作表，如图 5-5-4 所示。

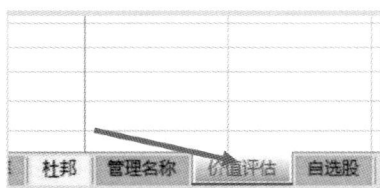

图 5-5-4　打开价值评估表

其中，标白的单元格需要手工调整或设置，如图 5-5-5 所示。

估值表				
实收资本(或股本)(万元)	209 660.00	资本成本		12.00%
资本公积(万元)	191 344.00	折现系数	1.000 0	0.892 9
减:库存股(万元)	-	成长期现值	1 451 020	(139 800)
实际市值/估值	43.13%	后续期现值	10 902 084	
总市值（亿元）	512.00	实体价值合计	12 353 104	
计算市价	24.42	净债务价值:	482 151	零增长价格
资产负债率	16.98%	股权价值:	11 870 953	
股价差异率	0.00%	股票价值	56.62	
当前股价	24.42	流通股数	0	
总市值股票股价	56.62			近三年平均增长率
加权平均资本成本		预测期增长率	15.00%	33.46%
本期市盈率	7.62	稳定期增长率	5.00%	
内在市盈率		所得税率	25.00%	
股价估值		每股收益	3.21	
本期市净率	2.17	权益净利率	28.52%	
本期市销率	1.63	可持续增长率		

图 5-5-5　设置估值参数

默认状态下的资本成本是 12%，预测期增长率是 15%，稳定期增长率是 5%，得出的估值是 56.62 元 / 股，远高于 2020 年 11 月 26 日的 24.42 元 / 股。

第一步，验证总股数。

打开炒股软件，找到上市公司市值 512 亿元。把上市公司华新水泥（600801）总市值填到 D119，它的总市值是 512 亿元，当日的股价是 24.42 元。在 D120 录入公式 =D119/D115*10 000，计算出来的股价是 24.42 元，股价差异率 0.00%，可以发现华新水泥（600801）的报表总股数是没有问题的。再用总市值测算一遍，估算出来的股权价值是 1 187 亿元，2020 年 11 月 26 日总市值是 512 亿元，即：

实际市值 ÷ 估值 = 512÷1 187 = 43.13%

股价 = 24.42÷43.13% = 56.62（元）

与另一种算法的 56.62 元也是非常一致的。

第二步，修改预测期增长率。查看不同增长率情况下的估值，如图 5-5-6 所示。

如果预测期增长率为 0%，如图 5-5-6 所示。

虽然好股票未来 5 年增长率为 0% 的可能性不是太高，但是如果真的出现这种情况，股票的价值还是达到了 36.79 元 / 股，高于现价 24.42 元 / 股，有 30% 安全边际。

估值表			
实收资本（或股本）（万元）	209 660.00	资本成本	12.00%
资本公积（万元）	191 344.00	折现系数	1.000 0　0.892 9
减：库存股（万元）	-	成长期现值	2 492 033　209 130
实际市值/估值	66.38%	后续期现值	5 702 970
总市值（亿元）	512.00	实体价值合计	8 195 004
计算市价	24.42	净债务价值：	482 151　零增长价格
资产负债率	16.98%	股权价值	7 712 853
股价差异率	0.00%	股票价值	36.79
当前股价	24.42	流通股数	0
总市值股票股价	36.79		近三年平均增长率
加权平均资本成本		预测期增长率　0.00%	33.46%
本期市盈率	7.62	稳定期增长率	5.00%
内在市盈率		所得税率	25.00%
股价估值		每股收益	3.21
本期市净率	2.17	权益净利率	28.52%
本期市销率	1.63	可持续增长率	

图 5-5-6　设置估值参数

如果预期增长率为 −10%，如图 5-5-7 所示。股票的价值还是达到了 28.06 元 / 股，高于现价 24.42 元 / 股，但是我认为出现 5 年连续负增长的概率不大，实际 2019 年华新水泥收入增长率是 14.47%。

估值表			
实收资本（或股本）（万元）	209 660.00	资本成本	12.00%
资本公积（万元）	191 344.00	折现系数	1.000 0　0.892 9
减：库存股（万元）	-	成长期现值	2 837 589　441 750
实际市值/估值	87.01%	后续期现值	3 528 723
总市值（亿元）	512.00	实体价值合计	6 366 313
计算市价	24.42	净债务价值：	482 151　零增长价格
资产负债率	16.98%	股权价值：	5 884 162
股价差异率	0.00%	股票价值	28.07
当前股价	24.42	流通股数	0
总市值股票股价	28.06		近三年平均增长率
加权平均资本成本		预测期增长率　−10.00%	33.46%
本期市盈率	7.62	稳定期增长率	5.00%
内在市盈率		所得税率	25.00%
股价估值		每股收益	3.21
本期市净率	2.17	权益净利率	28.52%
本期市销率	1.63	可持续增长率	

图 5-5-7　设置估值参数

如果预期增长率为近三年平均增长率 33.46% 呢？如图 5-5-8 所示。

估值表				
实收资本(或股本)(万元)	209 660.00	资本成本		12.00%
资本公积(万元)	191 344.00	折现系数	1.000 0	0.892 9
减:库存股(万元)	-	成长期现值	(1 167 954)	(569 297)
实际市值/估值	25.17%	后续期现值	21 994 348	
总市值(亿元)	512.00	实体价值合计:	20 826 394	
计算市价	24.42	净债务价值:	482 151	零增长价格
资产负债率	16.98%	股权价值:	20 344 243	
股价差异率	0.00%	股票价值	97.03	
当前股价	24.42	流通股数	0	
总市值股票股价	97.03			近三年平均增长率
加权平均资本成本		预测期增长率	33.46%	33.46%
本期市盈率	7.62	稳定期增长率	5.00%	
内在市盈率		所得税率	25.00%	
股价估值		每股收益	3.21	
本期市净率	2.17	权益净利率	28.52%	
本期市销率	1.63	可持续增长率		

图 5-5-8　设置估值参数

如果按过去三年平均增长率 33.46% 计算，价格 97.03 元，是现在市场价格 24.42 元 4 倍多了。再用用巴菲特老爷子的折现率试试，如图 5-5-9 所示。

估值表				
实收资本(或股本)(万元)	209 660.00	资本成本		9.00%
资本公积(万元)	191 344.00	折现系数	1.000 0	0.917 4
减:库存股(万元)	-	成长期现值	(1 251 814)	(584 966)
实际市值/估值	12.09%	后续期现值	44 086 616	
总市值(亿元)	512.00	实体价值合计:	42 834 802	
计算市价	24.42	净债务价值:	482 151	零增长价格
资产负债率	16.98%	股权价值:	42 352 651	
股价差异率	0.00%	股票价值	202.01	
当前股价	24.42	流通股数	0	
总市值股票股价	202.00			近三年平均增长率
加权平均资本成本		预测期增长率	33.46%	33.46%
本期市盈率	7.62	稳定期增长率	5.00%	
内在市盈率		所得税率	25.00%	
股价估值		每股收益	3.21	
本期市净率	2.17	权益净利率	28.52%	
本期市销率	1.63	可持续增长率		

图 5-5-9　设置估值参数

股价达到 202 元 / 股。告诉大家一个秘密，很多公司融资的时候尽量选择低的折现率，股权价值就扶摇直上了，这只华新水泥真的也很不错，我决定长期持有这一份股权资产。

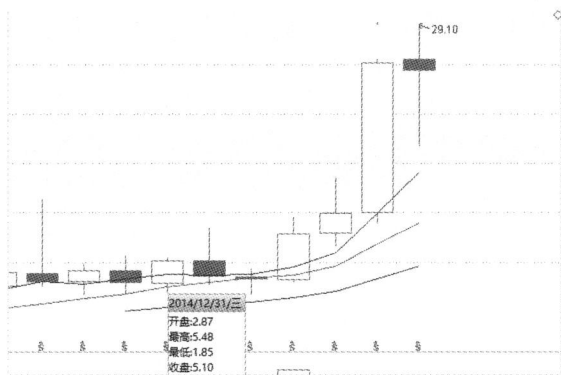

图 5-5-10　华新水泥（600801）年 K 线图

从图 5-5-10 年线上看，2014 年 12 月 31 日的除权价格只有 5.1 元，到现在的 24.42 元／股，6 年增长 4.79 倍（24.42÷5.1），而且在 2015 年、2016 年连续两年下跌的情况下拉长了来看，所以好股就是要长期持有，选股的最大诀窍就是这个公司一定是一个赚钱的公司，它赚得越多，股价就涨得越快，涨幅这么大，价格还这么被低估，这股票很好。

3. 核对报表

2020 年以来，华新水泥（600801）在我所有股票的收益排名比较靠后。有 30% 的盈利，一部分是 2019 年 12 月的收益，另一部分是分红的收益。

第一步，核对利润表。

要先把 PL 表的公式重新设置。原始的利润表错误还是挺多的，我调整利润表之后，估值并没有发生变化，还是 56 元／股。

我是在巨潮资讯网下载的年度审计报告。2019 年华新水泥（600801）的审计报告会有 2018 年、2019 年两年的数据，2017 年的审计报告会有 2017 年、2016 年两年的数据，我就下载两年的审计报告，2015 年的就算了，反正对估值的影响很小。

其实利润表不修正也无所谓，因为估值表用的是利润表中净利润、营业收入这两个数据，所以不是像我这样做审计的强迫症患者可以不用修正利润表。

第二步，核对资产负债表。

资产负债表的问题也是一样的，核对之前资产负债表是不平的，2019 年的数据差也挺大的（近一年的数据就是 2019 年的数据）。

那么我们也是下载 2019 年、2017 年审计报告，取得合并资产负债表，调整程序同海螺水泥。

调整完成后，再看平衡校验，资产、负债、所有者权益的差值为零了，如图 5-5-11
所示。

净负债增加			8 253.00	(119 315.00)	(259 073.00)	(107 287.00)
股东权益增加			41 136.00	180 973.00	535 397.00	486 893.00
平衡校验	-		-	-	-	-

图 5-5-11　资产负债表平衡校验

核对报表的工作比较费眼力，但也是我们注册会计师的日常，如果没有财务功底
的，核对报表可能确实挺费力气，好在估值差异不是很大，修正报表完成后估值表，
如图 5-5-12 所示。

估值表			
实收资本（或股本）（万元）	209 660.00	资本成本	12.00%
资本公积（万元）	191 344.00	折现系数	1.0000	0.8929
减:库存股（万元）	-	成长期现值	1 451 020	(139 800)
实际市值/估值	43.13%	后续期现值	10 902 084
总市值（亿元）	512.00	实体价值合计	12 353 104
计算市价	24.42	净债务价值:	482 151	零增长价格
资产负债率	16.98%	股权价值:	11 870 953
股价差异率	0.00%	股票价值	56.62
当前股价	24.42	流通股数	0
总市值股票股价	56.62		近三年平均增长率
加权平均资本成本		预测期增长率	15.00%	33.46%
本期市盈率	7.62	稳定期增长率	5.00%
内在市盈率		所得税率	25.00%
股价估值		每股收益	3.21
本期市净率	2.17	权益净利率	28.52%
本期市销率	1.63	可持续增长率	

图 5-5-12　资产负债表平衡校验

采用核对过的财务报表，华新水泥（600801）在折现率 12%，预测期增长率
15%，稳定期增长率 5% 的条件下，股票价值是 56.62 元 / 股。市场现在给的价格很低，
耐心持有，静等估值修复的红利。

4. 华新水泥估值总结

经过了快速估值、调整参数、核对报表，我们得出华新水泥（600801）在增长
率 −10% 到 15% 之间变化时，股票的价值范围是 28.06 元 / 股到 97 元 / 股之间，如果
折现率调整为 9%，预测期增长率调整为近三年的平均增长率，股票的价值为 202 元，
我认为确认华新水泥（600801）价值 56.62 元 / 股已经是比较保守的估计了。现在华新
水泥（600801）的价格是 24.42 元 / 股，被严重低估，安全边际很大。所以我决定
继续持有。但是作为一个注册会计师我要谨慎，谨慎，再谨慎，我决定把选出来的优

秀股票再做一遍财务报表分析。

本章后面我会把我的自选股里面的股票估值全部演示一遍，如果想继续了解华新水泥（600801）的财务报表分析的，可以跳到第六章。

六、　北陆药业估值分析

1. 快速估值

还是继续用 Excel 的 VBA 直接导入的方法：打开现金流量法估值模板中的自选股表，在 A2 单元格录入股票代码"300016"。单击执行估值矩形图片，在联网状态下，现金流量法估值模板会自动把上市公司财务数据导入现金流量法估值模板中，并且自动做出估值。我一般会用长城证券烽火版导出一些财务指标比较好的股票，然后直接粘贴到 A2:E2，如图 5-6-1 所示。

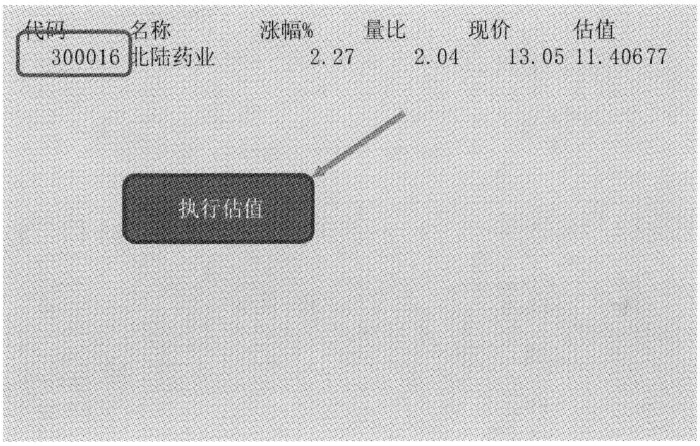

代码	名称	涨幅%	量比	现价	估值
300016	北陆药业	2.27	2.04	13.05	11.40677

执行估值

图 5-6-1　估值表

北陆药业（300016）在折现率为 12%，预测期增长率为 15%，永续期增长率 5% 的条件下，得出的估值是 11.41 元。我在北陆药业上几乎是屡败屡战，我当时选它的逻辑是因市值小，只有 50 多亿元，有点像 2020 年我抓到的大牛股青松股份。又因北陆药业投资的世和基因占股比例高，作为一名金融行业的老兵，我知道 2020 年 IPO 提速，估计世和基因能很快上市，那我买了北陆药业不是相当于买了世和基因的原始股了吗？至于世和基因是什么，我也没有仔细研究过，就冲"基因"这两个字，还有科创板平均百八十的市盈率的估值水平。假若世和基因上市，北陆药业就赚大了，就是基于这个逻辑买的北陆药业，而且北陆药业的估值也不高，但这只股票是我 2020 年亏损额最大的股票了。再加上最近 IPO 放缓，世和基因的上市进度可能纳入猴年马月了，但我还是没放弃这只股票，因为从估值上看，现在价格也合理。我现在的持仓比例也只有 6.6%，没必要换，与持有的华东医药一起构成我的制药组合，图 5-6-2 至图 5-6-3 为该股票估值。

图 5-6-2　估值表

账户名称	成交日期	买卖标志	成交价格	剩余数量	求和项:修正成交数量	求和项:修正成交金额
LP7560	2020-6-16	证券买入	12.207	8 400	8 400.00	102 538.80
	2020-7-16	证券卖出	12.1	0	-8 400.00	-101 640.00
	2020-8-11	证券买入	13.225	12 300	12 300.00	162 667.50
			13.23	12 900	600.00	7 938.00
	2020-9-28	证券卖出	11.67	10 000	-2 900.00	-33 843.00
LP7560 汇总					**10 000.00**	**137 661.30**
本人5848账户	2020-6-19	证券买入	11.11	8 000	8 000.00	88 880.00
	2020-7-2	证券卖出	11.592	0	-8 000.00	-92 736.00
	2020-10-9	证券买入	12	6 700	6 700.00	80 400.00
	2020-10-23	证券卖出	11.23	0	-6 700.00	-75 241.00
本人5848账户 汇总					**-**	**1 303.00**
公司户7505	2020-7-31	证券买入	13.5	7 400	7 400.00	99 900.00
	2020-8-11	证券卖出	12.956	0	-7 400.00	-95 874.40
公司户7505 汇总					**-**	**4 025.60**
SON账户	2020-6-29	证券买入	12.22	3 200	3 200.00	39 104.00
	2020-7-16	证券卖出	11.99	0	-3 200.00	-38 368.00
SON账户 汇总					**-**	**736.00**
总					**10 000.00**	**143 725.90**

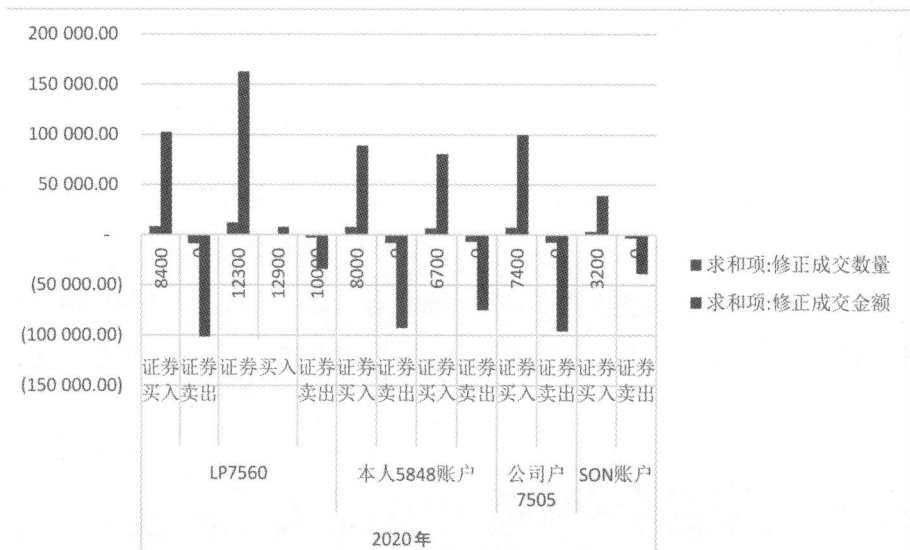

图 5-6-3　估值表

北陆药业是我现在唯一一只累计盈亏相抵后仍在亏损，但是还坚持持有的股票，仓位已经砍去很大一部分，其他的亏损股票早被我清仓了，我一般都是留强去弱，所以绝大多数的持仓累计盈亏都是盈利的。留下一只亏损的股票，也是想提醒自己，拍脑袋决定炒股是不对的，谋求不确定的信息形成盈利是不靠谱的，股价要想涨得好，公司赚钱是必须的。

2. 设置估值参数

打开价值评估工作表，如图 5-6-4 所示。

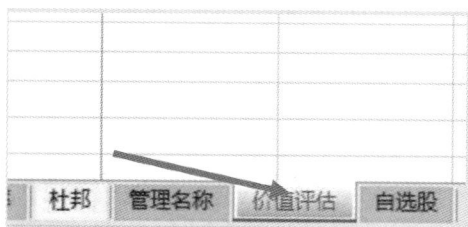

图 5-6-4　打开价值评估表

默认状态下的资本成本是 12%，预测期增长率是 15%，稳定期增长率是 5%，得出的估值是 11.41 元 / 股，2020 年 11 月 26 日为 11.18 元 / 股。市场价值与我做的估价基本一致。

其中，标白的单元格需要手工调整或设置，如图 5-6-5 所示。

估值表			
实收资本（或股本）	49 469.00	资本成本	12.00%
		折现系数	1.000 0　0.892 9
		成长期现值	70 945　(4 331)
总市值/估值	97.97%	后续期现值	494 674
总市值（亿元）	55.28	实体价值合	565 619
计算市价	11.17	净债务价值：	1 338　零增长价格
资产负债率	1.13%	股权价值	564 281
股价差异率	0.05%	股票价值	11.41
当前股价	11.18	流通股数	0
总市值股票估计	11.41		近三年平均增长率
加权平均资本成本		预测期增长率	15.00%　18.61%
本期市盈率	16.15	稳定期增长率	5.00%
内在市盈率		所得税率	25.00%
股价估值		每股收益	0.69
本期市净率	3.74	权益净利率	23.18%
本期市销率	6.75	可持续增长率	

图 5-6-5　设置估值参数

第一步，验证下总股数。

打开炒股软件，找到上市公司市值 55.28 亿元。把上市公司北陆药业（300016）总市值填到 D119，它的总市值是 55.28 亿元，当日的股价是 11.18 元。在 D120 录入公式＝ D119/D115*10 000，计算出来的股价是 11.17 元，股价差异率 0.05%，可以发现北陆药业（300016）的报表总股数是没有问题的，再用总市值测算一遍，估算出来的股

权价值是 56.43 亿元，2020 年 11 月 26 日总市值是 55.28 亿元，即

实际市值 ÷ 估值 ＝ 55.28÷56.43 ＝ 97.97%

股价 ＝ 11.18÷97.97% ＝ 11.41 元

与另一种算法的 11.41 元也是非常一致的。

第二步，修改预测期增长率。查看不同增长率情况下的估值。如果预测期增长率为 0%，如图 5-6-6 所示。

估值表				
实收资本（或股本）	49 469.00	资本成本		12.00%
		折现系数	1.000 0	0.892 9
		成长期现值	108 175	10 025
总市值/估值	155.26%	后续期现值	249 205	
总市值（亿元）	55.28	实体价值合计	357 380	
计算市价	11.17	净债务价值：	1 338	零增长价格
资产负债率	1.13%	股权价值：	356 042	
股价差异率	0.05%	股票价值	7.20	
当前股价	11.18	流通股数	0	
总市值股票估计	7.20			近三年平均增长率
加权平均资本成本		预测期增长率	0.00%	18.61%
本期市盈率	16.15	稳定期增长率	5.00%	
内在市盈率		所得税率	25.00%	
股价估值		每股收益	0.69	
本期市净率	3.74	权益净利率	23.18%	
本期市销率	6.75	可持续增长率		

图 5-6-6　设置估值参数

虽然好股票未来 5 年增长率为 0% 的可能性不是太高，但是如果真的出现这种情况，股票的价值还是达到了 7.2 元 / 股，低于现价 11.18 元 / 股，没有安全边际。

如果预期增长率为 －10%，如图 5-6-7 所示。

估值表				
实收资本（或股本）	49 469.00	资本成本		12.00%
		折现系数	1.000 0	0.892 9
		成长期现值	120 052	19 596
总市值/估值	206.48%	后续期现值	149 016	
总市值（亿元）	55.28	实体价值合计	269 067	
计算市价	11.17	净债务价值：	1 338	零增长价格
资产负债率	1.13%	股权价值：	267 730	
股价差异率	0.05%	股票价值	5.41	
当前股价	11.18	流通股数	0	
总市值股票估计	5.41			近三年平均增长率
加权平均资本成本		预测期增长率	-10.00%	18.61%
本期市盈率	16.15	稳定期增长率	5.00%	
内在市盈率		所得税率	25.00%	
股价估值		每股收益	0.69	
本期市净率	3.74	权益净利率	23.18%	
本期市销率	6.75	可持续增长率		

图 5-6-7　设置估值参数

但是，我认为出现 5 年连续负增长的概率不大，2019 年北陆药业收入增长率是 34.71%。

如果预期增长率为近三年平均增长率 18.61% 呢？如图 5-6-8 所示。

估值表			
实收资本（或股本）	49 469.00	资本成本	12.00%
		折现系数	1.000 0　　0.892 9
		成长期现值	57 306
总市值/估值	87.49%	后续期现值	575 872　　(7 784)
总市值（亿元）	55.28	实体价值合计	633 178
计算市价	11.17	净债务价值：	1 338　零增长价格
资产负债率	1.13%	股权价值：	631 840
股价差异率	0.05%	股票价值	12.77
当前股价	11.18	流通股数	0
总市值股票估计	12.78		近三年平均增长率
加权平均资本成本		预测期增长率	18.61%　　18.61%
本期市盈率	16.15	稳定期增长率	5.00%
内在市盈率		所得税率	25.00%
股价估值		每股收益	0.69
本期市净率	3.74	权益净利率	23.18%
本期市销率	6.75	可持续增长率	

图 5-6-8　设置估值参数

如果按过去三年平均增长率 18.61% 计算，价格 12.77 元，比现在市场价格 11.18 元高 10%。再用巴菲特老爷子的折现率试试，股价达到 24.61 元 / 股，如图 5-6-9 所示。

估值表			
实收资本（或股本）	49 469.00	资本成本	9.00%
		折现系数	1.000 0　　0.917 4
		成长期现值	63 730
总市值/估值	45.43%	后续期现值	1 154 308　　(7 999)
总市值（亿元）	55.28	实体价值合计	1 218 038
计算市价	11.17	净债务价值：	1 338　零增长价格
资产负债率	1.13%	股权价值：	1 216 700
股价差异率	0.05%	股票价值	24.60
当前股价	11.18	流通股数	0
总市值股票估计	24.61		近三年平均增长率
加权平均资本成本		预测期增长率	18.61%　　18.61%
本期市盈率	16.15	稳定期增长率	5.00%
内在市盈率		所得税率	25.00%
股价估值		每股收益	0.69
本期市净率	3.74	权益净利率	23.18%
本期市销率	6.75	可持续增长率	

图 5-6-9　设置估值参数

从图 5-6-10 年线上看，2014 年 12 月 31 日的除权价格是 9.65 元，到现在的 11.18 元 / 股，共 6 年，即：

11.18÷9.65=1.16（倍）

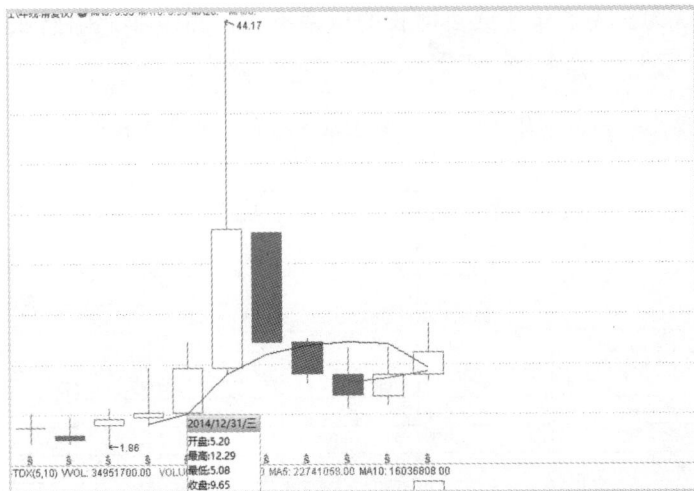

图 5-6-10　北陆药业（300016）年 K 线图

6 年就没怎么涨，而且在 2016 年、2017 年、2018 年连续 3 年下跌也不知道埋了多少股民，估计高位接盘的人很受伤哦，但也看出来 10 元左右的成本还是实至名归的，应该也没什么下跌空间了。

3. 核对报表

北陆药业在我的股票池里属于矮、穷、丑类型的，2020 年以来，北陆药业（300016）在我所有股票的收益排名比较靠后，亏损了 3 万多元。

书归正传，既然我不肯认输，还是核对报表吧。

第一步，核对利润表。

利润表比较好核对，要先重新设置 PL 表的公式。调整完利润表之后，估值并没有发生变化，还是 11.41 元 / 股。

2019 年北陆药业（300016）的审计报告会有 2018 年、2019 年两年的数据，2017 年的审计报告会有 2017 年、2016 年两年的数据，我就下载了两年的审计报告，2015 年的就算了，反正对估值的影响很小。报表的样子我就不贴在书里了，读者可以到巨潮网络上下载。我在书的最前面也贴了巨潮资讯网网址。

其实利润表不修正也无所谓，因为估值表只是用的利润表中净利润、营业收入这两个数据，所以不是像我这样做审计的强迫症患者，可以不用修正利润表。

第二步，核对资产负债表。

下载 2019 年审计报告、2017 年审计报告，取得合并资产负债表。调整完成后，再看平衡校验，资产、负债、所有者权益的差值很小了，如图 5-6-11 所示。

所有者权益(或股东权益)	145 050.90	120 579.00	106 923.00	90 169.00	93 263.00
负债和所有者权益(或股东权益)	162 380.90	128 871.00	114 089.00	95 610.00	105 002.00
平衡校验	(0.87)	(4.00)	–	1.00	(1.00)
与原始数据核对	(1.10)	(1.00)	1.00	1.00	–

图 5-6-11　资产负债表平衡校验

修正报表完成后估值表，如图 5-6-12 所示。

估值表				
实收资本(或股本)	49 469.00	资本成本		12.00%
		折现系数	1.000 0	0.892 9
		成长期现值	70 945	(4 331)
总市值/估值	97.97%	后续期现值	494 674	
总市值(亿元)	55.28	实体价值合计:	565 619	
计算市价	11.17	净债务价值:	1 338	零增长价格
资产负债率	1.13%	股权价值:	564 281	
股价差异率	0.05%	股票价值	11.41	
当前股价	11.18	流通股数	0	
总市值股票估计	11.41			近三年平均增长率
加权平均资本成本		预测期增长率	15.00%	18.61%
本期市盈率	16.15	稳定期增长率	5.00%	
内在市盈率		所得税率	25.00%	
股价估值		每股收益	0.69	
本期市净率	3.74	权益净利率	23.18%	
本期市销率	6.75	可持续增长率		

图 5-6-12　资产负债表平衡校验

采用核对过的财务报表，北陆药业（300016）在折现率 12%，预测期增长率 15%，稳定期增长率 5% 的条件下，股票价值是 11.41 元 / 股。市场现在给的价格适中，我便耐心持有。

4. 北陆药业估值总结

经过快速估值、调整参数、核对报表，我们得出北陆药业（300016）在增长率 −10% 到 15% 之间变化时，股票的价值范围是 5.41 元 / 股到 12.77 元 / 股之间，如果折现率调整为 9%，预测期增长率调整为近三年的平均增长率，股票的价值为 24.6 元，我确认北陆药业（300016）价值 11.41 元 / 股是比较保守的估计。现在北陆药业的价格是 11.18 元 / 股，没什么安全边际。

本章后面我会把我的自选股里面的股票估值全部演示一遍。如果想继续了解北陆药业的财务报表分析的，可以跳到第六章。

第六章

财务报表分析

这一章属于买一送一的章节，因为经过第五章的筛选之后，整个A股上市公司能符合被低估而且效益还不错的股票也就只剩下二三十只了。对于选出来的股票，我再利用注册会计师的基本功，分析财务报表，从资产负债表利润表、现金流量表开始，一步步地抽丝剥茧，找到最优秀的股票。

一、 海螺水泥、华新水泥、上峰水泥报表分析

水泥是国民经济建设的重要基础原材料，用水泥制成的砂浆或混凝土，坚固耐久，广泛应用于土木建筑、水利、国防等工程。目前，国内外尚无任何一种材料可以替代水泥。水泥需求与宏观经济走势正相关，经过多年快速增长，国内人均水泥消费量处于高位，总需求量进入相对稳定的平台期，但行业总体产能供给过剩，供给侧改革和结构性调整任重道远。

2019 年，在固定资产投资和基础建设增长需求拉动下，行业总需求保持增长，而供给端受到行业调控政策的严格限制和石灰石资源供应的控制影响，以及应急减排错峰生产、环保政策升级、行业集中度的提升、落后产能退出等影响，实际有效供给产出得到抑制，水泥市场总体供需矛盾得到改善，局部区域和局部时段供应甚至出现短缺；在区域上，华东等局部地区库存水平处于低位运行，支撑水泥价格避免了大幅起落，全年总体平稳保持了较高景气度。

水泥行业发展与全社会固定资产投资规模，基础设施建设和房地产行业等紧密相关，发展规律具有周期性特点，但近年来供给侧改革、产业集中度提升及能耗、环保、控制等相关因素使产能供给得到有效控制，新增市场也得到严格控制，从而在一定程度上避免了分散市场时期的大幅周期起伏，总体走向成熟市场。

国内各区域市场周期特点仍有明显的差异，尤其是气候—季节因素和生产—施工环境条件因素使北方的季节性淡旺季周期相对明显，而南方除传统春节冬歇外季节性淡旺季波动已不再明显，行业的周期性特征已经悄然变化，趋于稳定。

以下公司基本信息部分摘录自巨潮资讯网上公司公开披露的年度报告中。

（一）海螺水泥基本信息

海螺水泥生产"海螺"牌高等级水泥和商品熟料，该公司位于安徽，成立于 1997 年 9 月 1 日。经过近几年的一系列改制，从开始的国有独资企业改制成混合制所有企业。目前除了海螺集团持股 36.4%，没有大股东。该公司实行 T 型战略，即公司在沿江、沿海等水泥需求地区，建立磨粉站，同时在石灰石资源丰富的长江两岸，如芜湖、铜陵、安庆等地区建立大型熟料生产基地。T 型的一横为长江地区，一竖为沿海地区。

（二）华新水泥基本信息

华新水泥股份有限公司始创于 1907 年，被誉为中国水泥工业的摇篮。

1999 年，与全球最大的水泥制造商之一的瑞士豪瑞（Holcim）集团结为战略伙伴关系。2016 年，华新水泥股份有限公司收购豪瑞控股拉法基集团位于云南、重庆的 6 家公司股权。拉法基集团 1833 年在法国成立，至今已有 170 多年的历史，在水泥、石膏板、骨料与混凝土领域均居世界领先地位。

华新水泥的第一大股东是豪瑞集团全资子公司 HOLCHIN B.V.，持股 39.85%；第二大股东是华新集团有限公司，持股 16%。华新集团有限公司由黄石市国有资产经营有限公司，也就是说，华新的两大股东：一个是外资企业，一个是国有企业。外资企业持股最多，这是华新和其他水泥股的一大不同。

（三）上峰水泥基本信息

公司多年来主要专注于从事水泥熟料、水泥、特种水泥、混凝土、骨料等基础建材产品的生产制造和销售。近年来，公司充分应用已有资源向相关产业延伸，目前正在向水泥窑协同处置环保和智慧物流等相关产业升级拓展。

公司的水泥主业产能规模居行业前 20 强，目前公司在浙江、安徽、江苏、宁夏、新疆、贵州、广西、江西、山东等 9 个省份、自治区和境外的吉尔吉斯斯坦等国家拥有约 40 多家子公司，具备水泥熟料年产能约 1 300 万吨，水泥约 1 350 万吨，拥有新型干法水泥熟料生产线 10 条，在建水泥熟料生产线 3 条。2006 年公司被国家发改委、国土资源部、中国人民银行联合认定为国家重点支持水泥工业结构调整大型企业（集团）60 强企业，2019 年被中国水泥网评为水泥行业综合竞争力前三位。

公司在精益求精做好主业的同时，结合内外总体环境形势，逐渐拓展了水泥窑协同处置环保和智慧物流等相关产业，但水泥建材主业占营业收入比重仍超过 90%，全年主要业务和经营模式等未发生重大变化。

（四）三大公司报表分析

了解基本信息后，我们分报表、分科目进一步分析这三只水泥股的优劣。

1. 资产负债表

第一步，看总资产，了解公司的实力和成长性。

总资产我们重点看两点，一是总资产的规模；二是总资产的同比增长率。一家公司的总资产规模代表这家公司掌控的资源规模，也就是这家公司的实力。总资产同比增长率大于 10% 的公司一般在扩张之中，这样的公司成长性较好。下面我们看一下海螺水泥的总资产规模及增长率，见下表。

海螺水泥	2019-12-31	2018-12-31	2017-12-31	2016-12-31	2015-12-31
资产总计（万元）	17 877 718.00	14 954 735.00	12 214 258.00	10 951 412.00	10 578 139.00
总资产增长率	19.55%	22.44%	11.53%	3.53%	3.45%

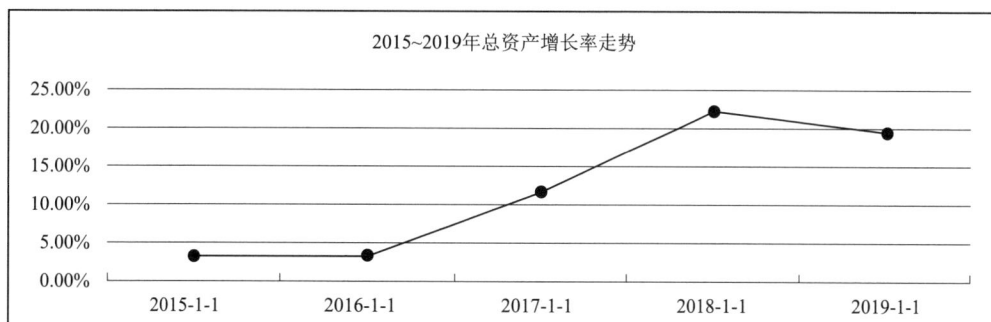

2015~2019年总资产增长率走势

海螺水泥 2019 年总资产达到 1 788.77 亿元，在水泥制造行业排名第 2 名，过去 5 年总资产的规模一直处于增长之中，并且最近两年的增长率达到近 20%，说明海螺水泥一直处于快速成长之中，成长性较强。海螺水泥最近 5 年总资产的规模都大于 1 000 亿元，最近两年达到 1 500 亿元，资产规模比较大，说明海螺水泥的实力比较强，见下表。

下面我们再与同行华新水泥进行对比，见下表。

华新水泥	2019-12-31	2018-12-31	2017-12-31	2016-12-31	2015-12-31
资产总计（万元）	3 664 539.00	3 316 151.00	3 049 932.00	2 742 675.00	2 548 667.00
总资产增长率	10.51%	8.73%	11.20%	7.61%	−2.19%

华新水泥 2019 年的总资产为 366.45 亿元，规模不到海螺水泥的五分之一，实力远不及海螺水泥。华新水泥的总资产规模最近 4 年也在稳定的增长之中，2017 年和 2019 年的增长率都达到了 10% 左右，华新水泥的成长性较好。

可比公司上峰水泥，见下表。

上峰水泥	2019-12-31	2018-12-31	2017-12-31	2016-12-31	2015-12-31
资产总计（万元）	989 946.00	700 243.00	598 776.00	581 305.00	467 806.00
总资产增长率	41.37%	16.95%	3.01%	24.26%	21.50%

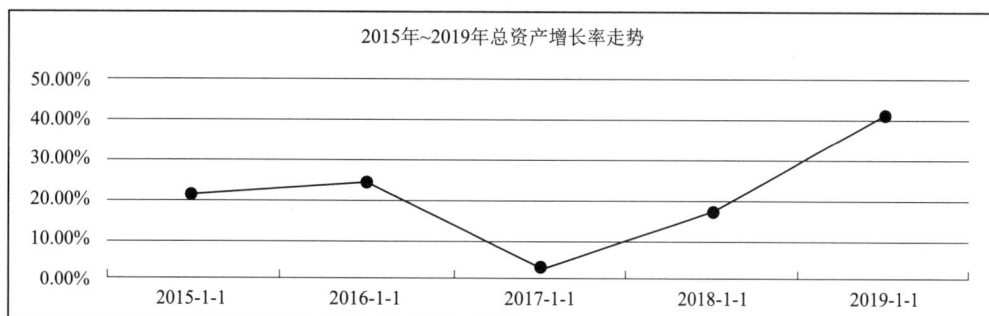

2015年~2019年总资产增长率走势

上峰水泥 2019 年的总资产为 98.99 亿元，规模不到海螺水泥的十分之一，实力与海螺水泥差距巨大。但上峰水泥过去 5 年的总资产增长率在处于持续增长中，2018、2019 年总资产增长率均超过 10%，2019 年增长率甚至达到 41.37%，说明上峰水泥也正处于快速成长期，未来成长性较好。

通过对比，三家公司哪家公司的实力强，哪家公司成长性好，还是一目了然的。可以看到海螺水泥的总资产规模在行业中排名第二位，处于行业第一梯队地位。海螺水泥的总资产规模不但大，而且同比增长速度也快，这说明海螺水泥仍然处于快速扩张之中，在未来一段时期内，海螺水泥很可能持续保持行业领先的地位，并且将会进一步拉大和行业第 3 名与第 4 名之间的距离。总资产规模大，同比增长较快，也并不一定代表公司最强，因为总资产中也有可能 95% 的部分是负债。总资产同比增长较快，也可能是来自债务的扩张而不是公司净利润的增长，公司可能已经处于债务危机中。这就要用到接下来的第二步分析。

第二步，看负债，了解公司的偿债风险。

负债重点看两点：一是资产负债率；二是准货币资金减去有息负债的差额。资产负债率主要看两点：一是绝对值；二是同比增长情况。资产负债率大于 60% 的公司，债务风险较大，要淘汰。我们来看看海螺水泥过去 5 年的资产负债率，见下表。

海螺水泥	2019-12-31	2018-12-31	2017-12-31	2016-12-31	2015-12-31
资产总计（万元）	17 877 718.00	14 954 735.00	12 214 258.00	10 951 412.00	10 578 139.00
负债合计（万元）	3 645 673.00	3 312 948.00	3 017 848.00	2 921 535.00	3 186 982.00
资产负债率	20.39%	22.15%	24.71%	26.68%	30.13%

海螺水泥 2019 年的总负债为 364.56 亿元，总资产为 1 788.77 亿元，资产负债率为 20.39%，远远小于 60% 的资产负债率警戒线，海螺水泥长期没有偿债风险。

下面我们再与同行进行对比，见下表。

华新水泥	2019-12-31	2018-12-31	2017-12-31	2016-12-31	2015-12-31
资产总计（万元）	3 664 539.00	3 316 151.00	3 049 932.00	2 742 675.00	2 548 667.00
负债合计（万元）	1 327 770.00	1 484 212.00	1 734 375.00	1 605 305.00	1 450 912.00
资产负债率	36.23%	44.76%	56.87%	58.53%	56.93%

华新水泥 2015 ～ 2017 年的资产负债率都超过 55%，2018 ～ 2019 年出现下降的趋势。2019 年为 36.23%，小于 60%，华新水泥近期没有偿债风险。

上峰水泥的资产负债率 2015 ～ 2017 年均超 60% 的警戒线，2018 ～ 2019 年出现下降趋势，但也在 40% 以上，上峰水泥未来发生偿债的风险也很小，见下表。

上峰水泥	2019-12-31	2018-12-31	2017-12-31	2016-12-31	2015-12-31
资产总计（万元）	989 946.00	700 243.00	598 776.00	581 305.00	467 806.00
负债合计（万元）	411 976.00	343 572.00	363 652.00	420 977.00	281 342.00
资产负债率	41.62%	49.06%	60.73%	72.42%	60.14%

通过三家公司的资产负债率，基本可以说明水泥制造行业是一个负债率比较低的行业。

再看准货币资金减去有息负债的差额。

排除偿债风险准货币资金＝货币资金＋交易性金融资产有息负债

＝短期借款＋一年内到期的非流动负债＋长期借款＋应付债券＋长期应付款

准货币资金减去有息负债的差额主要看两点：一是两者大小；二是有无异常。对于资产负债率大于 40% 的公司，我们要看它的准货币资金是否大于有息负债。货币资金小于有息负债的公司，要淘汰。

海螺水泥的有息负债和准货币资金，见下表。

海螺水泥	2019-12-31	2018-12-31	2017-12-31	2016-12-31	2015-12-31
货币资金（万元）	5 497 708.00	3 761 911.00	2 475 978.00	1 558 598.00	1 447 145.00
交易性金融资产（万元）	1 678 274.00	2 514.00	231.00	—	—
短期借款（万元）	294 170.00	137 693.00	93 481.00	127 521.00	85 987.00
一年内到期的非流动负债（万元）	143 375.00	275 124.00	468 527.00	326 242.00	758 538.00
长期借款（万元）	387 129.00	260 658.00	486 048.00	544 725.00	224 640.00
应付债券（万元）	349 805.00	349 875.00	349 846.00	599 586.00	849 328.00
长期应付款（万元）	—	—	—	—	—
准货币资金	7 175 982.00	3 764 425.00	2 476 209.00	1 558 598.00	1 447 145.00
有息负债	1 174 479.00	1 023 350.00	1 397 902.00	1 598 074.00	1 918 493.00
有息负债与准货币资金差额	(6 001 503.00)	(2 741 075.00)	(1 078 307.00)	39 476.00	471 348.00
经营活动产生的现金流量净额（万元）	4 073 820.00	3 605 897.00	1 736 303.00	1 319 675.00	990 817.00

海螺水泥 2015 ～ 2016 年货币资金小于有息负债总额，但是经营活动产生的现金流量净额可以完全覆盖掉差值部分。2017 ～ 2019 年准货币资金金额开始大于有息负债总额。2019 年达到 595.56 亿元，远远大于 0，进一步确认了海螺水泥短期没有偿债

风险，与华新水泥对比，见下表。

华新水泥	2019-12-31	2018-12-31	2017-12-31	2016-12-31	2015-12-31
货币资金（万元）	510 751.00	532 676.00	360 625.00	371 938.00	212 241.00
交易性金融资产（万元）	—	20 714.00	45 399.00	80 156.00	—
短期借款（万元）	19 700.00	62 100.00	114 150.00	90 400.00	116 200.00
一年内到期的非流动负债（万元）	76 969.00	287 722.00	168 273.00	424 244.00	152 369.00
长期借款（万元）	203 954.00	244 419.00	405 896.00	363 495.00	287 913.00
应付债券（万元）	119 806.00	119 683.00	329 561.00	199 265.00	383 154.00
长期应付款（万元）	8 196.00	7 103.00	9 939.00	14 027.00	14 013.00
准货币资金	510 751.00	553 390.00	406 024.00	452 094.00	212 241.00
有息负债	428 625.00	721 027.00	1 027 819.00	1 091 431.00	953 649.00
有息负债与准货币资金差额	(82 126.00)	167 637.00	621 795.00	639 337.00	741 408.00
经营活动产生的现金流量净额（万元）	967 919.00	789 961.00	390 408.00	309 615.00	275 325.00

华新水泥 2015 ~ 2018 年有息负债金额大于准货币资金的金额差额，直到 2018 年经营活动现金流量净额才开始大于有息负债和准货币资金的差额，说明华新水泥短期偿债风险这两年才得以改善和控制。前几年公司经营一直都有短期偿债的风险，见下表。

上峰水泥	2019-12-31	2018-12-31	2017-12-31	2016-12-31	2015-12-31
货币资金（万元）	278 008.00	91 495.00	53 312.00	52 290.00	43 921.00
交易性金融资产（万元）	44 527.00	27 859.00	—	12.00	11.00
短期借款（万元）	119 719.00	81 310.00	136 198.00	98 950.00	103 400.00
一年内到期的非流动负债（万元）	8 855.00	13 788.00	10 032.00	9 148.00	—
长期借款（万元）	5 200.00	13 137.00	27 756.00	23 505.00	20 130.00
应付债券（万元）	—	—	—	—	—
长期应付款（万元）	4 284.00	4 525.00	9 833.00	18 943.00	3 086.00
准货币资金	322 535.00	119 354.00	53 312.00	52 302.00	43 932.00
有息负债	138 058.00	112 760.00	183 819.00	150 546.00	126 616.00
有息负债与准货币资金差额	(184 477.00)	(6 594.00)	130 507.00	98 244.00	82 684.00
经营活动产生的现金流量净额（万元）	312 498.00	181 778.00	102 943.00	54 471.00	18 179.00

上峰水泥 2018 ~ 2019 年的有息负债金额都小于准货币资金的金额，上峰水泥偿

债风险很小。

第三步，看"应付、预收"减去"应收、预付"的差额，了解公司的竞争优势。

"应付"指应付票据、应付账款；"预收"指预收款项、合同负债。"应收"指应收票据、应收账款、应收款项融资、合同资产；"预付"指预付款项。即：

（应付票据＋应付账款＋预收款项）－（应收票据＋应收账款＋预付款项）＞0

说明公司在经营过程中无偿占用供应商和经销商的资金，具有"两头吃"的能力。应付票据、应付账款、预收款项、合同负债的金额越大，代表公司对供应商和经销商的话语权越强，竞争优势越明显，行业地位越高。但这也需要结合不同行业的特点来进行具体分析。

下面我们来看看海螺水泥过去5年"应付、预收"减去"应收、预付"的差额，见下表。

海螺水泥	2019-12-31	2018-12-31	2017-12-31	2016-12-31	2015-12-31
应付账款（万元）	730 365.00	639 573.00	498 628.00	437 928.00	390 405.00
预收账款（万元）	—	—	214 382.00	155 014.00	135 510.00
合同负债（万元）					
应付汇总（万元）	730 365.00	639 573.00	713 010.00	592 942.00	525 915.00
应收票据（万元）	837 540.00	1 313 424.00	1 112 734.00	651 109.00	449 518.00
应收账款（万元）	127 362.00	123 264.00	105 971.00	65 468.00	42 205.00
预付款项（万元）	269 242.00	210 893.00	80 189.00	58 105.00	44 228.00
合同资产（万元）	—	—	—	—	—
应收汇总（万元）	1 234 144.00	1 647 581.00	1 298 894.00	774 682.00	535 951.00
应付－应收	(503 779.00)	(1 008 008.00)	(585 884.00)	(181 740.00)	(10 036.00)

2015～2019年海螺水泥被上下游占用资金1亿元、18.17亿元、58.59亿元、100亿元、50.38亿元。一方面说明海螺水泥对于下游经销商和上游供应商议价能力不强，另外一方面也是水泥制造行业的销售特点决定的。海螺水泥销售水泥及水泥制品通常给予客户30～60天的信用期，这样就会产生大量的应收款项。但是，海螺水泥应收款项中90%以上为应收银行承兑汇票，海螺水泥回款风险不大。

下面我们再进行同行对比，见下表。

华新水泥	2019-12-31	2018-12-31	2017-12-31	2016-12-31	2015-12-31
应付票据（万元）	19 151.00	—	1 445.00	14 890.00	43 125.00
应付账款（万元）	512 091.00	378 932.00	413 958.00	313 239.00	283 564.00
预收账款（万元）	61 609.00	63 873.00	56 271.00	30 781.00	23 827.00

华新水泥	2019-12-31	2018-12-31	2017-12-31	2016-12-31	2015-12-31
合同负债（万元）	—	—	—	—	—
应付汇总（万元）	592 851.00	442 805.00	471 674.00	358 910.00	350 516.00
应收票据（万元）	9 773.00	154 893.00	171 116.00	82 879.00	58 080.00
应收账款（万元）	56 189.00	52 454.00	64 221.00	50 237.00	68 871.00
应收款项融资（万元）	130 879.00				
预付款项（万元）	25 883.00	32 372.00	22 564.00	6 641.00	8 208.00
合同资产（万元）	—	—	—	—	—
应收汇总（万元）	222 724.00	239 719.00	257 901.00	139 757.00	135 159.00
应付—应收（万元）	370 127.00	203 086.00	213 773.00	219 153.00	215 357.00

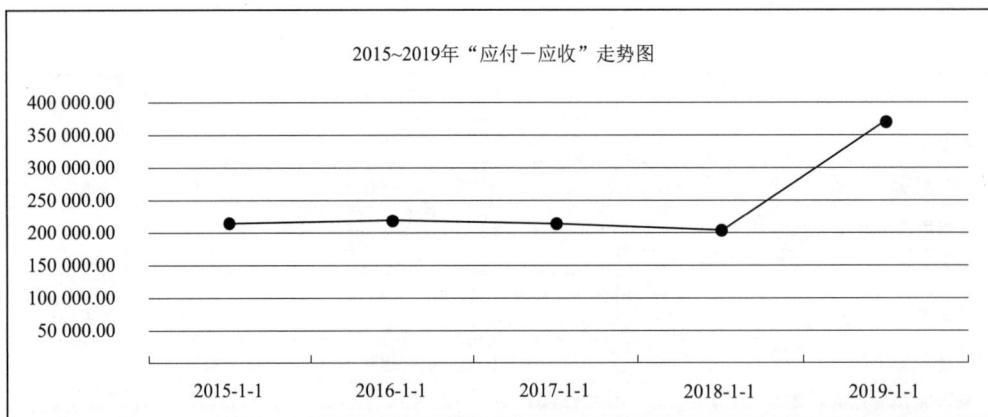

2015~2019年"应付—应收"走势图

华新水泥过去 5 年"应付、预收"减去"应收、预付"的差额在稳步小幅增长中，2019 年达到了 37.01 亿元，这说明华新水泥的竞争优势在加强。

下面再分析上峰水泥，见下表。

上峰水泥	2019-12-31	2018-12-31	2017-12-31	2016-12-31	2015-12-31
应付票据（万元）	36 688.00	40 248.00	40 470.00	49 264.00	53 091.00
应付账款（万元）	63 787.00	37 627.00	53 409.00	65 989.00	50 658.00
预收账款（万元）	24 656.00	55 508.00	12 938.00	19 709.00	5 600.00
合同负债（万元）	—	—	—	—	—
应付汇总（万元）	125 131.00	133 383.00	106 817.00	134 962.00	109 349.00
应收票据（万元）	792.00	57 683.00	68 237.00	7 284.00	3 163.00
应收账款（万元）	18 137.00	14 483.00	14 772.00	16 462.00	22 822.00
应收款项融资（万元）	40 157.00				
预付款项（万元）	9 267.00	9 506.00	5 850.00	8 905.00	10 745.00

续上表

上峰水泥	2019-12-31	2018-12-31	2017-12-31	2016-12-31	2015-12-31
合同资产（万元）	—	—	—	—	—
应收汇总（万元）	68 353.00	81 672.00	88 859.00	32 651.00	36 730.00
应付—应收	56 778.00	51 711.00	17 958.00	102 311.00	72 619.00

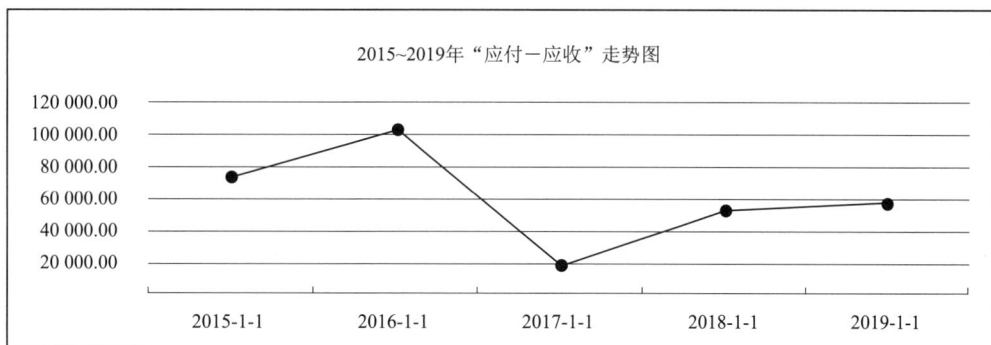

2015~2019年"应付—应收"走势图

上峰水泥过去5年"应付、预收"减去"应收、预付"的差额都为正，基本保持稳定，说明在过去5年中上峰水泥具有一定的竞争优势。

总体来讲，华新水泥过去5年的竞争优势在加强，但幅度不如海螺水泥大。水泥制造行业的这三家公司两家都被上游供货商和下游经销商无偿占用大额资金，这也说明了水泥制造行业话语权不是太强的行业。

在了解了公司的整体竞争力之后，我们还需要了解一下公司的产品竞争力。产品竞争力是公司竞争力的基础，产品竞争力强的公司更有可能在未来长期保持竞争优势。

第四步，看应收账款、合同资产，了解公司的产品竞争力。

应收账款加合同资产占总资产的比率本质反映的是公司产品的销售难易度。最优秀的公司应收账款加合同资产占总资产的比率小于1%，优秀的公司一般小于3%。应收账款加合同资产占总资产的比率大于10%的公司需要淘汰掉。

下面我们来看海螺水泥过去5年应收账款＋合同资产占总资产的比率，见下表。

海螺水泥	2019-12-31	2018-12-31	2017-12-31	2016-12-31	2015-12-31
合同资产（万元）	—	—	—	—	—
应收账款（万元）	127 362.00	123 264.00	105 971.00	65 468.00	42 205.00
资产总计（万元）	17 877 718.00	14 954 735.00	12 214 258.00	10 951 412.00	10 578 139.00
（应收账款＋合同资产）÷总资产	0.71%	0.82%	0.87%	0.60%	0.40%

我们可以计算出海螺水泥 2019 年应收账款＋合同资产占总资产的比率为 0.71%，可见海螺水泥的产品非常畅销，产品竞争力很强。

下面我们看看海螺水泥的同行，华新水泥 2019 年应收账款加合同资产占总资产的比率，见下表。

华新水泥	2019-12-31	2018-12-31	2017-12-31	2016-12-31	2015-12-31
合同资产（万元）	—	—	—	—	—
应收账款（万元）	56 189.00	52 454.00	64 221.00	50 237.00	68 871.00
资产总计（万元）	3 664 539.00	3 316 151.00	3 049 932.00	2 742 675.00	2 548 667.00
（应收账款＋合同资产）÷总资产	1.53%	1.58%	2.11%	1.83%	2.70%

我们可以计算华新水泥 2019 年应收账款加合同资产占总资产的比率为 1.53%，超过了 1%，但不到 3%，而且最近 3 年有逐年下降的趋势，可见华新水泥的产品也很畅销，产品竞争力在逐年加强，见下表。

上峰水泥	2019-12-31	2018-12-31	2017-12-31	2016-12-31	2015-12-31
合同资产（万元）	—	—	—	—	—
应收账款（万元）	18 137.00	14 483.00	14 772.00	16 462.00	22 822.00
资产总计（万元）	989 946.00	700 243.00	598 776.00	581 305.00	467 806.00
（应收账款＋合同资产）÷总资产	1.83%	2.07%	2.47%	2.83%	4.88%

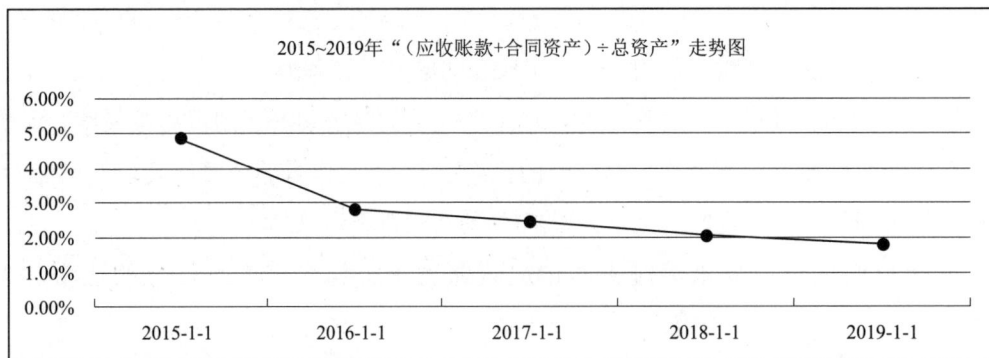

2015~2019年"（应收账款+合同资产）÷总资产"走势图

上峰水泥虽然 2015 年应收账款加合同资产占总资产的比率为 4.88%，大于 3%，但是近 5 年其比例一直稳步降低，2019 年期比率为 1.83%，低于 3%，说明上峰水泥的产品竞争力在逐年加强。通过同行业对比，我们发现海螺水泥的产品竞争力最强。

当我们了解了公司和产品的竞争力之后，我们还需要了解一下公司维持竞争力的成本如何，如果公司维持竞争力的成本较低，则公司的风险较小，价值较高。

第五步，看固定资产，了解公司维持竞争力的成本。

固定资产主要看"固定资产＋在建工程"占总资产的比率，比率越高，说明公司维持竞争力的成本越高。

"固定资产＋在建工程"占总资产的比率大于40%的公司为重资产型公司。重资产型公司保持竞争力的成本比较高，风险比较大。

下面我们看看海螺水泥"固定资产＋在建工程"占总资产的比率，见下表。

海螺水泥	2019-12-31	2018-12-31	2017-12-31	2016-12-31	2015-12-31
固定资产（万元）	5 885 842.00	6 032 046.00	5 966 763.00	6 227 802.00	6 169 552.00
在建工程（万元）	403 740.00	190 887.00	236 422.00	152 104.00	157 151.00
工程物资（万元）	220 045.00	154 953.00	132 950.00	105 091.00	106 036.00
资产总计（万元）	17 877 718.00	14 954 735.00	12 214 258.00	10 951 412.00	10 578 139.00
（固定资产＋在建工程）占总资产比率	36.41%	42.65%	51.87%	59.22%	60.81%

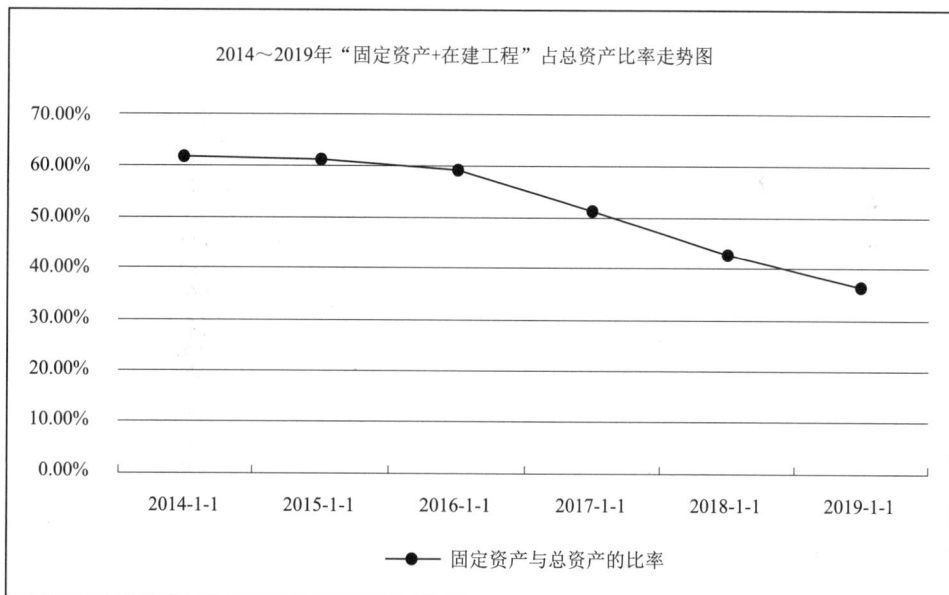

2014～2019年"固定资产＋在建工程"占总资产比率走势图

海螺水泥"固定资产＋在建工程＋工程物资"除以总资产的比值连续5年逐年降低，2019年为36.41%，已低于40%。说明海螺水泥正在由重资产行业转型为轻资产行业，2019年已达到轻资产行业的标准。轻资产型公司维持竞争力的成本比较低，风险比较小。我们再看看海螺水泥固定资产的构成，见下表。

固定资产

金额单位：人民币元

项目	永久业权土地、房屋及建筑物	机器设备	办公设备及其他设备	运输工具	合计
原值					
年初余额	42 667 215 201	54 922 157 371	832 329 082	2 010 273 514	100 431 975 168
本年增加					
一购置	26 508 679	817 342 343	159 863 635	196 273 647	1 199 988 304
一在建工程转入	1 919 759 395	1 768 601 023	14 836 045	—	3 703 196 463
本年处置或报废	85 171 283	722 416 311	80 448 313	149 845 145	1 037 881 052
本年转入投资性房地产	26 842 835	—	—	—	2 608 420 835
年末余额	44 501 469 157	56 785 684 426	926 580 449	2 056 702 016	104 270 436 048
累积折旧					
年初余额	10 354 263 346	27 010 307 870	593 138 121	1 569 259 505	39 526 968 842
本年计提	1 443 308 904	3 246 525 535	71 434 849	146 406 071	4 907 675 359

固定资产的构成有：房屋及建筑物、机器设备、办公设备及其他设备、运输工具。其中房屋及建筑物占比约 54%，机器设备占比约 45%，见下表。

在建工程

金额单位：人民币元

项目	注	2019 年 12 月 31 日	2018 年 12 月 31 日
在建工程	（1）	4 037 396 001	1 908 873 938
工程物资	（3）	2 200 447 094	1 549 526 377
合计		6 237 843 095	3 458 400 315

重大在建工程项目本年变动情况：

在建工程的期末数大于期初数，说明海螺水泥整体仍然在扩张之中。下面我们再进行同行（华新水泥）对比，见下表。

华新水泥	2019-12-31	2018-12-31	2017-12-31	2016-12-31	2015-12-31
固定资产（万元）	1 671 478.00	1 611 663.00	1 575 694.00	1 534 382.00	1 486 116.00
在建工程（万元）	394 564.00	119 422.00	124 808.00	77 107.00	188 806.00
工程物资（万元）	16 752.00	12 876.00	5 488.00	3 684.00	6 160.00
资产总计（万元）	3 664 539.00	3 316 151.00	3 049 932.00	2 742 675.00	2 548 667.00
三项资产占总资产比率	56.84%	52.59%	55.94%	58.89%	65.96%

华新水泥过去 5 年"固定资产＋在建工程"占总资产的比率都大于 50%，属于重

资产型公司，其维持竞争力的成本比较高，风险较大。

可比公司上峰水泥相关资料，见下表。

上峰水泥	2019-12-31	2018-12-31	2017-12-31	2016-12-31	2015-12-31
固定资产（万元）	265 180.00	221 791.00	234 952.00	234 625.00	247 707.00
在建工程（万元）	17 138.00	6 092.00	4 000.00	11 662.00	4 696.00
工程物资（万元）	12.00	34.00	6.00	—	—
资产总计（万元）	989 946.00	700 243.00	598 776.00	581 305.00	467 806.00
三项资产占总资产比率	28.52%	32.55%	39.91%	42.37%	53.95%

上峰水泥的固定资产、在建工程和工程物资占总资产比率也比较低，属于轻资产公司。

"水泥三剑客"中，只有华新水泥属于重资产型公司，保持竞争力的成本比较高，风险比较大，另外两家公司都属于轻资产型公司，但水泥这个行业基本属于重资产型行业，这个行业维持竞争力的成本比较高。

在了解了公司维持竞争力的成本之后，我们还要看一下公司的专注度。专注于主业的公司，犯错的概率相对更小，更容易保持住竞争优势。

第六步，看投资类资产，了解公司的主业专注度。

投资类资产主要包括：以公允价值计量且其变动计入当期损益的金融资产、债权投资、其他债权投资、可供出售金融资产、持有至到期投资、长期股权投资、其他权益工具投资、其他非流动金融资产、投资性房地产。我们主要看投资类资产占总资产的比率。优秀的公司一定是专注于主业的公司，与主业无关的投资类资产占总资产的比例应当很低才对，最好为 0。在实践中，与主业无关的投资类资产占总资产比率大于 10% 的公司不够专注。要淘汰。

下面我们看看海螺水泥的投资类资产占总资产的比率，见下表。

海螺水泥	2019-12-31	2018-12-31	2017-12-31	2016-12-31	2015-12-31
可供出售金融资产（万元）	—	—	46 141.00	293 518.00	324 960.00
长期股权投资（万元）	382 061.00	318 199.00	279 076.00	331 543.00	297 544.00
其他权益工具投资（万元）	32 609.58	25 867.96	—	—	—
投资性房地产（万元）	8 573.00	6 495.00	3 647.00	2 797.00	4 016.00
投资类资产合计：	423 243.58	350 561.96	328 864.00	627 858.00	626 520.00
资产总计（万元）	17 877 718.00	14 954 735.00	12 214 258.00	10 951 412.00	10 578 139.00
投资类资产占总资产比率	2.37%	2.34%	2.69%	5.73%	5.92%

2015—2019 年与主业无关的投资占总资产的比率分别为 5.92%，5.73%，2.69%，

2.34%，2.37%，均小于10%，说明海螺水泥是一家专注于主业的公司。这样有利于海螺水泥长期保持行业领先地位。

下面我们再与同行华新水泥进行对比，见下表。

华新水泥	2019-12-31	2018-12-31	2017-12-31	2016-12-31	2015-12-31
交易性金融资产（万元）	—	20 714.00	45 399.00	80 156.00	—
衍生金融资产（万元）	—	—	—	—	—
债券投资（万元）	—	—	—	—	—
可供出售金融资产（万元）	—	6 049.00	7 120.00	6 925.00	7 137.00
其他权益投资					
持有至到期投资（万元）	750.00	—	—	—	—
长期股权投资（万元）	41 409.00	51 247.00	43 500.00	38 751.00	32 103.00
其他权益工具投资（万元）	3 823.00	—	—	—	—
投资性房地产（万元）					
投资类资产合计：	45 982.00	78 010.00	96 019.00	125 832.00	39 240.00
资产总计（万元）	3 664 539.00	3 316 151.00	3 049 932.00	2 742 675.00	2 548 667.00
投资类资产占总资产比率	1.25%	2.35%	3.15%	4.59%	1.54%

华新水泥过去5年投资类资产占总资产的比率最高也不超过5%，2019年只有1.25%，这说明华新水泥也是一家专注于主业的公司。

不过，最近几年华新水泥的投资类资产整体在逐年减少，这说明华新水泥变得越来越专注于主业了，这对公司的发展是好事情。

第七步，看存货、商誉，了解公司未来业绩爆雷的风险。

易爆雷资产主要包括：应收账款、存货、长期股权投资、固定资产、商誉。这五个科目是最容易埋雷的地方，会导致利润大幅减少甚至大幅亏损。由于我们在前六步中已经看过应收账款、固定资产、长期股权投资科目，排除了这三个科目爆雷的风险。这里重点看存货和商誉。

（1）存货

下面我们先看海螺水泥存货占总资产的比率，见下表。

海螺水泥	2019-12-31	2018-12-31	2017-12-31	2016-12-31	2015-12-31
存货（万元）	557 152.00	602 272.00	470 520.00	454 853.00	423 804.00
资产总计（万元）	17 877 718.00	14 954 735.00	12 214 258.00	10 951 412.00	10 578 139.00
存货占总资产比率	3.12%	4.03%	3.85%	4.15%	4.01%

海螺水泥过去5年存货占总资产的比率一直低于5%，并且呈现下降趋势，海螺水泥存货没有爆雷的风险。

下面我们再与同行华新水泥进行对比，见下表。

华新水泥	2019-12-31	2018-12-31	2017-12-31	2016-12-31	2015-12-31
存货（万元）	199 700.00	207 857.00	162 148.00	117 426.00	114 848.00
资产总计（万元）	3 664 539.00	3 316 151.00	3 049 932.00	2 742 675.00	2 548 667.00
存货占总资产比例	5.45%	6.27%	5.32%	4.28%	4.51%

华新水泥过去 5 年里存货占总资产的比率也都基本小于 5%，存货风险不大。上峰水泥存货占总资产的比率近四年呈下降趋势，但 2019 年其比率在 9.12%，大于 5%，存货风险依然存在。

再与上峰水泥进行对比，见下表。

上峰水泥	2019-12-31	2018-12-31	2017-12-31	2016-12-31	2015-12-31
存货（万元）	90 313.00	114 524.00	90 060.00	121 177.00	31 382.00
资产总计（万元）	989 946.00	700 243.00	598 776.00	581 305.00	467 806.00
存货占总资产比例	9.12%	16.35%	15.04%	20.85%	6.71%

上峰水泥过去 5 年里存货占总资产的比率近 4 年呈下降趋势，但 2019 年其比率 9.12%，大于 5%，存货风险较大。

（2）商誉

商誉是公司对外收购所花费的超出被收购公司净资产的那部分钱。收购来的公司企业文化不同，甚至行业也不同，很难经营成功，所以商誉是最容易爆雷的科目之一。在投资实践中，一般会把商誉占总资产的比率超过 10% 的公司淘汰掉。

下面我们看海螺水泥商誉占总资产的比率，见下表。

海螺水泥	2019-12-31	2018-12-31	2017-12-31	2016-12-31	2015-12-31
商誉（万元）	51 440.00	51 440.00	49 365.00	49 365.00	46 373.00
资产总计（万元）	17 877 718.00	14 954 735.00	12 214 258.00	10 951 412.00	10 578 139.00
商誉占总资产比率	0.29%	0.34%	0.40%	0.45%	0.44%

海螺水泥过去 5 年商誉占总资产的比率一直低于 0.5%，2019 年的比率仅为 0.29%，海螺水泥的商誉没有爆雷的风险。

下面我们再与同行华新水泥进行对比，见下表。

华新水泥	2019-12-31	2018-12-31	2017-12-31	2016-12-31	2015-12-31
商誉（万元）	47 608.00	44 747.00	44 747.00	44 747.00	44 747.00
资产总计（万元）	3 664 539.00	3 316 151.00	3 049 932.00	2 742 675.00	2 548 667.00
商誉占总资产比率	1.30%	1.35%	1.47%	1.63%	1.76%

华新水泥过去 5 年商誉占总资产的比率一直都保持在 1.4% 左右，而且呈现逐年降低趋势，也可以忽略不计，华新水泥的商誉没有爆雷的风险。

与上峰水泥对比，见下表。

上峰水泥	2019-12-31	2018-12-31	2017-12-31	2016-12-31	2015-12-31
商誉（万元）	13 187.00	13 487.00	13 843.00	13 891.00	13 729.00
资产总计（万元）	989 946.00	700 243.00	598 776.00	581 305.00	467 806.00
商誉占总资产比率	1.33%	1.93%	2.31%	2.39%	2.93%

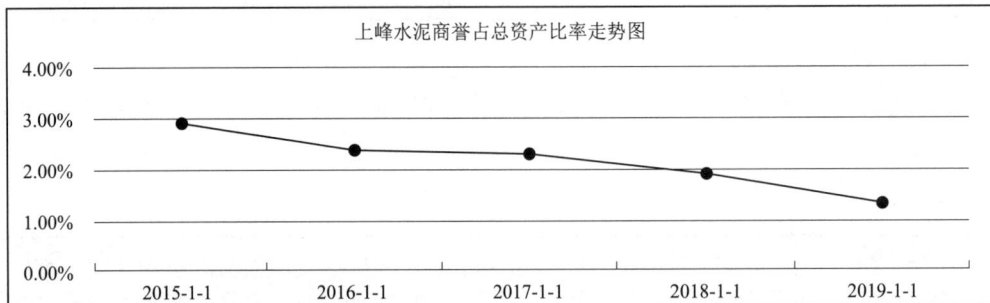

上峰水泥商誉占总资产比率走势图

上峰水泥过去5年商誉占总资产的比例一直低于3%，近五年呈下降趋势，表明上峰水泥暴雷风险不大。

通过对3家公司分析，表明这三家公司的发展战略都比较踏实，并不激进。通过海螺水泥的资产负债表，我们知道海螺水泥是一家在行业内有着很强地位和竞争力的公司。海螺水泥是一家由重资产型公司向轻资产型公司转变的公司，公司未来维持竞争力的成本会相对降低。海螺水泥非常专注于主业，在未来很长一段时间海螺水泥能保持住竞争优势的概率比较大。海螺水泥的经营风险很小，短期内没有偿债风险。

2. 利润表

第一步，看营业收入，了解公司的行业地位及成长性。

我们通过营业收入的金额和含金量看公司的行业地位，营业收入金额较大且"销售商品、提供劳务收到的现金"与"营业收入"的比率大于110%的公司行业地位高，产品竞争力强。"营业收入"增长率大于10%的公司，成长性较好。"销售商品、提供劳务收到的现金"与"营业收入"的比率小于100%的公司、营业收入增长率小于10%的公司淘汰掉。

下面我们先看看海螺水泥的营业收入，见下表。

海螺水泥	2019-12-31	2018-12-31	2017-12-31	2016-12-31	2015-12-31
营业总收入（万元）	15 703 033.00	12 840 263.00	7 531 082.00	5 593 190.00	5 097 604.00
营业收入增长率	22.30%	70.50%	34.65%	9.72%	−16.10%
销售商品、提供劳务收到的现金（万元）	19 605 125.00	16 378 360.00	9 265 857.00	6 938 337.00	6 466 593.00
销售商品、提供劳务收到的现金占营业收入比率	124.85%	127.55%	123.03%	124.05%	126.86%

海螺水泥过去 4 年营业收入一直在持续稳定地增长，成长性较好。2019 年的营业收入规模达到 1 570.30 亿元，且"销售商品、提供劳务收到的现金"与"营业收入"的比率 5 年来都大于 120%，说明公司实力强大，行业地位高，产品竞争力强。近 3 年增长率都大于 20%，但是 2018 年收入增长率超过 70%，我们查看是什么原因。

我们可以看到，2018 年营业收入的快速增长是因为公司产品销售价格的上升，这更加体现出海螺水泥的竞争力。

下面我们再与同行华新水泥进行的对比，见下表。

华新水泥	2019-12-31	2018-12-31	2017-12-31	2016-12-31	2015-12-31
营业总收入（万元）	3 143 921.00	2 746 604.00	2 088 929.00	1 352 576.00	1 327 132.00
营业收入增长率	14.47%	31.48%	54.44%	1.92%	−17.03%
销售商品、提供劳务收到的现金（万元）	3 515 170.00	3 051 775.00	2 379 654.00	1 594 454.00	1 606 483.00
销售商品、提供劳务收到的现金占比营业收入比率	111.81%	111.11%	113.92%	117.88%	121.05%

华新水泥过去 5 年营业收入一直在持续稳定地增长，近 3 年增长率大于 10%，成长性较好。2019 年的营业收入为 314.39 亿元，大概为海螺水泥的五分之一，实力和行业地位与海螺水泥差距较大。华新水泥"销售商品、提供劳务收到的现金"与"营业收入"的比率 5 年来也都大于 110%，说明华新水泥在水泥制造行业地位也较高，公司产品具有的竞争力也较强。

与上峰水泥相比，见下表。

上峰水泥	2019-12-31	2018-12-31	2017-12-31	2016-12-31	2015-12-31
营业总收入（万元）	741 206.00	530 458.00	458 753.00	291 606.00	202 554.00
营业收入增长率	39.73%	15.63%	57.32%	43.96%	−25.98%
销售商品、提供劳务收到的现金（万元）	727 152.00	550 977.00	396 921.00	343 802.00	238 330.00
销售商品、提供劳务收到的现金占比营业收入的比率	98.10%	103.87%	86.52%	117.90%	117.66%

139

上峰水泥过去 4 年营业收入增长较快，但增长率波动幅度较大。销售商品、提供劳务收到的现金占比营业收入比率略弱于海螺水泥和华新水泥。上峰水泥 2019 年的营业收入 74.12 亿元，只有海螺水泥的二十分之一，"销售商品、提供劳务收到的现金"与"营业收入"的比率略逊于华新水泥。与海螺水泥相比还有巨大的差距。

结合这三家公司来看，我们可以看到水泥制造行业的营业收入增长率波动幅度都很大，容易受到基建等宏观调控的影响，但无论从营业收入的增长率，还是营业收入的规模看，海螺水泥都是本行业的龙头，占有更大的市场份额，所以我们不用过于担心，但也要多关注宏观层面的政策。

第二步，看毛利率，了解公司的产品竞争力及风险。

高毛利率说明公司的产品或服务有很强的竞争力。低毛利率则说明公司的产品或服务竞争力较差。一般来说，毛利率大于 40% 的公司都有某种核心竞争力。优秀公司的毛利率不但高还比较稳定，波动幅度比较小。一般来说优秀公司的毛利率每年的波动幅度小于 10%。毛利率波动幅度太大的公司，要么是公司经营的风险大，要么是公司财务造假的风险大。在投资实践中，毛利率波幅大于 20% 的公司一般要淘汰掉。

下面我们先看看海螺水泥的毛利率，见下表。

海螺水泥	2019-12-31	2018-12-31	2017-12-31	2016-12-31	2015-12-31
营业收入（万元）	15 703 033.00	12 840 263.00	7 531 082.00	5 593 190.00	5 097 604.00
营业成本（万元）	10 476 009.00	8 123 003.00	4 888 773.00	3 776 996.00	3 688 786.00
毛利（万元）	5 227 024.00	4 717 260.00	2 642 309.00	1 816 194.00	1 408 818.00
毛利率	33.29%	36.74%	35.09%	32.47%	27.64%
毛利率波动幅度	−9.39%	4.71%	8.05%	17.49%	−18.07%

我们可以看到，海螺水泥近 4 年的毛利率都保持在 30% 左右，总体看，呈小幅上升趋势。其实整个水泥制造行业毛利率都是不高的，海螺水泥这个毛利率水平是比较突出的。再看海螺水泥毛利率波动幅度为 8% 左右，这说明海螺水泥的产品竞争力很强并且风险很小。

下面我们再与同行华新水泥进行对比，见下表。

华新水泥	2019-12-31	2018-12-31	2017-12-31	2016-12-31	2015-12-31
营业收入（万元）	3 143 921.00	2 746 604.00	2 088 929.00	1 352 576.00	1 327 132.00
营业成本（万元）	1 862 531.00	1 657 521.00	1 471 649.00	997 100.00	1 013 196.00
毛利（万元）	1 281 390.00	1 089 083.00	617 280.00	355 476.00	313 936.00
毛利率	40.76%	39.65%	29.55%	26.28%	23.66%
毛利率波动幅度	2.79%	34.19%	12.44%	11.10%	−19.79%

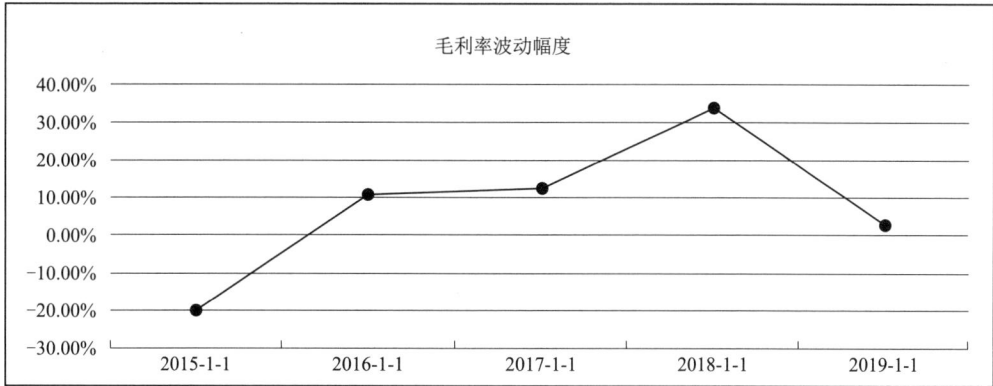

华新水泥 2015 ～ 2017 年的毛利率一直低于 30%，2018 ～ 2019 年则提高到 40%，说明近两年公司产品竞争力在加强。华新水泥过去 5 年的毛利率波动幅度较大，2019年又下降到 2.79%，华新水泥财务造假的风险很小。

上峰水泥财务数据，见下表。

上峰水泥	2019-12-31	2018-12-31	2017-12-31	2016-12-31	2015-12-31
营业总收入（万元）	741 206.00	530 458.00	458 753.00	291 606.00	202 554.00
营业成本（万元）	379 530.00	282 715.00	299 621.00	232 566.00	168 701.00
毛利	361 676.00	247 743.00	159 132.00	59 040.00	33 853.00
毛利率	48.80%	46.70%	34.69%	20.25%	16.71%
毛利率波动幅度	4.48%	34.64%	71.33%	21.14%	−42.68%
毛利率评价	优秀	优秀	一般	一般	一般
毛利率波动幅度评价	优秀	淘汰	淘汰	淘汰	淘汰

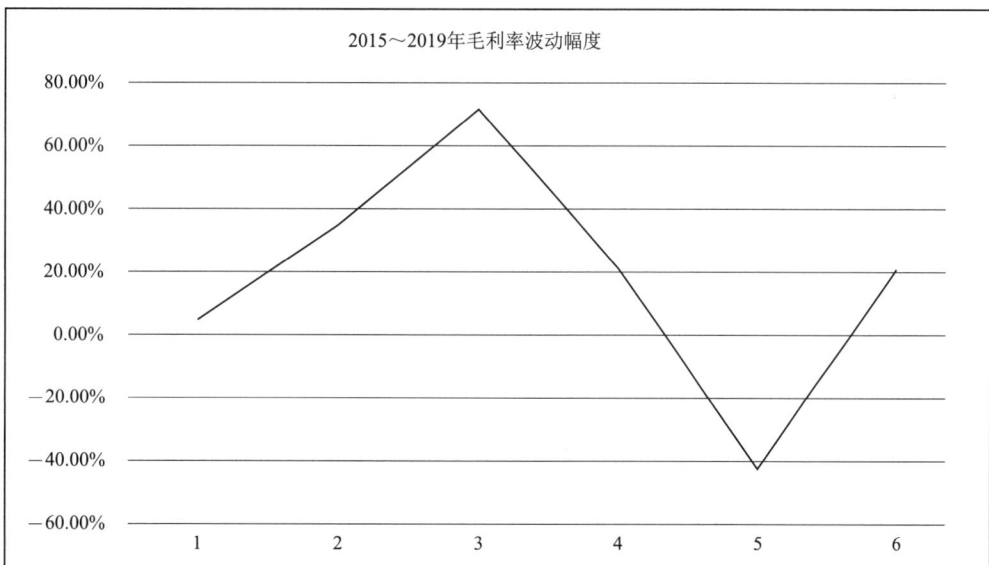

上峰水泥 2014～2017 年的毛利率一直低于 40%，2018～2019 年则提高到 40%以上，说明近两年公司产品竞争力在加强。上峰水泥过去 5 年的毛利率波动幅度较大，2019 年又上升到 20%，财务造假的风险很小。

第三步，看期间费用率，了解公司的成本管控能力。

期间费用率主要看数值。期间费用率越低，公司的成本管控能力就越强。毛利率高，期间费用率低，净利润率才可能高。优秀公司的期间费用率与毛利率的比率一般小于 40%。在投资实践中，一般把期间费用率与毛利率的比率大于 60% 的公司淘汰掉。

下面看看海螺水泥的期间费用率，见下表。

海螺水泥	2019-12-31	2018-12-31	2017-12-31	2016-12-31	2015-12-31
营业收入（万元）	15 703 033.00	12 840 263.00	7 531 082.00	5 593 190.00	5 097 604.00
销售费用（万元）	441 657.00	373 329.00	357 193.00	327 641.00	310 509.00
管理费用（万元）	474 115.00	375 217.00	345 969.00	314 360.00	317 760.00
研发费用（万元）	18 720.00	7 097.00	0.00	0.00	0.00
财务费用（万元）	（133 817.00）	（47 409.00）	21 562.00	33 686.00	56 950.00
"四费"合计（万元）	800 675.00	708 234.00	724 724.00	675 687.00	685 219.00
期间费用率	5.10%	5.52%	9.62%	12.08%	13.44%
毛利率	33.29%	36.74%	35.09%	32.47%	27.64%
期间费用率÷毛利率	15.32%	15.01%	27.43%	37.20%	48.64%

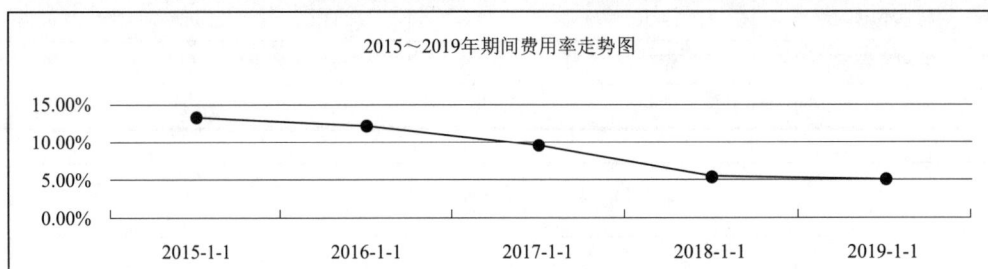

2015～2019年期间费用率走势图

可以计算出海螺水泥最近 5 年的期间费用率都在小幅下降的趋势中。2018 年和 2019 年的期间费用率分别为 5.10% 和 5.52%，期间费用率与毛利率的比率分别为 15.32% 和 15.01%，远远小于 40%，说明海螺水泥的成本管控能力非常强。这是优秀公司都具有的特性。

下面我们再与同行华新水泥对比，见下表。

华新水泥	2019-12-31	2018-12-31	2017-12-31	2016-12-31	2015-12-31
营业收入（万元）	3 143 921.00	2 746 604.00	2 088 929.00	1 352 576.00	1 327 132.00
销售费用（万元）	204 849.00	170 184.00	140 212.00	110 552.00	106 013.00
管理费用（万元）	155 849.00	133 682.00	120 402.00	93 928.00	91 563.00

续上表

华新水泥	2019-12-31	2018-12-31	2017-12-31	2016-12-31	2015-12-31
研发费用（万元）	3 732.00	1 077.00	0.00	0.00	0.00
财务费用（万元）	20 815.00	46 562.00	66 063.00	56 940.00	67 442.00
"四费"合计（万元）	385 245.00	351 505.00	326 677.00	261 420.00	265 018.00
期间费用率	12.25%	12.80%	15.64%	19.33%	19.97%
毛利率	40.76%	39.65%	29.55%	26.28%	23.66%
期间费用率÷毛利率	30.06%	32.28%	52.92%	73.54%	84.42%

华新水泥过去5年期间费用率与毛利率的比率也在持续下降，说明公司成本管控能力在增强。2019年期间费用率与毛利率的比率为30.06%，小于40%，华新水泥的成本管控能力算得上优秀了。

上峰水泥财务数据，见下表。

上峰水泥	2019-12-31	2018-12-31	2017-12-31	2016-12-31	2015-12-31
营业总收入（万元）	741 206.00	530 458.00	458 753.00	291 606.00	202 554.00
销售费用（万元）	13 363.00	10 893.00	10 560.00	8 914.00	9 762.00
管理费用（万元）	32 312.00	26 626.00	26 477.00	21 223.00	14 821.00
研发费用（万元）	5 744.00	0.00	0.00	0.00	0.00
财务费用（万元）	6 219.00	9 255.00	12 526.00	7 872.00	5 424.00
四费合计	57 638.00	46 774.00	49 563.00	38 009.00	30 007.00
期间费用率	7.78%	8.82%	10.80%	13.03%	14.81%
毛利率	48.80%	46.70%	34.69%	20.25%	16.71%
期间费用率/毛利率	15.94%	18.88%	31.15%	64.38%	88.64%
期间费用率评价	优秀	优秀	优秀	淘汰	淘汰

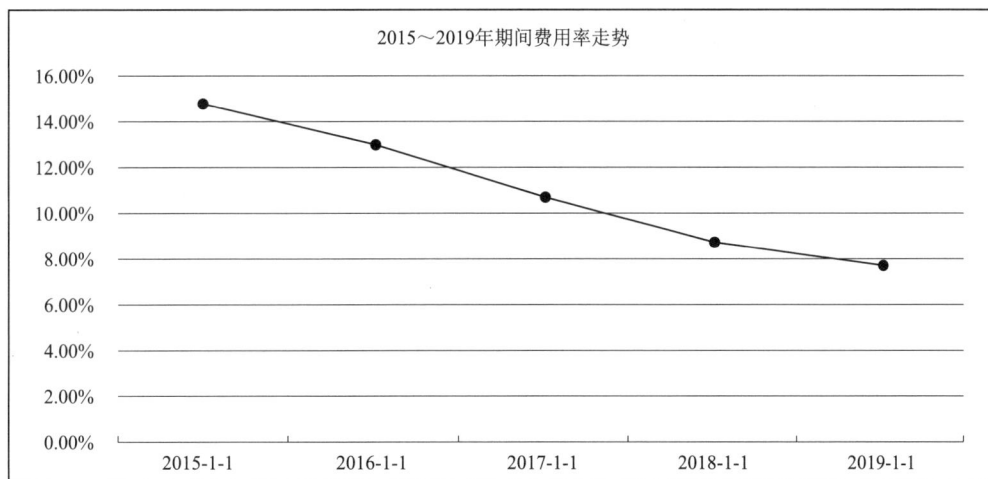

上峰水泥过去5年期间费用率与毛利率的比率也在持续下降，说明公司成本管控

能力在增强。2019 年期间费用率与毛利率的比率为 15.94%，小于 40%，华新水泥的成本管控能力非常优秀。

第四步，看销售费用率，了解公司产品的销售难易度。

销售费用率主要看两点，数值和变动趋势。一般来说，销售费用率小于 15% 的公司，其产品比较容易销售，销售风险相对较小。销售费用率大于 30% 的公司，其产品销售难度大，销售风险大。在投资实践中，一般把销售费用率大于 30% 的公司淘汰掉。

下面看看海螺水泥的销售费用率，见下表。

海螺水泥	2019-12-31	2018-12-31	2017-12-31	2016-12-31	2015-12-31
销售费用（万元）	441 657.00	373 329.00	357 193.00	327 641.00	310 509.00
营业收入（万元）	15 703 033.00	12 840 263.00	7 531 082.00	5 593 190.00	5 097 604.00
销售费用率	2.81%	2.91%	4.74%	5.86%	6.09%

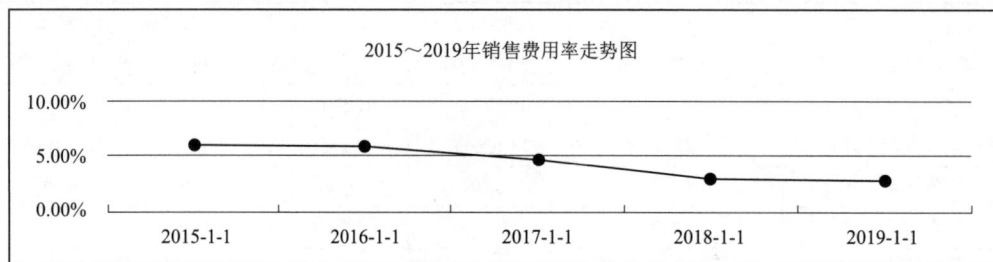

2015～2019年销售费用率走势图

海螺水泥过去 5 年的销售费用率都在稳步地小幅下降趋势中，最高的 2015 年也只有 6.09%，说明海螺水泥的产品比较容易销售，销售风险较小。这样的变化也说明产品竞争力变强了。

下面我们再与同行华新水泥对比，见下表。

华新水泥	2019-12-31	2018-12-31	2017-12-31	2016-12-31	2015-12-31
销售费用（万元）	204 849.00	170 184.00	140 212.00	110 552.00	106 013.00
营业收入（万元）	3 143 921.00	2 746 604.00	2 088 929.00	1 352 576.00	1 327 132.00
销售费用率	6.52%	6.20%	6.71%	8.17%	7.99%

华新水泥过去 5 年的销售费用率整体在 7% 左右，稍高于海螺水泥，这说明华新水泥的产品也比较容易销售，销售风险较小。

第五步，看主营利润，了解公司主业的盈利能力及利润质量。

主营利润是一家公司最主要的利润来源，主营利润主要看两点，主营利润率、主营利润与营业利润的比率。主营利润小于 0 的公司，要直接淘汰。毛利率大于 40% 的公司，主营利润率至少应该大于 15%。主营利润率小于 15% 的公司，要淘汰。另外，优秀公司的"主营利润"与"利润总额"的比率至少要大于 80%。"主营利润"与"利润总额"的比率小于 80% 的公司，要淘汰。

看看海螺水泥的主营利润与营业利润的比率，见下表。

海螺水泥	2019-12-31	2018-12-31	2017-12-31	2016-12-31	2015-12-31
营业收入（万元）	15 703 033.00	12 840 263.00	7 531 082.00	5 593 190.00	5 097 604.00
营业成本（万元）	10 476 009.00	8 123 003.00	4 888 773.00	3 776 996.00	3 688 786.00
税金及附加（万元）	140 305.00	145 767.00	94 699.00	67 245.00	42 526.00
销售费用（万元）	441 657.00	373 329.00	357 193.00	327 641.00	310 509.00
管理费用（万元）	474 115.00	375 217.00	345 969.00	314 360.00	317 760.00
研发费用（万元）	18 720.00	7 097.00	0.00	0.00	0.00
财务费用（万元）	（133 817.00）	（47 409.00）	21 562.00	33 686.00	56 950.00
期间费用合计	800 675.00	708 234.00	724 724.00	675 687.00	685 219.00
主营利润（万元）	4 286 044.00	3 863 259.00	1 822 886.00	1 073 262.00	681 073.00
主营利润率	27.29%	30.09%	24.20%	19.19%	13.36%
营业利润（万元）	4 405 734.00	3 988 236.00	2 082 530.00	1 076 026.00	866 651.00
主营利润÷营业利润	97.28%	96.87%	87.53%	99.74%	78.59%

可以计算出海螺水泥 2018 年和 2019 年的主营利润分别为 386.33 亿元和 428.60 亿元，主营利润率分别为 30.09% 和 27.29%，主营利润与营业利润的比率分别为 96.87% 和 97.28%。海螺水泥的主营利润率远远大于 15%，可见海螺水泥的主业盈利能力很强，主营利润与营业利润的比率远远大于 80%，可见海螺水泥的利润质量非常高。这样的利润结构才是健康的，这样的利润才是可持续的。另外，海螺水泥的主营利润率 2016～2019 年几乎维持在 20% 以上的，说明其盈利能力较好，这样的公司是具备持续的竞争力的。但是，2015 年两个比例似乎有些不尽人意，我们搜索一下水泥行业 2015 年发展情况。

了解到 2015 年水泥行业总体产能过剩，导致整体行业业绩下滑，但 2016 年中央推动供给侧改革以及下游地产去库存迎来需求向上，也导致近几年整个行业回暖，近几年的业绩也再次证明目前整个行业的发展是不错的。

下面我们再与同行华新水泥对比，见下表。

华新水泥	2019-12-31	2018-12-31	2017-12-31	2016-12-31	2015-12-31
营业收入（万元）	3 143 921.00	2 746 604.00	2 088 929.00	1 352 576.00	1 327 132.00
营业成本（万元）	1 862 531.00	1 657 521.00	1 471 649.00	997 100.00	1 013 196.00
税金及附加（万元）	53 000.00	50 017.00	33 181.00	20 756.00	19 985.00

续上表

华新水泥	2019-12-31	2018-12-31	2017-12-31	2016-12-31	2015-12-31
销售费用（万元）	204 849.00	170 184.00	140 212.00	110 552.00	106 013.00
管理费用（万元）	155 849.00	133 682.00	120 402.00	93 928.00	91 563.00
研发费用（万元）	3 732.00	1 077.00	0.00	0.00	0.00
财务费用（万元）	20 815.00	46 562.00	66 063.00	56 940.00	67 442.00
期间费用合计	385 245.00	351 505.00	326 677.00	261 420.00	265 018.00
主营利润（万元）	843 145.00	687 561.00	257 422.00	73 300.00	28 933.00
主营利润率	26.82%	25.03%	12.32%	5.42%	2.18%
营业利润（万元）	874 397.00	717 020.00	257 950.00	78 375.00	18 966.00
主营利润÷营业利润	96.43%	95.89%	99.80%	93.52%	152.55%

华新水泥在过去 5 年中，只有最近两年的主营利润率大于 25%，说明华新水泥的主业盈利能力近两年在逐步改善和加强。华新水泥的主营利润与营业利润的比率 5 年中有 4 年一直大于 95%，公司利润质量较高。

再与上峰水泥进行对比，见下表。

上峰水泥	2019-12-31	2018-12-31	2017-12-31	2016-12-31	2015-12-31
营业总收入（万元）	741 206.00	530 458.00	458 753.00	291 606.00	202 554.00
营业成本（万元）	379 530.00	282 715.00	299 621.00	232 566.00	168 701.00
税金及附加（万元）	12 020.00	6 149.00	6 821.00	6 670.00	878.00
销售费用（万元）	13 363.00	10 893.00	10 560.00	8 914.00	9 762.00
管理费用（万元）	32 312.00	26 626.00	26 477.00	21 223.00	14 821.00
研发费用（万元）	5 744.00	0.00	0.00	0.00	0.00
财务费用（万元）	6 219.00	9 255.00	12 526.00	7 872.00	5 424.00
期间费用合计（万元）	57 638.00	46 774.00	49 563.00	38 009.00	30 007.00
主营利润（万元）	292 018.00	194 820.00	102 748.00	14 361.00	2 968.00
主营利润率	39.40%	36.73%	22.40%	4.92%	1.47%
营业利润（万元）	316 013.00	198 179.00	105 834.00	16 113.00	1 510.00
主营利润÷营业利润	92.41%	98.31%	97.08%	89.13%	196.56%
主营业务利润评价	优秀	优秀	优秀	优秀	优秀

从三家公司的主营利润率来看，都非常优秀。

第六步，看净利润，了解公司的经营成果及含金量。

净利润主要看净利润含金量。净利润金额越大越好。净利润小于 0 的公司，直接淘汰掉。优秀的公司不但净利润金额大而且含金量高。优秀公司的"净利润现金比率"会持续地大于100%。

看看海螺水泥的净利润，见下表。

海螺水泥	2019-12-31	2018-12-31	2017-12-31	2016-12-31	2015-12-31
经营活动产生的现金流量净额（万元）	4 073 820.00	3 605 897.00	1 736 303.00	1 319 675.00	990 817.00
净利润（万元）	3 435 201.00	3 063 601.00	1 642 873.00	895 064.00	762 795.00
净利率现金比率	84.32%	84.96%	94.62%	67.82%	76.99%

海螺水泥过去5年的净利润现金比率除了2017年为94.62%，其他4年都只有80%左右，海螺水泥过去5年的平均净利润现金比率都低于100%，看似净利润含金量不高。

下面我们再与同行华新水泥对比，见下表。

华新水泥	2019-12-31	2018-12-31	2017-12-31	2016-12-31	2015-12-31
经营活动产生的现金流量净额（万元）	967 919.00	789 961.00	390 408.00	309 615.00	275 325.00
净利润（万元）	702 079.00	570 549.00	221 176.00	62 083.00	22 559.00
净利率现金比率	72.53%	72.22%	56.65%	20.05%	8.19%

华新水泥过去5年的净利润现金比率没有一年超过80%，2015年净利润现金比率更是只有8.19%。

再与上峰水泥对比，见下表。

上峰水泥	2019-12-31	2018-12-31	2017-12-31	2016-12-31	2015-12-31
经营活动产生的现金流量净额（万元）	312 498.00	181 778.00	102 943.00	54 471.00	18 179.00
净利润（万元）	237 812.00	148 700.00	76 784.00	13 905.00	6 007.00
净利润现金比率	131.41%	122.24%	134.07%	391.74%	302.63%

上峰水泥的净利润现金含量最高。

第七步，看归属于母公司所有者净利润，了解公司的整体盈利能力及持续性。

归属于母公司净利润主要看两点：一是规模；二是增长率。用"归属于母公司所有者净利润"和"归属于母公司股东权益"，可以计算出公司的净资产收益率（Return on Equity，简称 ROE）。净资产收益率是一个综合性最强的财务比率，是杜邦分析系统的核心。它反映所有者投入资本的获利能力，同时反映企业筹资、投资、运营的效率。一般来说，净资产收益率在15%～39%比较合适。

下面看看海螺水泥的归属于母公司净利润，见下表。

海螺水泥	2019-12-31	2018-12-31	2017-12-31	2016-12-31	2015-12-31
归属于母公司所有者的净利润（万元）	3 359 276.00	2 981 428.00	1 585 467.00	852 992.00	751 639.00
归属于母公司净利润增长率	12.67%	88.05%	85.87%	13.48%	−31.63%
归属于母公司股东权益合计（万元）	13 736 168.00	11 268 892.00	8 940 630.00	7 660 892.00	7 049 189.00
ROE	24.46%	26.46%	17.73%	11.13%	10.66%

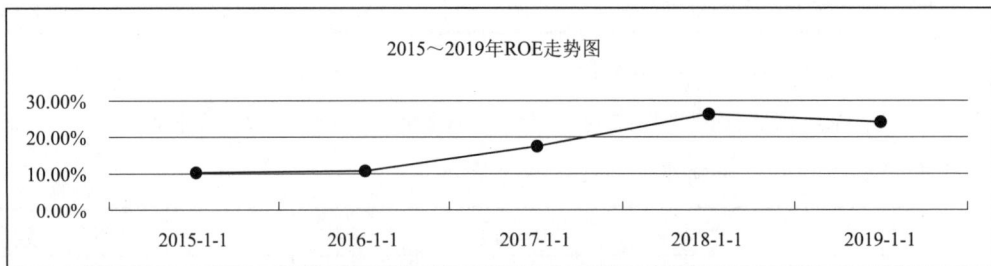

2015～2019年ROE走势图

海螺水泥过去 5 年的 ROE 都在稳定的小幅增长过程中，2019 年达到了 24.46%。说明公司的整体盈利能力非常强。海螺水泥的归母净利润增长率都大于 10%，盈利的持续性也比较强。

下面我们再与同行华新水泥对比，见下表。

华新水泥	2019-12-31	2018-12-31	2017-12-31	2016-12-31	2015-12-31
归属于母公司所有者的净利润（万元）	634 230.00	518 145.00	207 764.00	45 194.00	10 276.00
归属于母公司净利润增长率	22.40%	149.39%	359.72%	339.80%	−91.59%
归属于母公司股东权益合计（万元）	2 130 904.00	1 667 296.00	1 189 980.00	999 486.00	960 567.00
ROE	29.76%	31.08%	17.46%	4.52%	1.07%

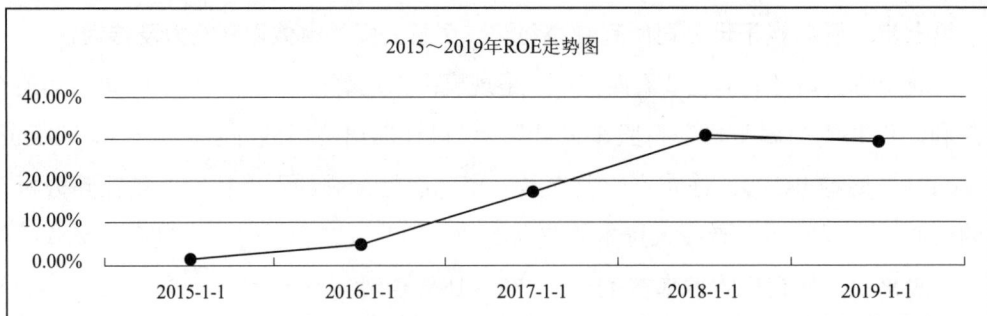

2015～2019年ROE走势图

华新水泥在过去5年的ROE，有两年低于5%，2017年开始ROE进入快速增长期，近两年更是达到30%左右，说明华新水泥的近几年整体盈利能力增强，归属于母公司净利润增长率在大幅增长中，说明盈利的持续性也比较强。

上峰水泥2017～2019年的ROE超过了40%，见下表。

上峰水泥	2019-12-31	2018-12-31	2017-12-31	2016-12-31	2015-12-31
归属于母公司所有者的净利润（万元）	233 148.00	147 236.00	79 177.00	14 523.00	6 118.00
归属于母公司净利润增长率	58.35%	85.96%	445.18%	137.38%	−83.49%
归属于母公司股东权益合计（万元）	542 986.00	345 487.00	224 401.00	146 687.00	173 825.00
ROE	42.94%	42.62%	35.28%	9.90%	3.52%

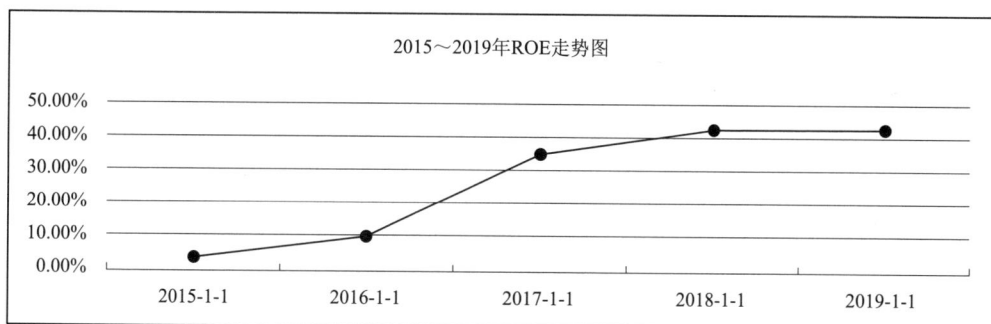

2015～2019年ROE走势图

结合三家公司的ROE进行分析，可以看到水泥行业近几年因为供给侧改革和国家大的基础建设的投入，收入情况出现明显改善，说明这个行业受国家宏观政策的影响非常明显。一家公司能给股东带来的长期年化收益率基本上等于长期的ROE，这三家公司中哪家公司更有投资价值还是很难判断的。

通过利润表，我们可以看到海螺水泥行业地位比较高，产品竞争力强，毛利率近两年一直稳定在30%左右，产品具有较强竞争力，主营利润率稳定且结构合理，具有可持续发展性。其实，我的最佳决策应该是三个股票都选，可惜我只选了海螺水泥和华新水泥，但是从2019年12月到2020年11月涨幅最大的是上峰水泥。

3. 现金流量表

第一步，看经营活动产生的现金流量净额，判断公司的造血能力。经营活动产生的现金流量净额越大，公司的造血能力越强。

优秀的公司造血能力都很强大。看看海螺水泥的经营活动产生的现金流量净额，见下表。

海螺水泥	2019-12-31	2018-12-31	2017-12-31	2016-12-31	2015-12-31
经营活动产生的现金流量净额（万元）	4 073 820.00	3 605 897.00	1 736 303.00	1 319 675.00	990 817.00
经营活动产生的现金流量增长率	12.98%	107.68%	31.57%	33.19%	−43.88%

海螺水泥经营活动产生的现金流量净额近 5 年整体都趋于稳定增长的趋势，而且是成一定规模的。2018 年受大环境影响更是出现 107.68% 的增长率，说明公司自己造血能力强大，公司持续发展的内部动力强劲。

与可比公司华新水泥相比，见下表。

华新水泥	2019-12-31	2018-12-31	2017-12-31	2016-12-31	2015-12-31
经营活动产生的现金流量净额（万元）	967 919.00	789 961.00	390 408.00	309 615.00	275 325.00
经营活动产生的现金流量增长率	22.53%	102.34%	26.09%	12.45%	−28.30%

与可比公司上峰水泥对比，见下表。

上峰水泥	2019-12-31	2018-12-31	2017-12-31	2016-12-31	2015-12-31
经营活动产生的现金流量净额（万元）	312 498.00	181 778.00	102 943.00	54 471.00	18 179.00
经营活动产生的现金流量增长率	71.91%	76.58%	88.99%	199.64%	−77.28%

上峰水泥经营活动产生的现金流量净额近 5 年整体都趋于稳定增长的趋势，而且是连续大幅度增长，说明公司自己造血能力强大，公司持续发展的内部动力强劲。

第二步，看"购买固定资产、无形资产和其他长期资产支付的现金"，判断公司未来的成长能力。

"购买固定资产、无形资产和其他长期资产支付的现金"金额越大，公司未来成长能力越强。成长能力较强的公司，"购买固定资产、无形资产和其他长期资产支付的现金"与"经营活动现金流量净额"比率一般在 10% ~ 60% 之间。这个比率连续两年高于 100% 或低于 10% 的公司，要淘汰。

看看海螺水泥"购买固定资产、无形资产和其他长期资产支付的现金"，见下表。

海螺水泥	2019-12-31	2018-12-31	2017-12-31	2016-12-31	2015-12-31
经营活动产生的现金流量净额（万元）	4 073 820.00	3 605 897.00	1 736 303.00	1 319 675.00	990 817.00

续上表

海螺水泥	2019-12-31	2018-12-31	2017-12-31	2016-12-31	2015-12-31
购建固定资产、无形资产和其他长期资产所支付的现金（万元）	887 412.00	474 852.00	365 614.00	498 150.00	516 738.00
购建固定资产、无形资产和其他长期资产所支付的现金与经营活动产生的现金流量净额的比率	21.78%	13.17%	21.06%	37.75%	52.15%

2015 ～ 2019 年的"购建固定资产、无形资产和其他长期资产支付的现金"金额较大，表明公司正在扩张中，未来公司的营业收入和净利润有可能出现较大的提升，公司成长能力强。通过比值的方法作出选择，占比在 20% 以上，说明成长比较好。

与可比公司华新水泥的数据，见下表。

华新水泥	2019-12-31	2018-12-31	2017-12-31	2016-12-31	2015-12-31
经营活动产生的现金流量净额（万元）	967 919.00	789 961.00	390 408.00	309 615.00	275 325.00
购建固定资产、无形资产和其他长期资产所支付的现金（万元）	412 215.00	221 594.00	112 197.00	121 206.00	159 163.00
购建固定资产、无形资产和其他长期资产所支付的现金与经营活动产生的现金流量净额的比率	42.59%	28.05%	28.74%	39.15%	57.81%
评价	优秀	优秀	优秀	优秀	优秀

可比公司上峰水泥的数据，见下表。

上峰水泥	2019-12-31	2018-12-31	2017-12-31	2016-12-31	2015-12-31
经营活动产生的现金流量净额（万元）	312 498.00	181 778.00	102 943.00	54 471.00	18 179.00
购建固定资产、无形资产和其他长期资产所支付的现金（万元）	35 524.00	19 828.00	18 666.00	15 422.00	36 251.00
购建固定资产、无形资产和其他长期资产所支付的现金与经营活动产生的现金流量净额的比率	11.37%	10.91%	18.13%	28.31%	199.41%
评价	优秀	优秀	优秀	优秀	淘汰

第三步，看"分配给普通股股东及限制性股票持有者股利支付的现金"，判断公司的品质。

优秀的公司应当每年分红，而且分红率一般会大于净利润的30%。连续高分红的公司财务造假的概率很小。分红率低于30%的公司，要么能力有问题，要么品质有问题。

看看海螺水泥的分红率，见下表。

公告日	分红（每股）	送股（每股）	转股（每股）	登记日	派现额度（万元）	除权日	备注	每股收益（元）	分红率
2020-3-21	2	0	0	2020-6-17	1 059 860.52	2020-6-18	[详情]	6.34	31.55%
2019-3-22	1.69	0	0	2019-6-18	895 582.14	2019-6-19	[详情]	5.63	30.02%
2018-3-23	1.2	0	0	2018-6-19	635 916.31	2018-6-20	[详情]	2.99	40.13%
2017-3-24	0.5	0	0	2017-6-20	264 965.13	2017-6-21	[详情]	1.61	31.06%
2016-3-24	0.43	0	0	2016-6-21	227 870.01	2016-6-22	[详情]	1.42	30.28%

华新水泥的分红率，见下表

公告日	分红（每股）	送股（每股）	转股（每股）	登记日	派现额度（万元）	除权日	备注	每股收益（元）	分红率
2020-4-29	1.21	0	0	2020-7-7	253 688.58	2020-7-8	[详情]	3.03	39.93%
2019-3-30	1.15	0	0.4	2019-5-31	172 220.70	2019-6-3	[详情]	3.46	33.24%
2018-3-26	0.28	0	0	2018-6-8	41 932.00	2018-6-11	[详情]	1.39	20.14%
2017-3-24	0.1	0	0	2017-6-8	14 975.71	2017-6-9	[详情]	0.30	33.33%
2016-3-31	0.05	0	0	2016-6-6	7 487.86	2016-6-7	[详情]	0.07	71.43%

上峰水泥的分红率，见下表

公告日	分红（每股）	送股（每股）	转股（每股）	登记日	派现额度（万元）	除权日	备注	每股收益（元）	分红率
2020-4-15	0.9	0	0	2020-5-15	73 225.79	2020-5-18	[详情]	2.93	30.72%
2019-4-11	0.4	0	0	2019-5-17	32 544.79	2019-5-20	[详情]	1.81	22.10%
2018-4-27	0.1	0	0	2018-5-28	8 136.20	2018-5-29	[详情]	0.97	10.31%
2017-4-26	0.03	0	0	2017-6-9	2 440.86	2017-6-12	[详情]	0.18	16.67%
2017-4-26	0	0	0	-	0	-	[详情]	0.08	0.00%

海螺水泥2015～2019年的分红率都稳定在30%左右。2017年更是达到40.13%，可见海螺水泥的分红率还是非常高，对股东是很慷慨的。分红比例在一个合理的范围，未来这种分红的很可能继续持续下去。上峰水泥到了2019年分红比率才达到30%，还要努力追逐老大哥海螺水泥啊，老二华新水泥近5年也都超过了30%，表现不错。

第四步，看三大活动现金流量净额的组合类型，选出最佳类型的公司。

优秀的公司一般是"正负负"和"正正负"类型。连续两年为其他类型的公司，淘汰。

看看海螺水泥的三大活动现金流量净额的组合类型，见下表。

海螺水泥	2019-12-31	2018-12-31	2017-12-31	2016-12-31	2015-12-31
经营活动产生的现金流量净额（万元）	4 073 820.00	3 605 897.00	1 736 303.00	1 319 675.00	990 817.00
投资活动产生的现金流量净额（万元）	（2 068 885.00）	（2 566 970.00）	（520 265.00）	（455 225.00）	（1 271 927.00）
筹资活动产生的现金流量净额（万元）	（791 190.00）	（1 098 000.00）	（749 961.00）	（715 095.00）	（539 532.00）
公司类型	正负负	正负负	正负负	正负负	正负负

海螺水泥连续 5 年的三大活动现金流量净额的组合类型均为"正负负"型，属于优秀公司的类型。公司经营活动产生的现金流量净额为正，说明公司主业经营赚钱；投资活动产生的现金流量净额为负，说明公司在继续投资，公司处于扩张之中。筹资活动现金流量净额为负，说明公司在还钱或者分红。公司靠着主营业务赚的钱，支持扩张同时还能还钱或进行分红，说明海螺水泥会有一个很好的持续。

华新水泥三大活动现金流量净额的组合类型，见下表。

华新水泥	2019-12-31	2018-12-31	2017-12-31	2016-12-31	2015-12-31
经营活动产生的现金流量净额（万元）	967 919.00	789 961.00	390 408.00	309 615.00	275 325.00
投资活动产生的现金流量净额（万元）	（448 670.00）	（182 888.00）	（163 431.00）	（200 454.00）	（171 871.00）
筹资活动产生的现金流量净额（万元）	（550 692.00）	（438 390.00）	（235 949.00）	67 995.00	（172 833.00）
公司类型	正负负	正负负	正负负	正负正	正负负
评价	优秀	优秀	优秀	差评	优秀

数据显示华新水泥近三年表现非常优秀。

上峰水泥三大活动现金流量净额的组合类型，见下表。

上峰水泥	2019-12-31	2018-12-31	2017-12-31	2016-12-31	2015-12-31
经营活动产生的现金流量净额（万元）	312 498.00	181 778.00	102 943.00	54 471.00	18 179.00
投资活动产生的现金流量净额（万元）	（110 663.00）	（56 139.00）	（23 350.00）	（15 677.00）	（38 453.00）
筹资活动产生的现金流量净额（万元）	（38 119.00）	（98 490.00）	（78 313.00）	（33 009.00）	4 439.00
公司类型	正负负	正负负	正负负	正负负	正负正
评价	优秀	优秀	优秀	优秀	差评

数据显示上峰水泥近四年表现很优秀。

第五步，看"现金及现金等价物的净增加额"，判断公司的稳定性。

现金及现金等价物净增加额主要看正负。现金及现金等价物净增加额大于 0，公司才能积累更多的钱。公司所属的"正负负"或"正正负"类型才能持续地保持。

优秀公司的现金及现金等价物净增加额一般都是大于 0 的。加回现金分红后，现金及现金等价物的净增加额小于 0 的公司，淘汰掉。

看看海螺水泥的"现金及现金等价物的净增加额"，见下表。

海螺水泥	2019-12-31	2018-12-31	2017-12-31	2016-12-31	2015-12-31
现金及现金等价物净增加额（万元）	1 215 647.00	（57 126.00）	462 937.00	151 453.00	（822 709.00）
期末现金及现金等价物余额（万元）	2 201 414.00	985 767.00	1 042 893.00	579 957.00	428 503.00

五、现金及现金等价物净增加额（减少以"—"号填列）（元）	五、53（1）(b)	12 156 473 004	−571 260 123
加：年初现金及现金等价物余额（元）		9 857 671 783	10 428 931 906
六、年末现金及现金等价物余额（元）	五、53（3）	22 014 144 787	9 857 671 783

我们可以看到海螺水泥在 2019 年末有 220.14 亿元的现金，在中国有 200 多亿元现金的公司并不多，可见海螺水泥的实力还是很强的。

可比公司华新水泥。"现金及现金等价物的净增加额"，见下表。

华新水泥	2019-12-31	2018-12-31	2017-12-31	2016-12-31	2015-12-31
现金及现金等价物净增加额（万元）	（31 793.00）	170 391.00	（10 998.00）	177 981.00	（73 378.00）
期末现金及现金等价物余额（万元）	491 830.00	523 622.00	353 231.00	364 229.00	186 248.00
分红额度	110 984.56	121 074.07	121 074.07	60 537.03	50 447.53
加回分红后的现金及等价物净增加额（万元）	79 191.56	291 465.07	110 076.07	238 518.03	（22 930.47）
评价	优秀	优秀	优秀	优秀	差评

可比公司上峰水泥。"现金及现金等价物的净增加额"，见下表。

上峰水泥	2019-12-31	2018-12-31	2017-12-31	2016-12-31	2015-12-31
现金及现金等价物净增加额（万元）	163 717.00	27 149.00	1 278.00	5 770.00	（17 098.00）
期末现金及现金等价物余额（万元）	209 438.00	45 721.00	18 572.00	17 294.00	9 106.00
分红额度（万元）	601 573.09	721 887.71	902 359.63	360 943.85	1 082 831.56
加回分红后的现金及等价物净增加额（万元）	765 290.09	749 036.71	903 637.63	366 713.85	1 065 733.56
评价	优秀	优秀	优秀	优秀	优秀

"水泥三剑客"名不虚传，"现金及现金等价物的净增加额"这个指标表现都很好。

总结：通过对三大财务报表的分析，我们可以看到海螺水泥行业地位比较高，产品竞争力强，资产负债率比较健康，毛利率一直稳定在 35% 左右，非常优秀。公司每年将 30% 左右的利润进行分红，而且分红金额巨大，体现公司的对股东的责任。同时，水泥行业属于周期性行业，受国家经济政策的影响比较大。从投资构建固定资产的金额逐渐减少来看，未来的发展空间可能也会受到一定的限制。

通过分析财务报表，从数据上，我们发现"水泥三剑客"都是非常优秀的公司。2019 年 12 月才做估值选股时候就发现水泥股都不错，然后就选了名气最大的海螺水泥和华新水泥。到 2020 年 11 月回头看，上峰涨得最好，我在考虑是不是把海螺水泥和华新水泥卖一点股票换成上峰水泥。

风险提示：本文所提到的观点仅代表个人的意见，所涉及标的不作推荐，据此买卖，风险自负。

二、华东医药、北陆药业、葵花药业报表分析

（一）华东医药基本信息

华东医药成立于 1993 年，位于浙江省杭州市，于 1999 年 12 月在主板上市。公司是集医药研发、制造和销售、药品分销及零售、医药现代物流、健康产业、医疗美容产品制造和销售为一体的综合性医药公司，也是中国远大集团旗下的医药健康板块核心企业。多年来企业经营稳健向好。2019 年公司经营业绩再创新高，营业收

入首次突破 350 亿元大关，归属于母公司净利润 28.13 亿元，分别同比增长 15.6% 和 24.1%。

华东医药是国内糖尿病口服药的龙头。2017 年，国内口服降糖药市场份额排名第一位的是阿卡波糖，其次是盐酸二甲双胍、格列苯脲。其中，阿卡波糖和二甲双胍都是我国糖尿病用药指南推荐的一线用药。

国际上最先研制出可以通过口服降血糖的药企是德国的拜耳医药。早在 20 世纪 90 年代就已经发明了阿卡波糖（Glucobay）。1990 年在德国率先上市，1994 年通过批准注册在中国上市，1995 年获得美国 FDA 批准上市。至今仍然保持着非常高的销售额。

目前，国内阿卡波糖片仅有两家药企获得上市许可，除了拜耳之外，就是华东医药的全资子公司中美华东。华东医药的阿卡波糖是公司两款核心品种之一，并且在 2018 年 12 月通过了一致性评价。公司还有另外一款同样是销售额突破 20 亿元的大单品百令胶囊。除此以外，还拥有其余 5 个销售规模超过亿元以上的产品。

华东医药能够获得这么高的总资产周转率，第二个原因就是制药板块和商业板块的协同，说得具体一点，华东医药的药品，能够以更快的速度卖出去，而且卖得更多，这个是怎么实现的？

这就要说到我们国家的药品流通领域，2016 到 2018 年，我们国家密集地推出了一系列的药品流通领域的变革措施，比如"两票制"、带量采购、药占比、药品零差价，等等，目的都在于改变过去以药养医和滥用药情况。

华东医药的商业，在浙江省是龙头企业。换句话说，在浙江省，药品想要流通，华东医药是首选的合作伙伴，它对于当地各类医院和院外市场的渗透、强大的药品配送能力、与当地政府的关系处理能力，是无与伦比的。这些年，华东商业已经是全国的药品流通领域 10 强企业。就是说，华东商业可以帮助自己的制药企业，将药品以更快的速度和更大的销量，送达到院内和院外市场。

总而言之，大单品策略，加上制药和商业板块的协同效应，让中美华东拥有了远高于同业的总资产周转率，进而也取得了更高的 ROE。

看到这里，也许我们就理解了：为什么华东医药这么多年一直要维持着这个净利润率只有不到 2%，ROE 可能连 7% 都不到的医药商业生意了。原因之一，就是这两个板块之间其实是有协同效应的，而且从结果来看，非常不错。

（二）北陆药业基本信息

北京北陆药业股份有限公司成立于 1992 年，2009 年在深交所创业板上市。经过 20 多年的发展公司积累了丰富的销售经验并确立了独特的品牌优势，是国内对比剂产品的龙头企业之一。公司的主营业务为对比剂系列、中枢神经类和降糖类产品的研发、生产和销售；同时进一步加大现有业务板块及产业链的整合力度，并继续落实精准医疗战略布局。

在年轻一代管理层的接手下，公司的营业收入蒸蒸日上，并于 2019 年实施限制性股票激励计划，以 2018 年的营业收入为基数，2019—2021 年的营业收入同比 2018 年的增长率分别不低于 30%、63%、92%。较高的解锁条件也彰显新一届管理团队对于公司未来发展的信心。营业利润实现高速增长：截至 2019 年底，北陆药业营业收入达到 8.19 亿元，同比增长 34.71%；归属于母公司股东的净利润达到 3.42 亿元，同比增长 131.75%。营业收入与归属于母公司股东的净利润双双实现较高增长，归属于母公司股东的净利润在 2019 年出现较大的涨幅主要是由于公司将世和基因的股权从长期股权投资转入以公允价值计量且其变动计入当期损益的金融资产，2019 年确认投资收益 1.75 亿元。

（1）对比剂业务。对比剂主要用于 CT、MRI 使用过程中，对比剂是为增强影响观察效果而注入（或服用）到人体组织或器官的化学制品，主要用于 CT 和 MRI 影像诊断。这些制品的密度高于或低于周围组织，形成的对比通过某些器械显示成图像，从而有利于医生对病灶的诊断。对比剂可分为 X 射线造影剂、磁共振造影剂和超声造影剂。X 射线造影剂包括泛影葡胺、碘海醇、碘帕醇等产品；磁共振造影剂主要包括钆喷酸葡胺、钆贝葡胺、钆特酸葡胺等产品；超声造影剂主要包括六氟化硫微泡和双重造影气等产品。受益于 CT 和 MRI 数量的增加，对比剂行业有望稳步发展。数据显示，2013—2018 年，国内每百万人 CT 保有量从 7.8 台增长至 16.6 台，年化复合增速为 16%；每百万人 MRI 保有量从 3.3 台增长至 6.9 台，年化复合增速接近 16%；IMS 数据显示，2010—2018 年，国内对比剂的市场规模表现出良好的增长势头，年复合增长率为 17.22%。三者接近的年化复合增长率表明国内 CT、MRI 的保有量有效促进了对比剂市场规模的增长。

（2）对比剂是公司主要营收来源。自 2010 年以来，北陆药业的对比剂业务持续增长，占据公司营业收入 70% ～ 90% 的份额。截至 2019 年公司对比剂业务营收达到 6.63 亿元，占总营业收入的 81%。随着公司新品种钆贝葡胺的注册审批通过，后续对比剂业务将持续为公司提供稳健的现金流。

（3）收购海昌药业，打通上游实现一体化。北陆药业于 2018 年 6 月投入 1.37 亿元认购海昌药业定向发行的股票，并以此获得其 33.5% 的股份；2019 年 12 月，再次花费 1 800 万元收购海昌药业 150 万股，由此持股比例上升至 37.91%，公司成为海昌药业的控股股东。而作为碘对比剂原料药供应商的供应商，海昌药业拥有生产碘海醇、碘帕醇、碘佛醇和碘普罗胺的全套工艺技术。往年海昌药业一半业务的营业收入来自北陆药业，因此，北陆药业此举也是为自己打通了上游原料药，一体化的整合也使公司拥有更强大的成本优势。

（三）葵花药业基本信息

（1）公司主营业务及业绩驱动公司所属行业为医药制造业。

主营业务以生产中成药为主导，以"化学药、生物药和健康养生品"为两翼，是集药品研发、制造与营销为一体的大型品牌医药集团企业。公司经过 20 多年来的匠心打造，以优质的产品质量和良好的用户口碑，不断扩大在终端的品牌影响力。目前，公司产品已全面覆盖"儿科、妇科、消化系统、呼吸感冒、风湿骨病、心脑血管"六大治疗领域。主要产品已形成"一小、一妇、一老"的特色品类集群。其中，儿童药作为公司的第一战略，在行业中已具领军优势，其总体销售规模、产品数量、亿元单品数量等关键指标上均处于行业领先地位。报告期内，公司持续强化"儿童药核心子品类"的优势打造，并稳步培育"潜力新品类"主产品，儿童药产品结构不断完善，小儿肺热、小儿柴桂、芪斛楂、小葵花露均实现稳步提升，带动了公司儿药品类发展；在此基础上，公司顺延发展妇科药品类和老年慢病品类作为战略补充，执行品类营销策略，强化品牌引领，坚持核心主产品打造，推进儿童药、妇科用药、老年慢性病用药品类的协同发展。

（2）公司经营模式公司根据产品类别、渠道终端的特征，采用特色化的"品牌、普药、处方、大健康"的组合式营销模式。并在既有的营销模式上不断创新，持续深化以学术营销和价值营销为重心的营销模式升级转型，持续强化学术推广力度，搭建专业化的学术队伍，积极开展学术会议，加强产品和品牌宣传；提升市场管理和业绩考核水平；积极探索 OTC 市场终端渠道，加大处方市场医疗机构开发力度，依托强大的品牌背书，在大健康领域不断完善产品线结构，强化终端覆盖；在生产过程中严格管控生产质量，加强成本管控，驱动公司经营业绩的可持续增长。

（3）行业发展现状、周期性特点以及公司所处的行业地位。①行业现状及周期特点随着医药卫生体制改革的不断推进，"一致性评价""分级诊疗""药品4+7"带量采购，"药品上市许可持有人制度"成型，新《药品管理法》修订颁布等各项医药政策的密集出台，医药产业结构调整不断深化，推动着医药行业的面貌，正在加速巨变和重塑，医药市场竞争加剧。但随着国民经济持续发展，社会消费水平不断提高，人口老龄化程度加剧，国民对健康刚性需求将不断增加。着眼未来，医药行业市场面临长期发展机遇。细分子行业中，随着《中医药法》颁布实施，《中医药"一带一路"发展规划（2016-2020年）》稳步推进，人们对中医药的认知度也在不断增强，医疗保健意识提高，中医药需求在不断扩大，中医药行业发展未来可期。医药行业是我国国民经济的重要组成部分，刚性需求较强，受宏观经济的影响较小，不存在明显的区域性、季节性特征。②公司所处的行业地位公司作为品牌药企，践行"工匠精神"，打造精品良药。报告期内，公司入选"2018中国医药品牌社会影响力"排行榜，荣获"2018年度的中国医药工业百强""2018年度中国医药行业成长50强""2018年度中国医药商业百强""2018年度守法诚信企业"等多项称号，并荣登"中国中药企业TOP100排行榜"，位列第15位。

（四）三大公司报表分析

下面，让我们对华东医药连续5年的财务报表关键数据进行分析，看看华东医药是不是一个值得我们关注和投资的好公司。同时对葵花药业、北陆药业与华东医药进行财报数据对比分析。

1. 资产负债表

第一步，看总资产，了解公司的实力和成长性。

总资产我们重点看两个指标：一是总资产的规模；二是总资产的同比增长率。一家公司的总资产规模代表这家公司掌控的资源规模，也就是这家公司的实力。总资产同比增长率大于10%的公司一般在扩张之中，这样的公司成长性较好。

下面我们看看华东医药的总资产规模及增长率，见下表。

华东医药	2019-12-31	2018-12-31	2017-12-31	2016-12-31	2015-12-31
资产总计（万元）	2 146 401.03	1 921 734.00	1 598 713.00	1 445 644.00	1 141 718.00
总资产增长率	11.69%	20.21%	10.59%	26.62%	26.76%

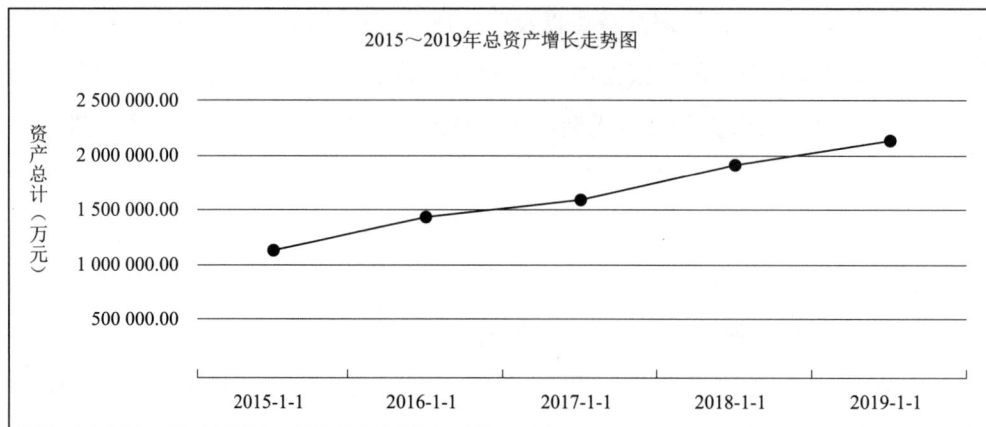
2015～2019年总资产增长走势图

2019年，华东医药总资产达到214.64亿元，在医药制造行业排名比较靠前，过去5年总资产的规模一直处于增长之中，并且最近2018年的增长率达超过20%，说明华东医药一直处于快速成长之中，成长性较强。2019年，华东医药总资产的规模大于200亿元，资产规模比较大，总体实力比较强。

下面我们再与同行进行对比，见下表。

北陆药业	2019-12-31	2018-12-31	2017-12-31	2016-12-31	2015-12-31
资产总计（万元）	134 314.00	128 875.00	114 089.00	95 609.00	105 003.00
总资产增长率	4.22%	12.96%	19.33%	-8.95%	15.77%

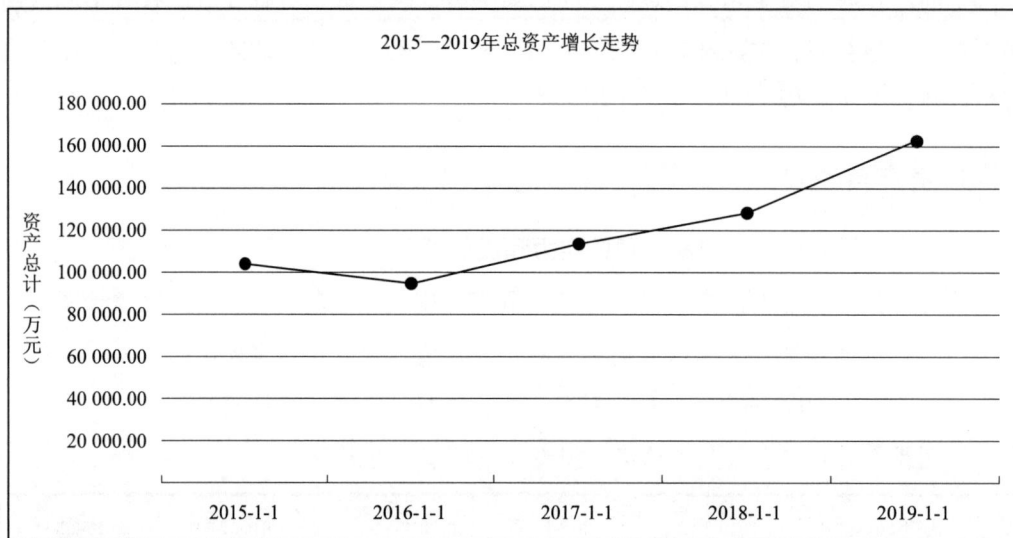
2015—2019年总资产增长走势

北陆药业2019年的总资产为13.43亿元，总资产规模只有华东医药的十六分之一，实力远不及华东医药。北陆药业的总资产规模最近4年也在稳定增长之中，2017年和2018年的增长率都超过了10%，北陆药业的成长性还不错，见下表。

葵花药业	2019-12-31	2018-12-31	2017-12-31	2016-12-31	2015-12-31
资产总计（万元）	530 929.44	505 913.00	446 510.00	422 363.00	376 461.00
总资产增长率	4.94%	13.30%	5.72%	12.19%	0.85%

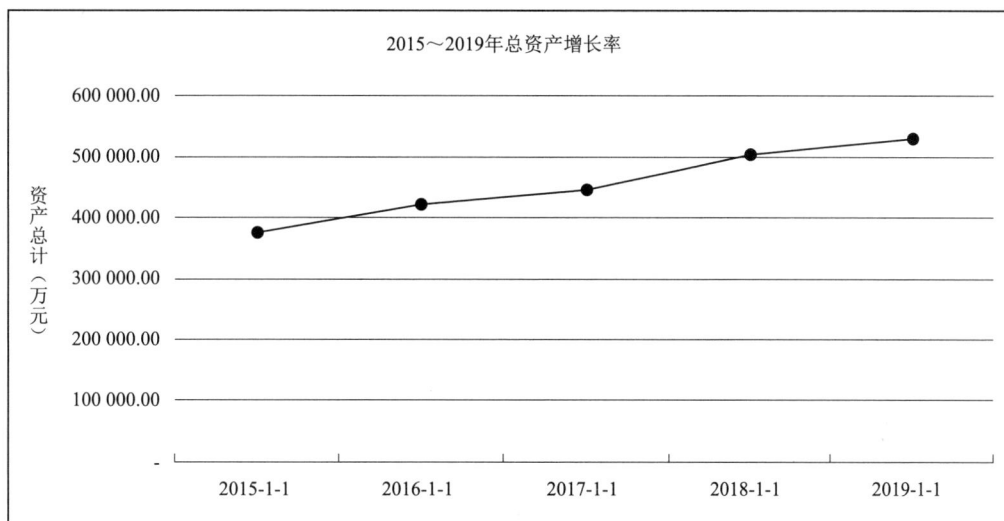

2015～2019年总资产增长率

2019 年，葵花药业总资产为 53.09 亿元，总资产规模是华东医药的四分之一，实力与华东医药差距巨大。但葵花药业过去 5 年的总资产增长率在处于持续增长中，2019 年总资产增长率为 4.94%，但到了 2020 年情况就不太乐观了，见下表。

葵花药业	2020-09-30	2020-06-30	2020-03-31	2019-12-31
主营业务收入增长率（%）	−29.98	−32.97	−24.96	−2.24
净利润增长率（%）	−18.20	−22.65	−9.59	4.49
净资产增长率（%）	−3.38	−2.67	−0.42	−0.21
总资产增长率（%）	0.63	−5.47	−3.04	4.94

从上表可以看出，总资产和收入下滑严重。

通过对比，三家公司哪家公司的实力强，哪家公司成长性好，还是一目了然的。华东医药的总资产规模在三家公司排名第 1 位，华东医药的总资产规模不但大，而且同比增长速度也快，这说明华东医药仍然处于快速扩张之中，在未来一段时期内，华东医药很可能因快速发展与其他两家药企进一步拉大差距。

总资产规模大，同比增长较快，也并不一定代表公司最强，因为总资产中也有可能 95% 的部分是负债。

总资产同比增长较快也可能是来自债务的扩张而不是公司净利润的增长，公司可能已经处于债务危机当中。这就要用到接下来的第二步分析。

第二步，看负债，了解公司的偿债风险。

负债重点看两个指标：一是资产负债率，二是准货币资金减有息负债的差额。资产负债率主要看两点：一是绝对值；二是同比增长情况。资产负债率大于 60% 的公司，债务风险较大。

下面我们来看华东医药过去 5 年的资产负债率，见下表。

华东医药	2019-12-31	2018-12-31	2017-12-31	2016-12-31	2015-12-31
资产总计（万元）	2 146 401.03	1 921 734.00	1 598 713.00	1 445 644.00	1 141 718.00
负债合计（万元）	859 733.00	879 182.98	717 824.00	681 461.00	817 381.00
资产负债率	40.05%	45.75%	44.90%	47.14%	71.59%

2015～2019年资产负债率走势

2019 年华东医药的总负债为 85.97 亿元，总资产为 214.64 亿元，资产负债率为 40.05%，远远小于 60%，而且资产负债率呈逐年下降趋势。表明华东医药长期没有偿债风险。

下面我们再与同行北陆药业对比，见下表。

北陆药业	2019-12-31	2018-12-31	2017-12-31	2016-12-31	2015-12-31
资产总计（万元）	162 381.77	128 875.00	114 089.00	95 609.00	105 003.00
负债合计（万元）	17 330.00	8 292.00	7 166.00	5 441.00	11 739.00
资产负债率	10.67%	6.43%	6.28%	5.69%	11.18%

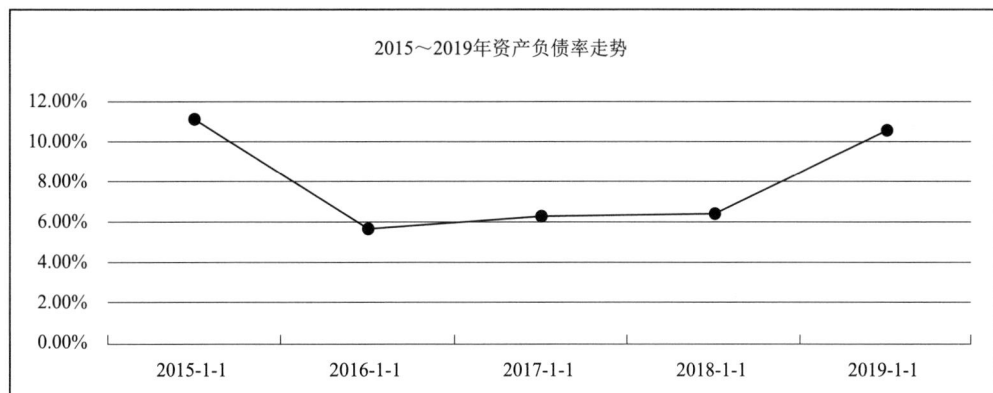

2015～2019年资产负债率走势

北陆药业的资产负债率非常的低，不到 20%，北陆药业近期没有偿债风险。

葵花药业的资产负债率 2015 ～ 2019 年均低于 40%，葵花药业未来发生偿债的风险不大，见下表。

葵花药业	2019-12-31	2018-12-31	2017-12-31	2016-12-31	2015-12-31
资产总计（万元）	530 929.44	505 913.00	446 510.00	422 363.00	376 461.00
负债合计（万元）	187 964.82	162 224.08	130 796.00	141 831.00	115 299.00
资产负债率	35.40%	32.07%	29.29%	33.58%	30.63%

通过分析三家公司的资产负债率，基本可以说明医药制造行业是一个负债率比较低的行业。

再看看准货币资金减有息负债的差额。

排除偿债风险准货币资金＝货币资金＋交易性金融资产有息负债

＝短期借款＋一年内到期的非流动负债＋长期借款＋应付债券＋长期应付款

准货币资金减有息负债的差额主要看两点：一是两者大小；二是有无异常。对于资产负债率大于 40% 的公司，我们要看它的准货币资金是否大于有息负债。准货币资金小于有息负债的公司，要淘汰。

华东医药的有息负债和准货币资金，见下表。

华东医药	2019-12-31	2018-12-31	2017-12-31	2016-12-31	2015-12-31
货币资金（万元）	240 273.00	244 272.00	250 507.00	266 132.00	148 651.00
交易性金融资产（万元）	—	—	—	—	—
短期借款（万元）	65 555.00	62 573.00	37 557.00	47 312.00	241 396.00
一年内到期的非流动负债（万元）	105 323.00	4 090.00	—	2 847.00	5 757.00

续上表

华东医药	2019-12-31	2018-12-31	2017-12-31	2016-12-31	2015-12-31
长期借款（万元）	—	—	—	2 128.00	31 442.00
应付债券（万元）	—	99 555.00	99 244.00	98 950.00	98 671.00
长期应付款（万元）	4 808.00	27 475.98	—	—	—
准货币资金（万元）	240 273.00	244 272.00	250 507.00	266 132.00	148 651.00
有息负债（万元）	175 686.00	193 693.98	136 801.00	151 237.00	377 266.00
准货币资金减有息负债的差额（万元）	64 587.00	50 578.02	113 706.00	114 895.00	（228 615.00）
经营活动产生的现金流量净额（万元）	200 170.00	203 950.00	166 112.00	134 696.00	65 854.00

华东医药只有 2015 年货币资金小于有息负债总额。2016 ～ 2019 年准货币资金金额一直大于有息负债总额。进一步确认了华东医药短期没有偿债风险。

北陆药业的有息负债和准货币资金数据，见下表。

北陆药业	2019-12-31	2018-12-31	2017-12-31	2016-12-31	2015-12-31
货币资金（万元）	24 840.00	19 104.00	22 547.00	8 627.00	26 842.00
交易性金融资产（万元）	—	—	—	—	—
短期借款（万元）	—	—	—	—	3 190.00
一年内到期的非流动负债（万元）	—	—	—	—	—
长期借款（万元）	—	—	—	—	—
应付债券（万元）	—	—	—	—	—
长期应付款（万元）	—	—	—	—	—
准货币资金	24 840.00	19 104.00	22 547.00	8 627.00	26 842.00
有息负债	—	—	—	—	3 190.00
有息负债与准货币资金差额	24 840.00	19 104.00	22 547.00	8 627.00	23 652.00
经营活动产生的现金流量净额（万元）	15 681.00	17 575.00	14 492.00	7 617.00	8 085.00

北陆药业 2016 ～ 2019 年就没有有息负债，说明北陆药业短期偿债风险为零。

葵花药业 2015 ～ 2019 年的有息负债金额都小于准货币资金的金额，说明葵花药业 2015 ～ 2019 年的偿债风险很小，医药制造行业是个资金压力不大的行业，见下表。

葵花药业	2019-12-31	2018-12-31	2017-12-31	2016-12-31	2015-12-31
货币资金（万元）	146 587.00	122 891.00	93 209.00	90 558.00	96 937.00
交易性金融资产（万元）	20 500.00	—	—	—	—
短期借款（万元）	30 000.00	15 000.00	10 000.00	33 000.00	20 300.00
一年内到期的非流动负债（万元）	—	—	—	—	—
长期借款（万元）	12 634.00	4 634.00			
应付债券（万元）					
长期应付款（万元）	10.82	37.08			
准货币资金	167 087.00	122 891.00	93 209.00	90 558.00	96 937.00
有息负债	42 644.82	19 671.08	10 000.00	33 000.00	20 300.00
有息负债与准货币资金差额	124 442.18	103 219.92	83 209.00	57 558.00	76 637.00
经营活动产生的现金流量净额（万元）	98 133.00	86 621.00	55 877.00	34 123.00	12 584.00

第三步，看"应付、预收"减去"应收、预付"的差额，了解公司的竞争优势。

"应付"指应付票据、应付账款；"预收"指预收款项、合同负债。"应收"指应收票据、应收账款、应收款项融资、合同资产；"预付"指预付款项。即：

（应付票据＋应付账款＋预收款项）－（应收票据＋应收账款＋预付款项）＞0

说明公司在经营过程中无偿占用了供应商和经销商的资金，具有"两头吃"的能力。应付票据、应付账款、预收款项、合同负债的金额越大，代表公司对供应商和经销商的话语权越强，竞争优势越明显，行业地位越高。但这也需要结合不同行业的特点来进行具体分析。

下面我们来看看华东医药过去5年"应付、预收"减"应收、预付"的差额，见下表。

华东医药	2019-12-31	2018-12-31	2017-12-31	2016-12-31	2015-12-31
应付账款（万元）	378 905.00	390 546.00	345 223.00	335 304.00	279 928.00
预收账款（万元）	25 489.00	15 552.00	7 396.00	4 101.00	5 812.00
合同负债（万元）	—				

续上表

华东医药	2019-12-31	2018-12-31	2017-12-31	2016-12-31	2015-12-31
应付汇总（万元）	404 394.00	406 098.00	352 619.00	339 405.00	285 740.00
应收票据（万元）	—	63 985.00	96 597.00	95 684.00	99 198.00
应收账款（万元）	609 231.00	563 301.00	488 493.00	446 615.00	363 732.00
预付款项（万元）	36 325.00	35 168.00	24 334.00	31 770.00	33 034.00
合同资产（万元）					
应收汇总（万元）	645 556.00	662 454.00	609 424.00	574 069.00	495 964.00
应付－应收（万元）	（241 162.00）	（256 356.00）	（256 805.00）	（234 664.00）	（210 224.00）

2015～2019年华东医药被上下游占用资金21亿元、23.46亿元、25.68亿元、25.63亿元、24.11亿元。一方面说明华东医药对于下游经销商和上游供应商议价能力不强，另外一方面也是医药制造行业的销售特点决定的，通常给予客户30～60天的信用期，这样就会产生大量的应收款项。华东医药应收款账期两个月，计提比率比较保守。目前，一年内的应收款占比99%，华东医药回款风险不大。

下面我们再与同行北陆药业进行对比，见下表。

北陆药业	2019-12-31	2018-12-31	2017-12-31	2016-12-31	2015-12-31
应付票据（万元）	5 529.00	2 924.00	1 208.00	1 122.00	1 060.00
应付账款（万元）	1 021.00	132.00	284.00	112.00	112.00
预收账款（万元）	—	—	—	—	—
合同负债（万元）	—	—	—	—	—
应付汇总（万元）	6 550.00	3 056.00	1 492.00	1 234.00	1 172.00
应收票据（万元）	321.00	1 490.00	863.00	355.00	49.00
应收账款（万元）	15 932.00	13 402.00	12 211.00	11 763.00	17 600.00
应收款项融资（万元）	682.00	279.00	142.00	247.00	542.00
预付款项（万元）	—	—	—	—	—
合同资产（万元）	—	—	—	—	—
应收汇总（万元）	16 935.00	15 171.00	13 216.00	12 365.00	18 191.00
应付－应收（万元）	（10 385.00）	（12 115.00）	（11 724.00）	（11 131.00）	（17 019.00）

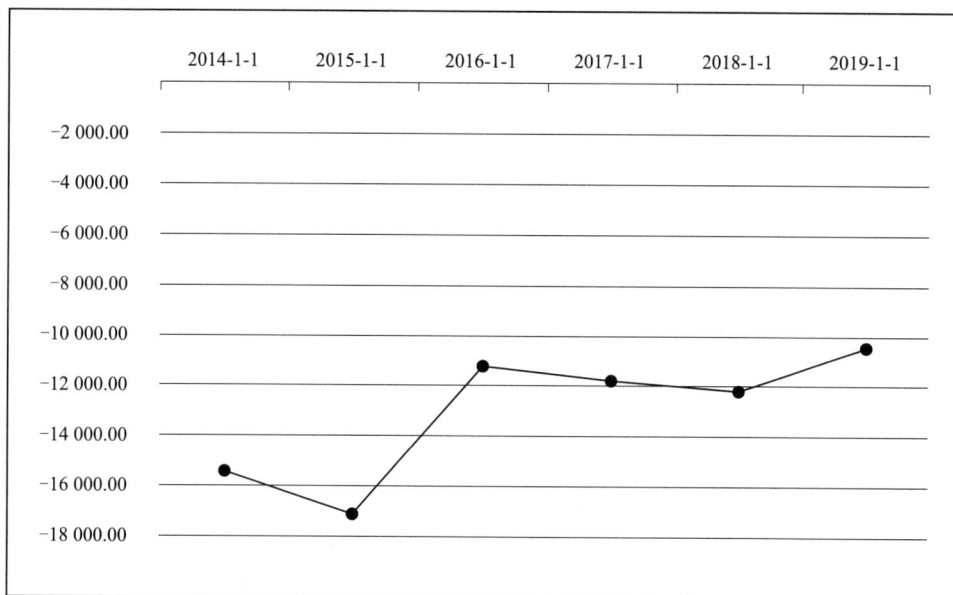

北陆药业过去 5 年"应付、预收"减"应收、预付"的差额都是负数，但差额很小，这也符合北陆药业作为一个小公司的特征，不过负数金额在逐渐收窄，这说明北陆药业的竞争优势在加强。

可比公司葵花药业过去 5 年"应付、预收"减"应收、预付"的差额，见下表。

葵花药业	2019-12-31	2018-12-31	2017-12-31	2016-12-31	2015-12-31
应付账款（万元）	52 897.00	43 716.00	36 850.00	33 426.00	27 576.00
预收账款（万元）	10 242.00	18 529.00	12 064.00	7 053.00	6 613.00
合同负债（万元）	—	—	—	—	—
应付汇总	63 139.00	62 245.00	48 914.00	40 479.00	34 189.00
应收票据（万元）	3 045.00	35 542.00	16 963.00	15 180.00	12 742.00
应收账款（万元）	38 825.00	26 311.00	31 710.00	36 149.00	32 470.00
预付款项（万元）	6 111.00	7 198.00	5 887.00	9 774.00	5 413.00
合同资产（万元）	—	—	—	—	—
应收汇总（万元）	47 981.00	69 051.00	54 560.00	61 103.00	50 625.00
应付—应收	15 158.00	（6 806.00）	（5 646.00）	（20 624.00）	（16 436.00）

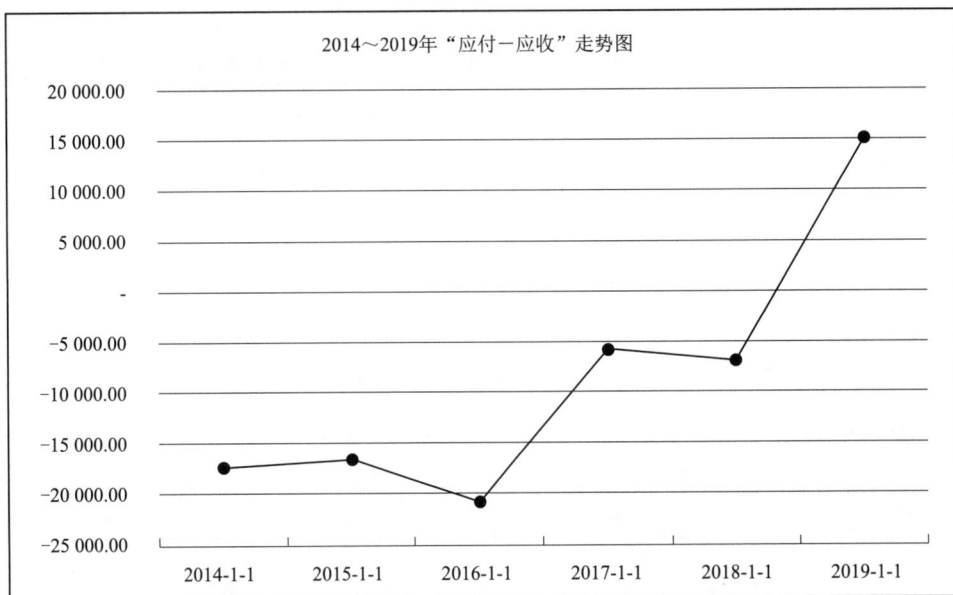

2014～2019年"应付－应收"走势图

葵花药业过去5年"应付、预收"减去"应收、预付"的差额有4年都为负，只有2019年是正数，符合该行业的特征，但2019年为什么转正了，需要做进一步调查。

以上图表显示北陆药业、葵花药业在过去5年的竞争优势在加强，反而华东医药原地踏步，还需要进一步核实原因。医药制造行业的这三家公司有两家都被上游供货商和下游经销商无偿占用资金，这也说明了医药制造行业话语权不是太强的行业。

在了解公司的整体竞争力之后，我们还需要了解一下公司的产品竞争力。

产品竞争力是公司竞争力的基础，产品竞争力强的公司更有可能在未来长期保持竞争优势。

第四步，看应收账款、合同资产，了解公司的产品竞争力。

"应收账款＋合同资产"占总资产的比率本质反映的是公司产品的销售难易度。最优秀的公司应收账款＋合同资产占总资产的比率小于1%，优秀的公司一般小于3%。应收账款＋合同资产占总资产的比率大于10%的公司需要淘汰掉。

下面我们来看看华东医药过去5年"应收账款＋合同资产"占总资产的比率，见下表。

华东医药	2019-12-31	2018-12-31	2017-12-31	2016-12-31	2015-12-31
合同资产（万元）	—	—	—	—	—
应收账款（万元）	609 231.00	563 301.00	488 493.00	446 615.00	363 732.00
资产总计（万元）	2 146 401.03	1 921 734.00	1 598 713.00	1 445 644.00	1 141 718.00
（应收账款＋合同资产）÷总资产	28.38%	29.31%	30.56%	30.89%	31.86%

我们可以计算华东医药 2019 年"应收账款 + 合同资产"占总资产的比率为 28.38%，远远大于 10%，但是考虑华东医药销售收入中商业占比达到六成，这个数据也可以接受。

我们看看华东医药的同行北陆药业 2019 年"应收账款 + 合同资产"占总资产的比率，见下表。

北陆药业	2019-12-31	2018-12-31	2017-12-31	2016-12-31	2015-12-31
合同资产（万元）	—	—	—	—	—
应收账款（万元）	15 932.00	13 402.00	12 211.00	11 763.00	17 600.00
资产总计（万元）	162 381.77	128 875.00	114 089.00	95 609.00	105 003.00
（应收账款 + 合同资产）÷ 总资产	9.81%	10.40%	10.70%	12.30%	16.76%

我们可以计算北陆药业 2019 年"应收账款 + 合同资产"占总资产的比率为 9.81%，接近 10%，可见北陆药业的产品在下游并不是很畅销，产品竞争力有待提高，但是明显少于华东医药的 28%，这也说明华东医药的这个比率受本身商业销售额的影响，其实和医药企业不具有可比性。

葵花药业过去 5 年"应收账款 + 合同资产"占总资产比率，见下表。

葵花药业	2019-12-31	2018-12-31	2017-12-31	2016-12-31	2015-12-31
合同资产（万元）	—	—	—	—	—
应收账款（万元）	38 825.00	26 311.00	31 710.00	36 149.00	32 470.00
资产总计（万元）	530 929.44	505 913.00	446 510.00	422 363.00	376 461.00
（应收账款 + 合同资产）÷ 总资产	7.31%	5.20%	7.10%	8.56%	8.63%

葵花药业虽然 2015—2019 年"应收账款 + 合同资产"占总资产的比率小于 10%，大于 3%，但是近 5 年其比例一直稳步降低，2019 年此比率为 1.83%，低于 7.31%，说明葵花药业的产品竞争力在逐年加强。

通过同行业对比，我们发现华东医药的这个比率明显偏高，原因应该还是经营模式造成的。

当我们了解公司和产品的竞争力之后，我们还需要了解公司维持竞争力的成本。如果公司维持竞争力的成本较低，则公司的风险较小，价值较高。

第五步，看固定资产，了解公司维持竞争力的成本。

固定资产主要看"固定资产＋在建工程"占总资产的比率，比率越高，说明公司维持竞争力的成本越高。

"固定资产＋在建工程"与总资产的比率大于 40% 的公司为重资产型公司。重资产型公司保持竞争力的成本比较高，风险比较大。

下面我们看看华东医药的"固定资产＋在建工程"与总资产的比率，见下表。

华东医药	2019-12-31	2018-12-31	2017-12-31	2016-12-31	2015-12-31
固定资产（万元）	217 522.00	203 359.00	197 714.00	185 049.00	126 509.00
在建工程（万元）	182 981.00	61 700.00	20 143.00	8 008.00	48 865.00
工程物资（万元）	—	—	—	—	—
资产总计（万元）	2 146 401.03	1 921 734.00	1 598 713.00	1 445 644.00	1 141 718.00
"固定资产＋在建工程"占总资产比率	18.66%	13.79%	13.63%	13.35%	15.36%

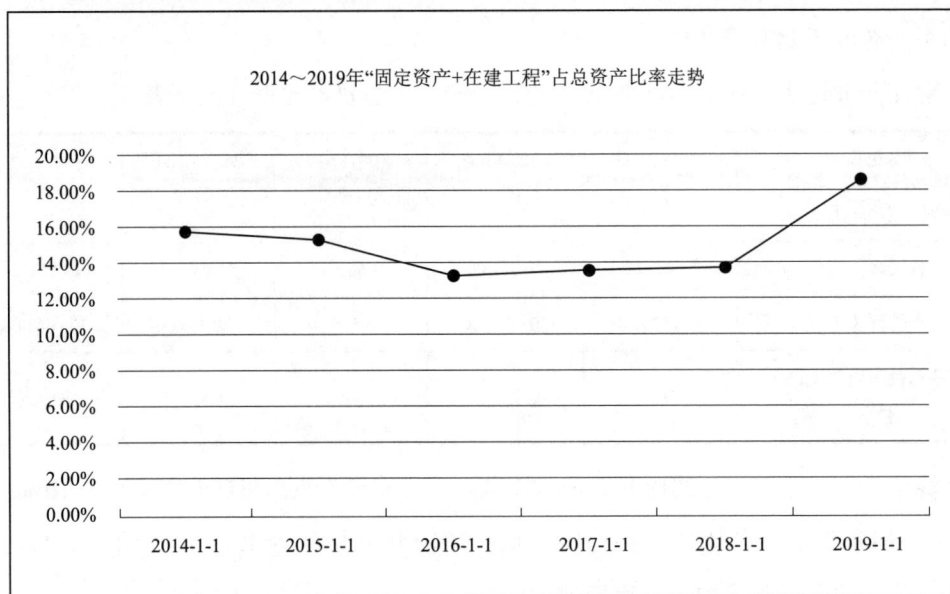

2014～2019年"固定资产+在建工程"占总资产比率走势

华东医药"（固定资产＋在建工程＋工程物资）÷总资产"的比值连续 5 年逐年上升，2019 年为 18.66%，但低于 40%。说明华东医药是一个轻资产的公司，目前正在加大固定资产投入。我们再看华东医药固定资产的构成，见下表。

金额单位:

项 目	房屋及建筑物	通用设备	专用设备
账面原值			
期初数	1 152 341 115.43	178 781 589.50	1 464 649 477.82
本期增加金额	83 386 979.11	32 865 640.45	197 004 758.01
（1）购置	437 393.48	26 715 844.58	66 214 370.66
（2）在建工程转入	81 784 872.84	5 912 891.48	130 632 994.19
（3）投资性房地产转入	1 164 712.79		
（4）企业合并增加[注]		236 904.39	157 393.16
本期减少金额	24 570 808.77	5 692 919.56	41 714 873.35
处置或报废	24 570 808.77	5 692 919.56	41 714 873.35
期末数	1 211 157 285.77	205 954 310.39	1 619 939 362.48

固定资产的构成包括：房屋及建筑物、通用设备、专用设备，其中，房屋及建筑物和专用设备占比较大，见下表。

金额单位:

项目	期末数			期初数		
	账面余额	减值准备	账面价值	账面余额	减值准备	账面价值
ERP 项目	15 728 406.26		15 728 406.26	11 789 113.64		11 789 113.64
煎药中心搬迁改造项目				34 348 096.71		34 348 096.71
华东医药生物医药科技园项目二期	1 328 424 238.71		1 328 424 238.71	433 267 017.11		466 267 017.11
大分子中试平台建设项目	213 943 887.44		213 943 887.44	31 179 670.24		31 179 670.24
制剂大楼三建设项目	157 685 611.22		157 685 611.22	1 960 157.92		1 960 157.92
厂外车间项目	14 958 201.41		14 958 201.41			
非布司他生产建设项目	11 040 483.92		11 040 483.92	8 548 326.68		8 548 326.68
综合生产质量检验楼建设项目				23 397 022.50		23 397 022.50
综合生产质量检验楼内部装饰及质检场地布局项目				3 848 746.31		3 848 746.31
环孢素、他克莫司产品转移和新GMP改造项目				40 258 555.75		40 258 555.75
中药饮片生产车间扩建项目	2 390 351.64		2 390 351.64	1 593 277.12		1 593 277.12
ALMERE	23 350 775.21		23 350 775.21			
其他零星工程	62 286 277.38		62 286 277.38	26 815 012.00		26 815 012.00
合 计	1 829 808 233.19		1 829 808 233.19	617 004 995.98		617 004 995.98

1
2
3
4
5
6
7

171

在建工程的期末数大于期初数，说明华东医药整体仍然在扩张之中。

我们再与同行北陆药业进行对比，见下表。

北陆药业	2019-12-31	2018-12-31	2017-12-31	2016-12-31	2015-12-31
固定资产（万元）	127 055.77	95 680	85 763	70 022	81 149
在建工程（万元）	35 058.00	25 792.00	18 723.00	20 075.00	18 842.00
工程物资（万元）	268.00	7 403.00	9 603.00	5 512.00	5 012.00
资产总计（万元）	162 381.77	128 875.00	114 089.00	95 609.00	105 003.00
"固定资产＋在建工程＋工程物资"占总资产比率	21.75%	25.76%	24.83%	26.76%	22.72%

北陆药业过去5年"固定资产＋在建工程＋工程物资"与总资产的比率都小于40%，都属于轻资产型公司，其维持竞争力的成本比较低，风险较小。

与葵花药厂对比，见下表。

葵花药业	2019-12-31	2018-12-31	2017-12-31	2016-12-31	2015-12-31
固定资产（万元）	119 843.00	119 393.00	121 181.00	120 332.00	110 985.00
在建工程（万元）	32 163.00	13 434.00	4 465.00	1 679.00	11 644.00
工程物资（万元）	9.00	9.00	—	—	—
资产总计（万元）	530 929.44	505 913.00	446 510.00	422 363.00	376 461.00
"固定资产＋在建工程＋工程物资"占总资产比率	28.63%	26.26%	28.14%	28.89%	32.57%

葵花药业"固定资产＋在建工程＋工程物资"占总资产比例低于30%，但高于上述两家公司。

在了解了公司维持竞争力的成本之后，我们还要看一下公司的专注度。

专注于主业的公司，犯错的概率相对更小，更容易保持住竞争优势。

第六步，看投资类资产，了解公司的主业专注度。

投资类资产主要包括：以公允价值计量且其变动计入当期损益的金融资产、债权投资、其他债权投资、可供出售金融资产、持有至到期投资、长期股权投资、其他权益工具投资、其他非流动金融资产、投资性房地产。我们主要看投资类资产占总资产的比率。优秀的公司一定是专注于主业的公司，与主业无关的投资类资产占总资产的比例应当很低才对，最好为0。在实践中，与主业无关的投资类资产占总资产比率大于 10% 的公司不够专注，一定要淘汰。

下面我们看华东医药的投资类资产占总资产的比率，见下表。

华东医药	2019-12-31	2018-12-31	2017-12-31	2016-12-31	2015-12-31	2014-12-31
可供出售金融资产（万元）	—	9 111.00	9 111.00	9 111.00	9 141.00	8 133.00
长期股权投资（万元）	22 260.00	8 892.00	7 491.00	6 456.00	5 308.00	4 675.00
投资性房地产（万元）	2 170.00	2 384.00	2 540.00	1 381.00	1 224.00	1 489.00
投资类资产合计（万元）	24 430.00	20 387.00	19 142.00	16 948.00	15 673.00	14 297.00
资产总计（万元）	2 146 397.00	1 921 736.00	1 598 711.00	1 445 643.00	1 141 718.00	900 720.00
投资资产占总资产比率	1.14%	1.06%	1.20%	1.17%	1.37%	1.59%

2019—2015 年，与主业无关的投资占总资产的比率分别为 1.14%、1.06%、1.20%、1.17%、1.37%、1.59%，均小于 10%，说明华东医药是一家专注于主业的公司。这样才有利于华东医药长期保持行业领先地位。

下面我们再与同行北陆药业进行对比，见下表。

北陆药业	2019-12-31	2018-12-31	2017-12-31	2016-12-31	2015-12-31	2014-12-31
其他非流动金融资产（万元）	27 966.72	—	—	—	—	—
可供出售金融资产（万元）	—	2 112.00	1 135.00	16 199.00	1 011.00	611.00
长期股权投资（万元）	36 501.00	43 143.00	28 263.00	6 019.00	2 962.00	3 068.00
投资性房地产（万元）	—	—	1 721.00	1 784.00	1 847.00	1 910.00
投资类资产合计（万元）	64 467.72	45 255.00	31 119.00	24 002.00	5 820.00	5 589.00
资产总计（万元）	162 382.00	128 872.00	114 088.00	95 609.00	105 002.00	90 700.00
投资类资产占总资产比率	39.70%	35.12%	27.28%	25.10%	5.54%	6.16%

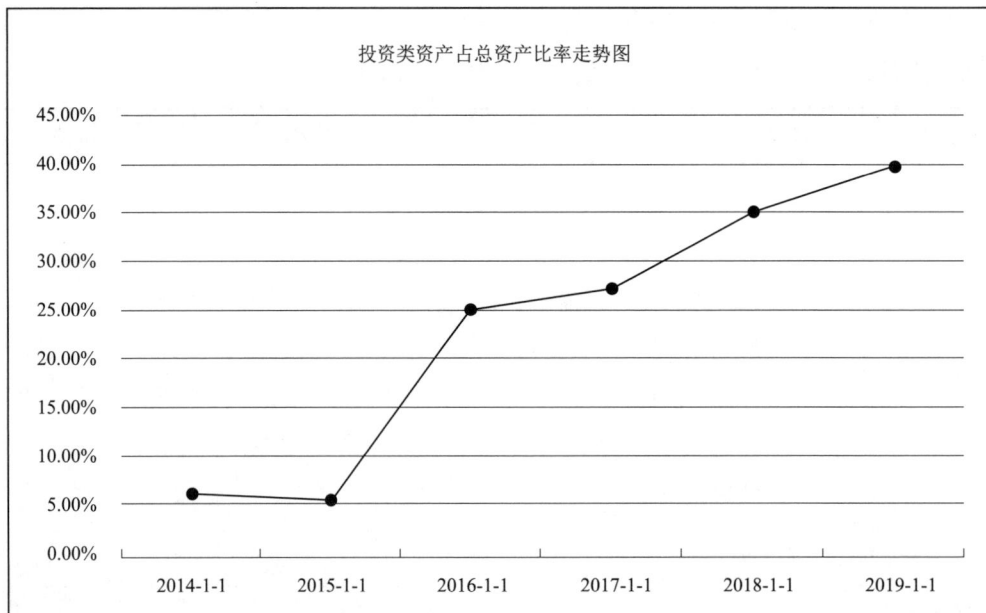

投资类资产占总资产比率走势图

北陆药业过去 5 年投资类资产占总资产的比率逐年上升，2019 年达到了 39.70%，这说明北陆药业不是一家专注于主业的公司，尤其是其他非流动金融资产，见下表。

金额单位：元

于 2019 年 1 月 1 日，执行《新金融工具准则》时金融工具分类和账面价值调节表如下：				
项目	调整前账面金额（2018 年 12 月 31 日）	重分类	重新计量	调整后账面金额（2019 年 1 月 1 日）
资产：				
应收账款	134 018 511.84		1 227 135.60	135 245 647.44
其他应收款	915 205.44		−91 968.29	823 237.15
可供出售金融资产	21 116 341.54	−21 116 341.54	—	—
其他权益工具投资	—	1 116 341.54		1 116 341.54
其他非流动金融资产		20 000 000.00		20 000 000.00
股东权益：				
其他综合收益		−1 776 733.21		−1 776 733.21
盈余公积	76 467 148.20		247 162.54	76 741 310.74
未分配利润	432 934 418.80		2 467 462.88	435 401 881.68

原来是可供出售金融资产，见下表。

种类	2019-12-31	2018-12-31
债务工具投资	22 167 191.68	—
以公允价值计量且其变动计入当期损益的金融资产	257 500 000.00	—
合计	279 667 191.68	—

说明：

（1）债务工具投资系本公司对北京创金兴业投资中心（有限合伙）、北京丝路科创投资中心（有限合伙）的投资。

（2）以公允价值计量且其变动计入当期损益的金融资产系本公司对世和基因的投资。本公司 2014 年收购世和基因 20% 股权并派有一名董事，可以对世和基因日常生产经营决策施加重大影响，将世和基因作为联营企业、采用权益法核算。

随着世和基因的增资扩股，本公司对其持股比例持续被稀释，派出的董事本期无法参与其日常经营决策，本公司认为已不能施加重大影响，将持有的世和基因股权指定为以公允价值计量且其变动计入当期损益的金融资产。截至 2019 年 12 月 31 日，本公司持有世和基因 16.38% 股权。

据传世和基因正在申报上市，考虑到国家对科创板的支持，买了北陆药业就相当于买了世和基因的原始股，我是基于这一点购买的北陆药业，具有赌博的成分，所以到目前为止我是亏损的。

关于南京世和基因生物技术股份有限公司首次公开发行股票并上市辅导工作备案报告（华泰联合字[2020]248号）（第一期）

时间：2020-08-14　来源：

关于南京世和基因生物技术股份有限公司首次公开发行股票并上市辅导工作备案报告（华泰联合字[2020]248号）（第一期）

除了世和基因，还有武汉友芝友医疗科技股份有限公司、浙江海昌药业股份有限公司在新三板挂牌。长期股权投资本期增减变动，见下表。

金额单位：元

被投资单位	2019.01.01期初	追加／新增投资	减少投资	权益法下确认的投资损益	其他综合收益调整	其他权益变动	宣告发放现金股利或利润	计提减值准备	其他	2019.12.31
联营企业：										
南京世和基因生物技术有限公司	121 853 755.07			1 390 029.80					−123 243 784.87	—
武汉友芝友医疗科技股份有限公司	172 801 053.51			5 836 926.27						178 637 979.78
浙江海昌药业股份有限公司	136 771 946.51	18 015 000.00		2 119 420.66						156 906 367.37
上海铱磹医疗科技有限公司		30 000 000.00		−530 482.24						29 469 517.76
合计	431 426 755.09	48 015 000.00		8 815 894.69					−123 243 784.87	365 013 864.91

葵花药业 2015—2019 年投资类资产都低于 0.5%，2019 年下降到 0.00%，可见葵花药业是一家很专注于主业的公司。

葵花药业	2019-12-31	2018-12-31	2017-12-31	2016-12-31	2015-12-31
其他非流动金融资产（万元）	—	—	—	—	—
可供出售金融资产（万元）	—	286.00	302.00	175.00	175.00
其他权益投资（万元）	—	—	—	—	—
持有至到期投资（万元）	—	—	—	—	—
长期应收款（万元）	—	—	—	—	—
长期股权投资（万元）	—	—	—	—	—
其他权益工具投资（万元）	—	—	—	—	—
投资性房地产（万元）	—	—	—	—	—
投资类资产合计（万元）	—	286.00	302.00	175.00	175.00
资产总计（万元）	530 929.00	505 913.00	447 017.00	422 364.00	376 463.00
投资类资产占总资产比率	0.00%	0.06%	0.07%	0.04%	0.05%

在了解了公司的实力、偿债风险、竞争力、维持竞争力的成本、主业专注度以后，最后还要了解公司未来业绩"爆雷"的风险。

第七步，看存货、商誉，了解公司未来业绩"爆雷"的风险。

易"爆雷"资产主要包括：应收账款、存货、长期股权投资、固定资产、商誉。

这 5 个科目是最容易埋雷的地方，后期"爆雷"的时候会导致利润大幅减少甚至大幅亏损。由于我们在前六步中已经看过应收账款、固定资产、长期股权投资科目，排除了这三个科目"爆雷"的风险。这里重点看存货和商誉。

（1）存货

下面我们先看看华东医药存货占总资产的比率，见下表。

华东医药	2019-12-31	2018-12-31	2017-12-31	2016-12-31	2015-12-31	2014-12-31
存货（万元）	403 898.00	387 565.00	340 638.00	308 442.00	242 289.00	403 898.00
资产总计（万元）	2 146 401.03	1 921 734.00	1 598 713.00	1 445 644.00	1 141 718.00	2 146 401.03
存货占总资产比率	18.82%	20.17%	21.31%	21.34%	21.22%	18.82%

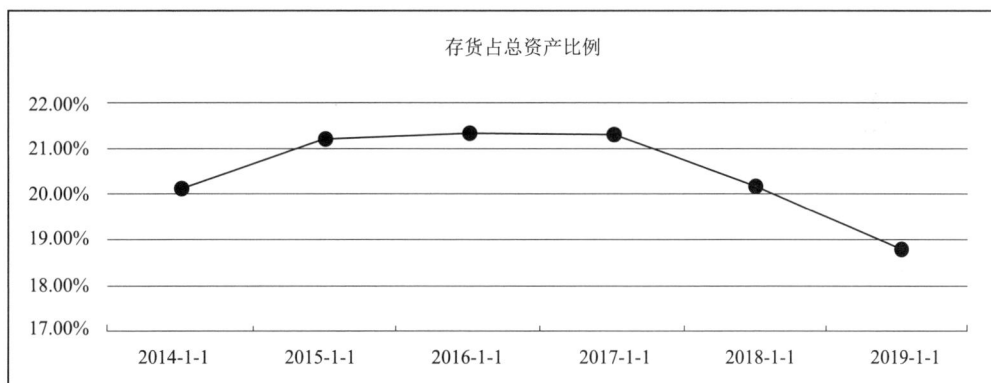

华东医药过去 5 年存货占总资产的比率一直低于 30%，并且呈现下降趋势，华东医药存货没有"爆雷"的风险。

下面我们再与同行业北陆药业进行对比，见下表。

北陆药业	2019-12-31	2018-12-31	2017-12-31	2016-12-31	2015-12-31
存货（万元）	12 234.00	9 414.00	10 927.00	10 482.00	8 248.00
资产总计（万元）	162 381.77	128 875.00	114 089.00	95 609.00	105 003.00
存货占总资产比率	7.53%	7.30%	9.58%	10.96%	7.86%

下面我们再与同行业北陆药业进行对比，见下表。

葵花药业	2019-12-31	2018-12-31	2017-12-31	2016-12-31	2015-12-31
存货（万元）	66 455.00	81 415.00	79 705.00	64 848.00	53 657.00
资产总计（万元）	530 929.44	505 913.00	446 510.00	422 363.00	376 461.00
存货占总资产比率	12.52%	16.09%	17.85%	15.35%	14.25%

北陆药业过去 5 年，存货占总资产的比率也都基本在 10% ～ 20% 之间，存货风险不大。葵花药业存货占总资产的比率近四年呈下降趋势，大于 5%，存货风险依然存在。

（2）商誉

商誉是公司对外收购所花的超出被收购公司净资产的那部分钱。收购来的公司企业文化不同，甚至行业也不同，很难经营成功，所以商誉是最容易"爆雷"的科目之一。在投资实践中，一般会把商誉占总资产的比率超过 10% 的公司淘汰掉。

下面我们看看华东医药商誉占总资产的比率，见下表。

华东医药	2019-12-31	2018-12-31	2017-12-31	2016-12-31	2015-12-31	2014-12-31
商誉（万元）	146 962.00	145 832.00	4 295.00	1 426.00	1 492.00	146 962.00
资产总计（万元）	2 146 401.03	1 921 734.00	1 598 713.00	1 445 644.00	1 141 718.00	2 146 401.03
商誉占总资产比率	6.85%	7.59%	0.27%	0.10%	0.13%	6.85%

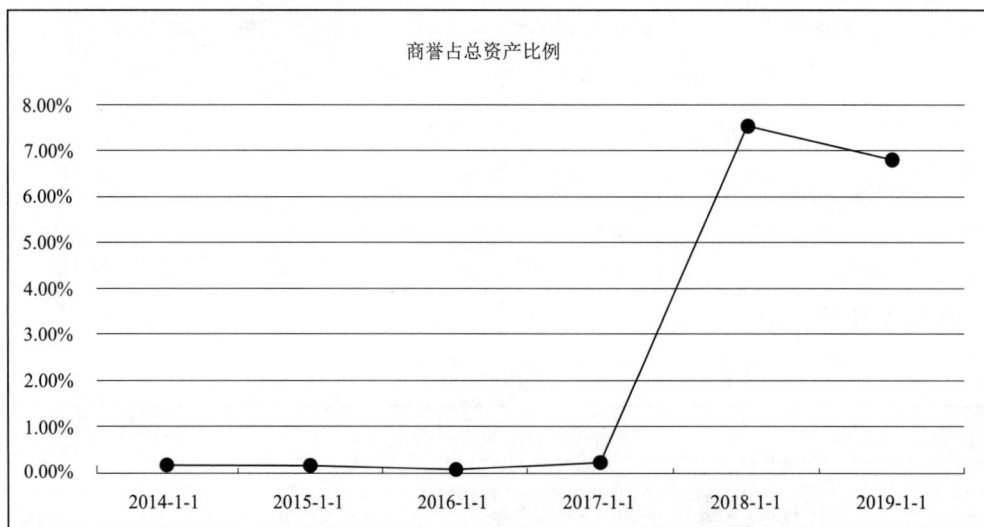

商誉占总资产比例

华东医药 2017 年以前商誉占总资产的比率一直低于 0.5%，2018 年的比率快速上升到 7.59% 但还是低于 10%，华东医药的商誉没有"爆雷"的风险。

根据公司聘请的坤元资产评估有限公司出具的《资产评估报告》（坤元评报〔2020〕169 号），包含商誉的资产组或资产组组合可收回金额为 240 869 670.00 英镑，高于账面价值 237 868 388.27 英镑，商誉并未出现减值损失。

下面我们与同行北陆药业进行对比，见下表。

北陆药业	2019-12-31	2018-12-31	2017-12-31	2016-12-31	2015-12-31
商誉（万元）	—	—	—	—	13 442.00
资产总计（万元）	162 381.77	128 875.00	114 089.00	95 609.00	105 003.00
商誉占总资产比率	0.00%	0.00%	0.00%	0.00%	12.80%

北陆药业过去 5 年商誉占总资产的比率一直都保持在 0% 左右，可以忽略不计，北陆药业的商誉没有"爆雷"的风险，见下表。

葵花药业	2019-12-31	2018-12-31	2017-12-31	2016-12-31	2015-12-31
商誉（万元）	17 155.00	17 155.00	17 155.00	15 092.00	15 092.00
资产总计（万元）	530 929.44	505 913.00	446 510.00	422 363.00	376 461.00
商誉占总资产比率	3.23%	3.39%	3.84%	3.57%	4.01%

葵花药业过去 5 年商誉占总资产的比率一直在 3% 多一点，"爆雷"风险不大。

通过对三家公司分析，表明这三家公司的发展战略都比较踏实，并不激进。通过华东医药的资产负债表，我们知道华东医药是一家在行业内有着很强地位和竞争力的公司。华东医药非常专注于主业，在未来很长一段时间，华东医药能保持住竞争优势的概率比较大。华东医药的经营风险很小，短期内没有偿债风险。

2. 利润表

第一步，看营业收入，了解公司的行业地位及成长性。

我们通过营业收入的金额和含金量看公司的行业地位；通过营业收入增长率看公司的成长能力。营业收入金额较大且"销售商品、提供劳务收到的现金"与"营业收入"的比率大于 110% 的公司行业地位高，产品竞争力强。"营业收入"增长率大于 10% 的公司，成长性较好。"销售商品、提供劳务收到的现金"与"营业收入"的比率小于 100% 的公司，营业收入增长率小于 10% 的公司淘汰掉。

下面我们先看看华东医药的营业收入，见下表。

华东医药	2019-12-31	2018-12-31	2017-12-31	2016-12-31	2015-12-31
营业总收入（万元）	3 544 570.00	3 066 337.00	2 783 182.00	2 537 967.00	2 172 738.00
营业收入增长率	15.60%	10.17%	9.66%	16.81%	−16.10%
销售商品、提供劳务收到的现金（万元）	3 776 548.00	3 388 235.00	2 992 623.00	2 813 584.00	2 378 720.00
销售商品、提供劳务收到的现金占比营业收入	106.54%	110.50%	107.53%	110.86%	109.48%

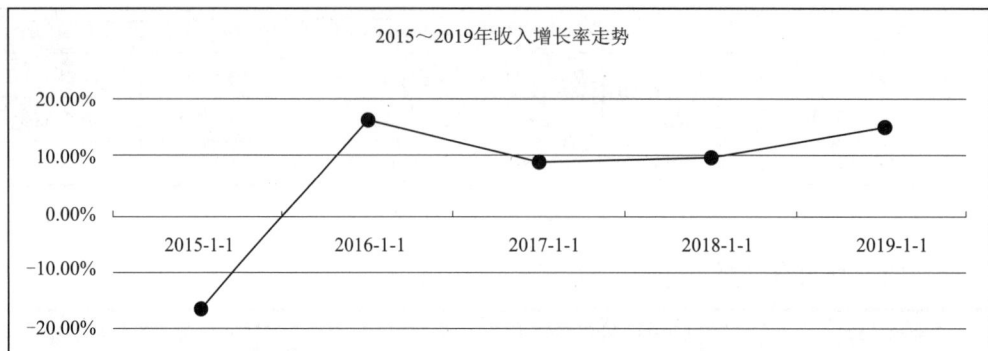

2015～2019年收入增长率走势

华东医药过去 4 年营业收入一直在持续稳定地增长，成长性较好。2019 年的营业收入规模达到 354.45 亿元，且"销售商品、提供劳务收到的现金"与"营业收入"的比率 5 年来都大于 100%，说明公司实力强大，行业地位高，产品竞争力强。近 3 年增长率都大于 10%。

我们再与同行北陆药业进行对比，见下表。

北陆药业	2019-12-31	2018-12-31	2017-12-31	2016-12-31	2015-12-31
营业总收入（万元）	81 912.00	60 805.00	52 254.00	49 886.00	49 143.00
营业收入增长率	34.71%	16.36%	4.75%	1.51%	−16.10%
销售商品、提供劳务收到的现金（万元）	87 042.00	65 699.00	57 813.00	57 477.00	52 551.00
销售商品、提供劳务收到的现金占比营业收入	106.26%	108.05%	110.64%	115.22%	106.93%

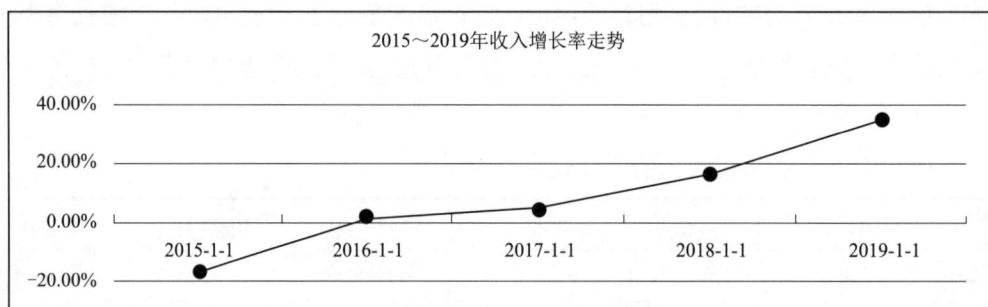

2015～2019年收入增长率走势

北陆药业过去 5 年营业收入一直在持续稳定地增长，近 3 年增长率大于 10%，成长性较好。2019 年的营业收入为 8.19 亿元，大概为华东医药的四十分之一，实力和行业地位与华东医药差距较大。北陆药业"销售商品、提供劳务收到的现金"与"营业收入"的比率 5 年来也都大于 110%，说明北陆药业在医药制造行业地位也较高，公司产品具有的竞争力也较强。

葵花药业 2016 ～ 2018 年营业收入增长得不错，但 2019 年下滑明显，成长性弱于华东医药和北陆药业，见下表。

葵花药业	2019-12-31	2018-12-31	2017-12-31	2016-12-31	2015-12-31
营业总收入（万元）	437 141.00	447 176.00	385 512.00	336 358.00	303 477.00
营业收入增长率	−2.24%	16.00%	14.61%	10.83%	−16.10%
销售商品、提供劳务收到的现金（万元）	444 894.00	500 723.00	423 708.00	379 146.00	339 036.00
销售商品、提供劳务收到的现金占比营业收入	101.77%	111.97%	109.91%	112.72%	111.72%

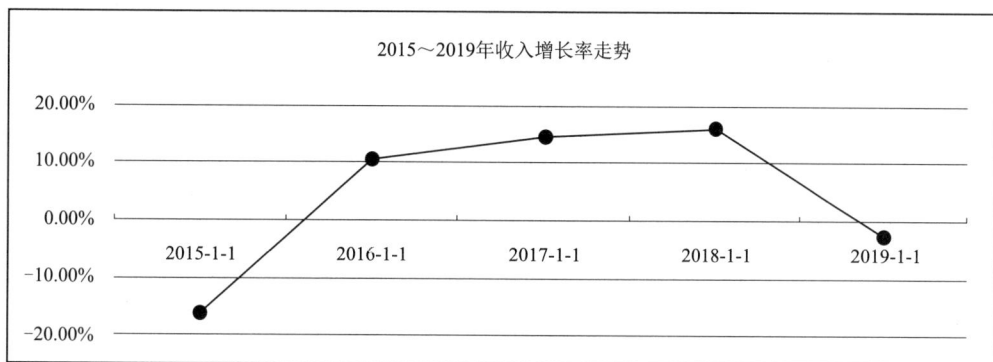

2015～2019年收入增长率走势

葵花药业 2019 年的营业收入 43.7 亿元，只有华东医药的五分之一不到，"销售商品、提供劳务收到的现金"与"营业收入"的比率 5 年来也都大于 100%，说明葵花药业在医药制造行业地位稳定，公司产品具有的竞争力较强。当然与华东医药相比还有巨大的差距。

结合这三家公司来看，我们可以看到医药制造行业的营业收入增长率呈上升趋势，葵花药业的下降应该是自身家事的影响，但无论从营业收入的增长率，还是营业收入的规模看，华东医药都是三家中最美的那一个，占有更大的市场份额，所以我决定重仓华东医药。

第二步，看毛利率，了解公司的产品竞争力及风险。

高毛利率说明公司的产品或服务有很强的竞争力，低毛利率则说明公司的产品或服务竞争力较差。一般来说，毛利率大于 40% 的公司都有某种核心竞争力。优秀公司的毛利率不但高还比较稳定，波动幅度比较小。优秀公司的毛利率每年的波动幅度小于 10%，毛利率波动幅度太大的公司，要么是公司经营的风险大，要么是公司财务造假的风险大。在投资实践中，毛利率波幅大于 20% 的公司一般要淘汰掉。

181

下面我们先看看华东医药的毛利率，见下表。

华东医药	2019-12-31	2018-12-31	2017-12-31	2016-12-31	2015-12-31
营业收入（万元）	3 544 570.00	3 066 337.00	2 783 182.00	2 537 967.00	2 172 738.00
营业成本（万元）	2 408 672.00	2 177 471.00	2 056 172.00	1 921 911.00	1 651 778.00
毛利（万元）	1 135 898.00	888 866.00	727 010.00	616 056.00	520 960.00
毛利率	32.05%	28.99%	26.12%	24.27%	23.98%
毛利率波动幅度	10.55%	10.97%	7.61%	1.24%	9.08%

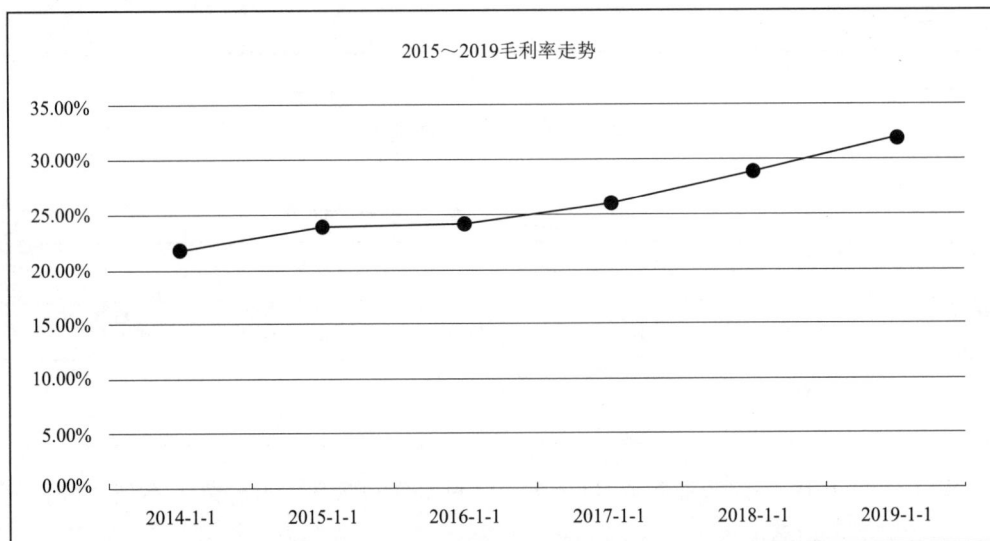
2015～2019毛利率走势

我们可以看到华东医药近年的毛利率逐年走高，2019年已经达到30%以上，总体看，呈小幅上升趋势。其实整个医药制造行业毛利率都是很高的，华东医药毛利率水平是并不突出的，主要原因是华东医药的商业销售额占比较大，商业的毛利率极低，拉低了华东医药的整体毛利率。再看看华东医药毛利率波动幅度为10%左右，这说明华东医药的产品竞争力强，并且风险小。

下面我们再与同行北陆药业进行对比，见下表。

北陆药业	2019-12-31	2018-12-31	2017-12-31	2016-12-31	2015-12-31
营业收入（万元）	81 912.00	60 805.00	52 254.00	49 886.00	49 143.00
营业成本（万元）	25 477.00	20 043.00	18 221.00	15 445.00	13 113.00
毛利（万元）	56 435.00	40 762.00	34 033.00	34 441.00	36 030.00
毛利率	68.90%	67.04%	65.13%	69.04%	73.32%
毛利率波动幅度	2.77%	2.93%	-5.66%	-5.83%	0.89%

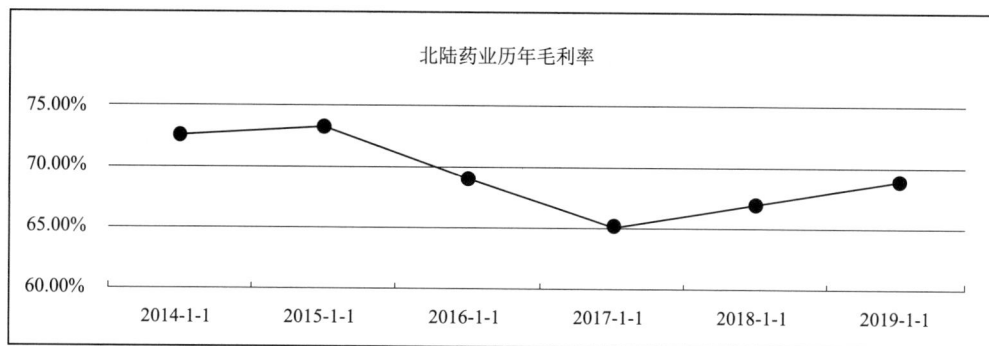

北陆药业历年毛利率

北陆药业 2015—2019 年的毛利率一直高于 65%，这才是制药企业应该有的毛利率，华东医药因为商业的销售额占比较大，整体的毛利率被拉低了。北陆药业过去 5 年的毛利率波动幅度不大，说明北陆药业财务造假的风险不大。

葵花药业过去 5 年的毛利率一直维持在 50% 以上，看来做药是真挣钱。葵花药业过去 5 年的毛利率波动幅度 10% 以内，财务造假风险较小，见下表。

葵花药业	2019-12-31	2018-12-31	2017-12-31	2016-12-31	2015-12-31
营业总收入（万元）	437 141.00	447 176.00	385 512.00	336 358.00	303 477.00
营业成本（万元）	181 171.00	183 084.00	155 715.00	140 124.00	134 837.00
毛利	255 970.00	264 092.00	229 797.00	196 234.00	168 640.00
毛利率	58.56%	59.06%	59.61%	58.34%	55.57%
毛利率波动幅度	−0.85%	−0.92%	2.17%	4.99%	−10.36%

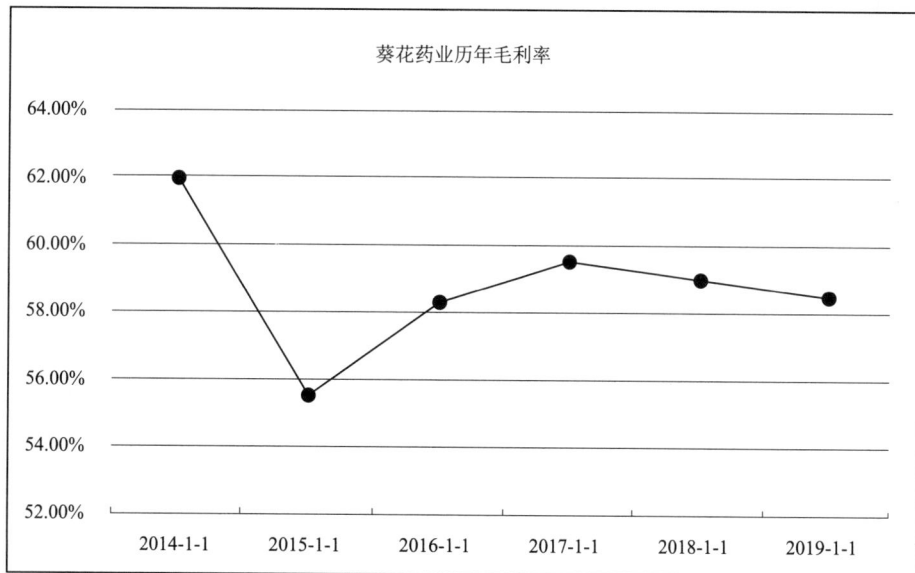

葵花药业历年毛利率

183

第三步，看期间费用率，了解公司的成本管控能力。

期间费用率主要看数值。期间费用率越低，公司的成本管控能力就越强。毛利率高，期间费用率低，净利润率才可能高。优秀公司的期间费用率与毛利率的比率一般小于40%。在投资实践中，一般把期间费用率与毛利率的比率大于60%的公司淘汰掉。

下面看看华东医药的期间费用率，见下表。

华东医药	2019-12-31	2018-12-31	2017-12-31	2016-12-31	2015-12-31
营业收入（万元）	3 544 570.00	3 066 337.00	2 783 182.00	2 537 967.00	2 172 738.00
销售费用（万元）	579 724.00	429 736.00	372 891.00	329 862.00	276 946.00
管理费用（万元）	109 523.00	78 517.00	106 795.00	75 931.00	72 203.00
研发费用（万元）	107 294.00	70 604.00	0.00	0.00	0.00
财务费用（万元）	247.00	8 648.00	4 748.00	9 409.00	20 586.00
"四费"合计（万元）	796 788.00	587 505.00	484 434.00	415 202.00	369 735.00
期间费用率	22.48%	19.16%	17.41%	16.36%	17.02%
毛利率	33.29%	36.74%	35.09%	32.47%	27.64%
期间费用率÷毛利率	67.53%	52.15%	49.61%	50.38%	61.57%

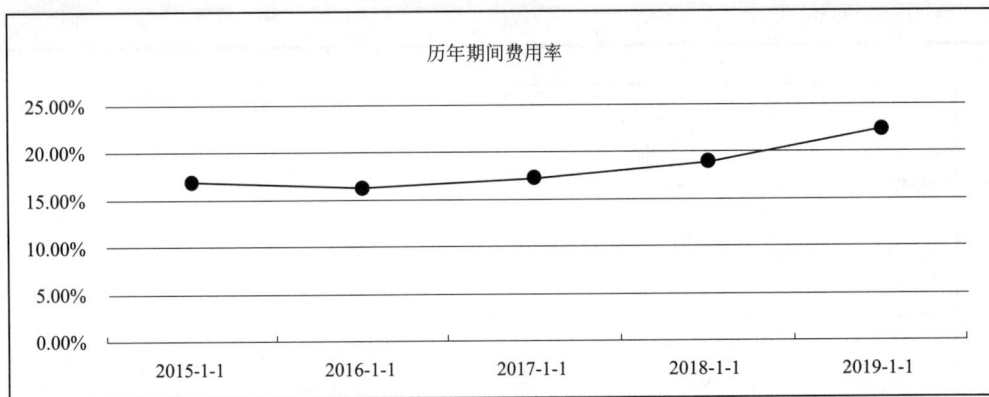

历年期间费用率

可以计算华东医药最近5年的期间费用率都在小幅下上升的趋势中，2018年和2019年的期间费用率分别为19.16%和22.48%，期间费用率与毛利率的比率分别为52.15%和67.53%，远远大于40%，说明华东医药的成本管控能力一般。

下面我们再与同行北陆药业进行对比，见下表。

北陆药业	2019-12-31	2018-12-31	2017-12-31	2016-12-31	2015-12-31
营业收入（万元）	81 912.00	60 805.00	52 254.00	49 886.00	49 143.00
销售费用（万元）	27 250.00	18 628.00	17 264.00	18 662.00	18 084.00
管理费用（万元）	4 647.00	3 988.00	3 966.00	5 825.00	6 392.00
研发费用（万元）	5 068.00	2 807.00	0.00	0.00	0.00
财务费用（万元）	（60.00）	（236.00）	（74.00）	（74.00）	171.00
"四费"合计（万元）	36 905.00	25 187.00	21 156.00	24 413.00	24 647.00
期间费用率	45.05%	41.42%	40.49%	48.94%	50.15%
毛利率	33.29%	36.74%	35.09%	32.47%	27.64%
期间费用率÷毛利率	135.35%	112.75%	115.40%	150.71%	181.47%

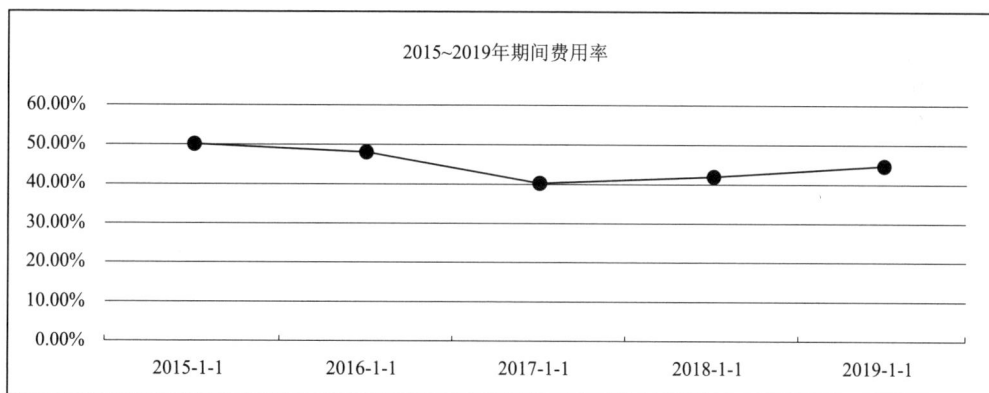

北陆药业过去 5 年期间费用率与毛利率的比率居高不下，说明公司成本管控能力在较弱。2019 年期间费用率与毛利率的比率为 45.05%，大于 40%。北陆药业的成本管控能力算得上很差了。

葵花药业 2019 年期间费用率与毛利率虽然只有 40.45%，但过去 4 年的比率呈下滑趋势，2019 年甚至快要低于 40% 了，但比起华东医药 20% 左右的期间费用率，还是非常差的，其实没有对比就没有伤害，说明葵花药业的成本管控能力也比较弱，见下表。

葵花药业	2019-12-31	2018-12-31	2017-12-31	2016-12-31	2015-12-31
营业总收入（万元）	437 141.00	447 176.00	385 512.00	336 358.00	303 477.00
销售费用（万元）	127 675.00	144 709.00	127 705.00	117 121.00	102 573.00
管理费用（万元）	37 473.00	36 082.00	44 425.00	37 228.00	28 963.00
研发费用（万元）	11 825.00	12 191.00	0.00	0.00	0.00

续上表

葵花药业	2019-12-31	2018-12-31	2017-12-31	2016-12-31	2015-12-31
财务费用（万元）	（161.00）	15.00	724.00	787.00	136.00
"四费"合计	176 812.00	192 997.00	172 854.00	155 136.00	131 672.00
期间费用率	40.45%	43.16%	44.84%	46.12%	43.39%
毛利率	33.29%	36.74%	35.09%	32.47%	27.64%
期间费用率÷毛利率	121.51%	117.48%	127.80%	142.04%	156.99%

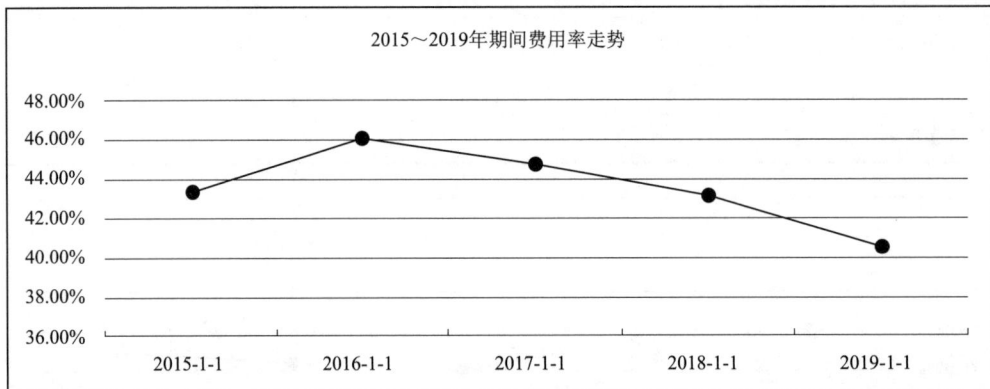

2015～2019年期间费用率走势

葵花药业、北陆药业的毛利率虽然高于华东医药，但期间费用率也明显高于华东医药，那么，华东医药又胜出了。

第四步，看销售费用率，了解公司产品销售难易度。

销售费用率主要看两点，数值和变动趋势。一般来说，销售费用率小于15%的公司，其产品比较容易销售，销售风险相对较小。销售费用率大于30%的公司，其产品销售难度大，销售风险大。在投资实践中，一般把销售费用率大于30%的公司淘汰掉。

下面看看华东医药的销售费用率，见下表。

华东医药	2019-12-31	2018-12-31	2017-12-31	2016-12-31	2015-12-31
销售费用（万元）	579 724.00	429 736.00	372 891.00	329 862.00	276 946.00
营业收入（万元）	3 544 570.00	3 066 337.00	2 783 182.00	2 537 967.00	2 172 738.00
销售费用率	16.36%	14.01%	13.40%	13.00%	12.75%

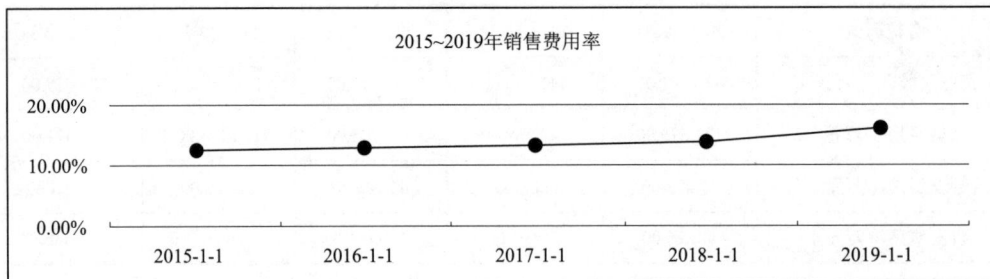

2015~2019年销售费用率

186

华东医药过去 5 年的销售费用率逐年上升，2019 年为 16.36%。说明华东医药的产品销售难度在增加，销售风险增大。这样的变化，也说明产品竞争力变弱了。

下面我们再与同行北陆药业进行对比，见下表。

北陆药业	2019-12-31	2018-12-31	2017-12-31	2016-12-31	2015-12-31
销售费用（万元）	27 250.00	18 628.00	17 264.00	18 662.00	18 084.00
营业收入（万元）	81 912.00	60 805.00	52 254.00	49 886.00	49 143.00
销售费用率	33.27%	30.64%	33.04%	37.41%	36.80%

北陆药业过去 5 年的销售费用率整体在 30% 以上，高于华东医药一倍以上，这说明北陆药业的产品相对华东医药的产品不容易销售，销售风险较大。

葵花药业过去 5 年的销售费用率一直在 30% 左右，高于华东医药但与北陆药业差不多，见下表。

葵花药业	2019-12-31	2018-12-31	2017-12-31	2016-12-31	2015-12-31
销售费用（万元）	127 675.00	144 709.00	127 705.00	117 121.00	102 573.00
营业总收入（万元）	437 141.00	447 176.00	385 512.00	336 358.00	303 477.00
销售费用率	29.21%	32.36%	33.13%	34.82%	33.80%

听说葵花药业广告做得很好，作为非药业专业人士，我以前好像只听说过葵花药业，那两家没听说过，这说明葵花药业的知名度较高，销售能力较强，销售风险较小。

结合三家的销售费用率来看，说明华东医药的物流配送网络是一个非常强大的存在，虽然拉低了毛利率，但从销售环节又找补回来不少。

第五步，看主营利润，了解公司主业的盈利能力及利润质量。

主营利润是一家公司最主要的利润来源，主营利润主要看两点：主营利润率、主营利润与营业利润的比率。主营利润小于 0 的公司，直接淘汰。毛利率大于 40% 的公司，主营利润率至少应该大于 15%。主营利润率小于 15% 的公司，应淘汰。另外，优秀公司的"主营利润"与"利润总额"的比率至少要大于 80%。"主营利润"与"利润总额"的比率小于 80% 的公司，应淘汰。

看看华东医药的主营利润率及主营利润与营业利润的比率，见下表。

华东医药	2019-12-31	2018-12-31	2017-12-31	2016-12-31	2015-12-31
营业收入（万元）	3 544 570.00	3 066 337.00	2 783 182.00	2 537 967.00	2 172 738.00
营业成本（万元）	2 408 672.00	2 177 471.00	2 056 172.00	1 921 911.00	1 651 778.00
税金及附加（万元）	18 199.00	17 095.00	16 306.00	13 175.00	10 431.00
销售费用（万元）	579 724.00	429 736.00	372 891.00	329 862.00	276 946.00

续上表

华东医药	2019-12-31	2018-12-31	2017-12-31	2016-12-31	2015-12-31
管理费用（万元）	109 523.00	78 517.00	106 795.00	75 931.00	72 203.00
研发费用（万元）	107 294.00	70 604.00	0.00	0.00	0.00
财务费用（万元）	247.00	8 648.00	4 748.00	9 409.00	20 586.00
"期间费用"合计（万元）	796 788.00	587 505.00	484 434.00	415 202.00	369 735.00
主营利润（万元）	320 911.00	284 266.00	226 270.00	187 679.00	140 794.00
主营利润率	9.05%	9.27%	8.13%	7.39%	6.48%
营业利润（万元）	339 703.50	290 956.53	228 035.00	190 340.00	141 639.00
主营利润 ÷ 营业利润	94.47%	97.70%	99.23%	98.60%	99.40%

　　可以计算华东医药 2018 年和 2019 年的主营利润分别为 28.43 亿元和 32.09 亿元，主营利润率分别为 9.27% 和 9.05%，主营利润与营业利润的比率分为 97.70% 和 94.47%。华东医药的主营利润率低于 10%，看着似乎华东医药的主业盈利能力不强，但考虑到华东医药的商业销售收入占比较高，而商业的利率极低，也勉强能接受。主营利润与营业利润的比率远远大于 80%，可见华东医药的利润质量较高。这样的利润结构才是健康的，这样的利润才是可持续的。另外，华东医药的主营利润率 2016 ～ 2019 年一直比较稳定，说明其盈利能力较好，这样的公司是具备持续的竞争力的。

　　下面我们再与同行北陆药业进行对比，见下表。

北陆药业	2019-12-31	2018-12-31	2017-12-31	2016-12-31	2015-12-31
营业收入（万元）	3 143 921.00	2 746 604.00	2 088 929.00	1 352 576.00	1 327 132.00
营业成本（万元）	1 862 531.00	1 657 521.00	1 471 649.00	997 100.00	1 013 196.00
税金及附加（万元）	53 000.00	50 017.00	33 181.00	20 756.00	19 985.00
销售费用（万元）	204 849.00	170 184.00	140 212.00	110 552.00	106 013.00
管理费用（万元）	155 849.00	133 682.00	120 402.00	93 928.00	91 563.00
研发费用（万元）	3 732.00	1 077.00	0.00	0.00	0.00
财务费用（万元）	20 815.00	46 562.00	66 063.00	56 940.00	67 442.00
"期间费用"合计（万元）	385 245.00	351 505.00	326 677.00	261 420.00	265 018.00
主营利润（万元）	843 145.00	687 561.00	257 422.00	73 300.00	28 933.00
主营利润率	26.82%	25.03%	12.32%	5.42%	2.18%
营业利润（万元）	874 397.00	717 020.00	257 950.00	78 375.00	18 966.00
主营利润 ÷ 营业利润	96.43%	95.89%	99.80%	93.52%	152.55%

2014~2019年"主营利润÷营业利润"走势

北陆药业在过去5年中，只有2016年的主营利润率达到574.89%，2019年
又降为46.35%说明北陆药业的盈利能力受投资项目公允价值变化的影响很大。北
陆药业的主营利润与营业利润的比率失真，无法说明公司主营利润质量高低，见
下表。

葵花药业	2019-12-31	2018-12-31	2017-12-31	2016-12-31	2015-12-31
营业总收入（万元）	437 141.00	447 176.00	385 512.00	336 358.00	303 477.00
营业成本（万元）	181 171.00	183 084.00	155 715.00	140 124.00	134 837.00
营业税金及附加（万元）	6 160.00	7 461.00	6 853.00	5 481.00	3 639.00
销售费用（万元）	127 675.00	144 709.00	127 705.00	117 121.00	102 573.00
管理费用（万元）	37 473.00	36 082.00	44 425.00	37 228.00	28 963.00
研发费用（万元）	11 825.00	12 191.00	0.00	0.00	0.00
财务费用（万元）	（161.00）	15.00	724.00	787.00	136.00
"期间费用"合计（万元）	176 812.00	192 997.00	172 854.00	155 136.00	131 672.00
主营利润（万元）	72 998.00	63 634.00	50 090.00	35 617.00	33 329.00
主营利润率	16.70%	14.23%	12.99%	10.59%	10.98%
营业利润（万元）	76 040.55	71 575.99	50 840.00	36 077.00	34 181.00
主营利润÷营业利润	96.00%	88.90%	98.52%	98.72%	97.51%

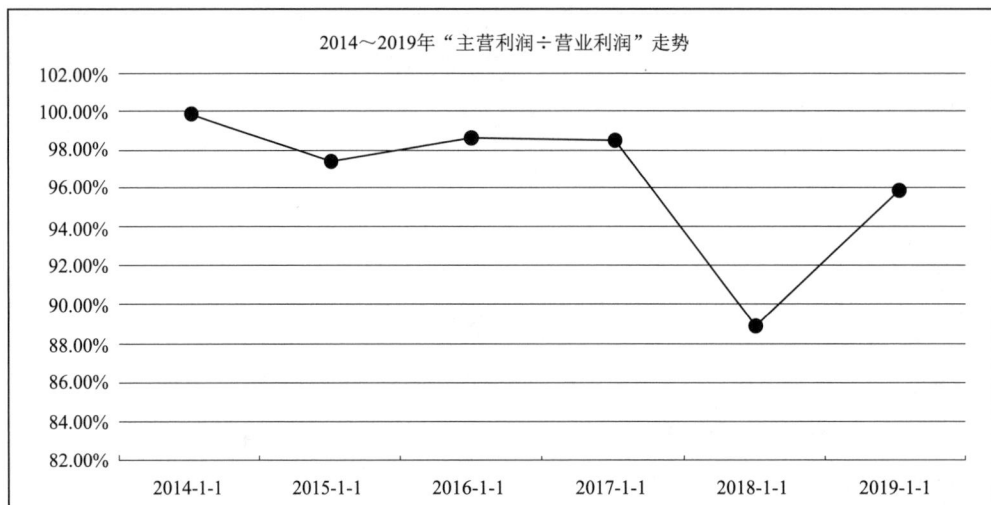

葵花药业在过去 5 年中主营利润率均大于 80%，葵花药业的主业盈利能力强。葵花药业的主营利润与营业利润的比率波动有点大，这说明葵花药业的利润质量比华东医药要差。

从三家公司的主营利润率来看，华东医药最优秀。

第六步，看净利润，了解公司的经营成果及含金量。

净利润主要看净利润含金量，净利润金额越大越好。净利润小于 0 的公司，直接淘汰掉。优秀的公司不但净利润金额大而且含金量高。优秀公司的"净利润现金比率"会持续大于 100%。

看看华东医药的净利润，见下表。

华东医药	2019-12-31	2018-12-31	2017-12-31	2016-12-31	2015-12-31
经营活动产生的现金流量净额（万元）	200 170.00	203 950.00	166 112.00	134 696.00	65 854.00
净利润（万元）	292 539.50	239 517.53	182 730.00	156 634.00	118 383.00
净利率现金比率	68.42%	85.15%	90.91%	85.99%	55.63%

华东医药过去 5 年的净利润现金比率除了 2019 年为 68.42%，2018 年为 85.15%，2017 年为 90.91%，2016 年为 85.99%，华东医药过去 4 年的平均净利润现金比率高于 80%，净利润含金量较高。

下面我们再与同行北陆药业进行对比，见下表。

北陆药业	2019-12-31	2018-12-31	2017-12-31	2016-12-31	2015-12-31
经营活动产生的现金流量净额（万元）	15 681.00	17 575.00	14 492.00	7 617.00	8 085.00
净利润（万元）	34 243.13	14 777.08	11 643.00	1 451.00	9 325.00
净利率现金比率	45.79%	118.93%	124.47%	524.95%	86.70%

北陆药业过去 5 年的净利润现金比率也是忽高忽低，这也是不专注于主业的企业的通病。2015 年净利润现金比率更只有 8.19%。

葵花药业过去 5 年的平均净利润现金比率连续 3 年超过 100%，2019 年甚至达到 154.51%。净利润含金量比华东医药和北陆药业好很多。在负面消息缠身的情况下，葵花药业的净利润现金比率最优，赢回一局，见下表。

葵花药业	2019-12-31	2018-12-31	2017-12-31	2016-12-31	2015-12-31
经营活动产生的现金流量净额（万元）	98 133.00	86 621.00	55 877.00	34 123.00	12 584.00
净利润（万元）	63 510.55	60 779.99	42 218.00	35 589.00	32 743.00
净利润现金比率	154.51%	142.52%	132.35%	95.88%	38.43%

第七步，看归属于母公司的净利润，了解公司的整体盈利能力及持续性。

归属于母公司的净利润主要看两点：一是规模；二是增长率。用"归属于母公司的净利润"和"归属于母公司的股东权益"，可以计算公司的净资产收益率，也叫 ROE。净资产收益率是一个综合性最强的财务比率，是杜邦分析系统的核心。它反映所有者投入资本的获利能力，同时反映企业筹资、投资、运营的效率。一般来说，净资产收益率在 15% ～ 39% 比较合适。

下面看看华东医药的归属于母公司的净利润，见下表。

华东医药	2019-12-31	2018-12-31	2017-12-31	2016-12-31	2015-12-31
归属于母公司所有者的净利润（万元）	281 312.00	226 723.00	177 951.00	144 659.00	109 691.00
归属于母公司的净利润增长率	24.08%	27.41%	23.01%	31.88%	44.97%
归属于母公司股东权益合计（万元）	1 230 948.00	993 815.00	839 327.00	727 852.00	297 106.00
净资产收益率（ROE）	22.85%	22.81%	21.20%	19.87%	36.92%

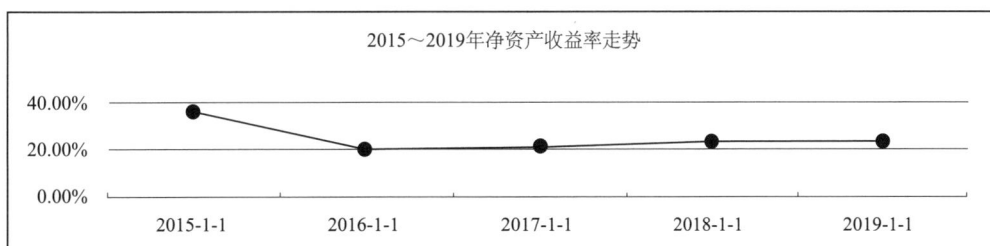

2015～2019年净资产收益率走势

191

华东医药过去 5 年的 ROE 都在稳定的 20% 以上，按照芒格派—价值投资派拥趸者的说法，20% 的 ROE，5 年净资产就翻一倍多。2014 年末，华东医药的收盘价是 12.68 元 / 股，2019 年末的收盘价是 24.1 元 / 股，翻了不到一倍，这只股票的走势验证了芒格派的理论。如果继续以 2014 年末的股价为标准，华东医药一直保持 20% 的复合增长率，2019 年末的理论价格应该是 31.55 元（12.68×1.2^5），2020 年末的价格应该是 37.86 元（12.68×1.2^6），2020 年 11 月 21 日写这本书的时候，华东医药的价格是 30.85 元 / 股，理论上还有一定的上涨空间。我是在 2020 年 5 月 6 日以每股 21 元的价格买入 3 100 股，2020 年 7 月 8 日以每股 27.06 元买入 1 800 股，2020 年 11 月 6 日以每股 32.95 元买入 2 500 股，最后这 2 500 股目前还是浮亏状态，总体的盈利也只有 16%。目前，总体浮盈 84 000 元左右（2020 年 5 月在另一账户以每股 21 元买的 5 000 股已经清仓了），持仓浮盈 33 607.18 元，按我的现金流量估值模板计算，在 2019 年末折现率 12%，预测期增长率 15%，永续期增长率 5% 的条件下，华东医药的价值是 29.23 元 / 股。现金流估值偏保守，而且经过 2020 年近一年的经营，2020 年末华东医药的价格应该是 35 元（29.23×1.2），我这个现金流模板基于格雷厄姆派的价值投资理论创立，也就是说按 "格雷厄姆派" 现在的价值是 36 元 / 股，按 "芒格派" 是 37.86 元 / 股，现在市场给的价格还是低估的，考虑到每年 20% 的稳定的 ROE 水平，我决定继续持有华东医药，争取把它传给儿子。

ROE 持续大于 20%，说明公司的整体盈利能力非常强。华东医药的归属于母公司净利润增长率都大于 10%，盈利的持续性也比较强，如图 6-2-1 所示。

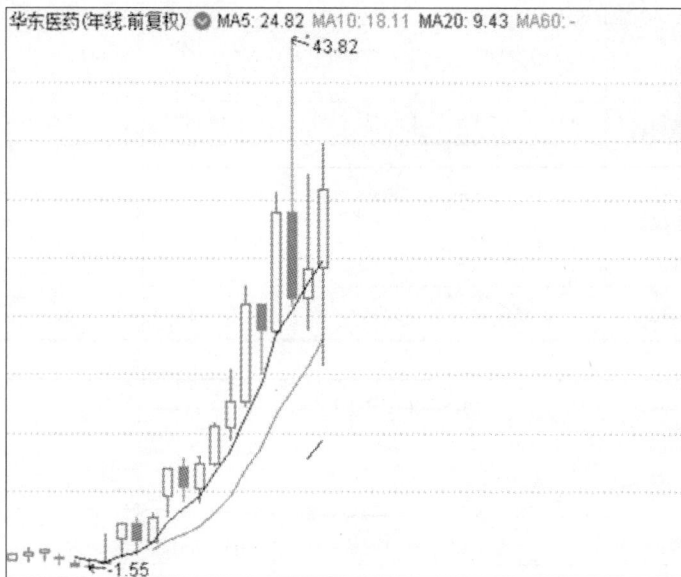

图 6-2-1　华东医药 K 线

下面我们再与同行北陆药业进行对比，见下表。

北陆药业	2019-12-31	2018-12-31	2017-12-31	2016-12-31	2015-12-31
归属于母公司所有者的净利润（万元）	34 244.00	14 776.00	11 882.00	1 638.00	3 258.00
归属于母公司所有者的净利润增长率	131.75%	24.36%	625.40%	−49.72%	−62.45%
归属于母公司股东权益合计（万元）	145 051.00	120 579.00	106 924.00	90 169.00	89 116.00
ROE	23.61%	12.25%	11.11%	1.82%	3.66%

北陆药业在 2019 年 ROE 也达到了 23.61%，可惜扣除公允价值变动的影响还是只有百分之十几而已，所以我对北陆药业主业其实并不乐观，买它就是买世和基因的原始股，炒的就是一个概念而已，到目前还是浮亏。北陆药业是我 2020 年亏损额排名第二的股票，目前的持仓比例为 6.7%，希望能早日扭亏为盈。

葵花药业 2019 年的 ROE 为 17.54%，还是挺优秀的，近 4 年呈缓慢上涨的姿势，2019 年也达到了 17.54%，说明葵花药业虽然负面消息缠身，但根基还在，见下表。

葵花药业	2019-12-31	2018-12-31	2017-12-31	2016-12-31	2015-12-31
归属于母公司所有者的净利润（万元）	56 542.00	56 328.00	42 400.00	30 302.00	30 660.00
归属于母公司所有者的净利润增长率	0.38%	32.85%	39.92%	−1.17%	1.82%
归属于母公司股东权益合计（万元）	322 412.00	327 285.00	299 285.00	263 738.00	244 909.00
ROE	17.54%	17.21%	14.17%	11.49%	12.52%

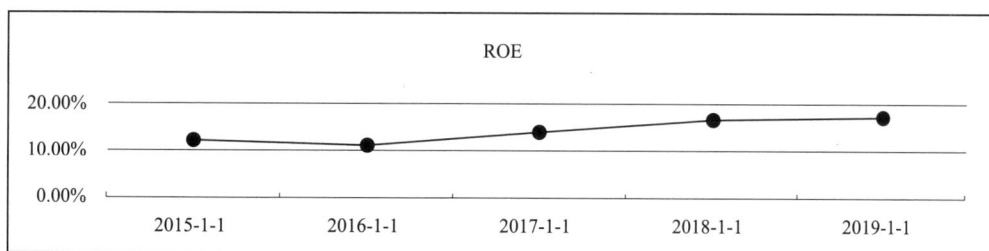

ROE

结合三家公司的 ROE 的分析，可以看到医药行业的毛利率还是非常高的。结合未来国家大力的政策支持，是非常值得投资的一个行业。一家公司能给股东带来的长期年化收益率基本上等于长期的 ROE，这三家公司中哪家公司更有投资价值，还是很容易判断的。通过利润表我们可以看到华东医药行业地位比较高，产品竞争力强，毛利率近 5 年一直稳定在 30% 左右，产品具有较强竞争力，主营利润率稳定且结构合理，具有可持续发展性。销售费用率在三家公司中表现也最为出色。

3. 现金流量表

第一步，看经营活动产生的现金流量净额，判断公司的造血能力。经营活动产生的现金流量净额越大，公司的造血能力越强。

优秀的公司造血能力都很强大。看看华东医药的经营活动产生的现金流量净额，见下表。

华东医药	2019-12-31	2018-12-31	2017-12-31	2016-12-31	2015-12-31
经营活动产生的现金流量净额（万元）	200 170.00	203 950.00	166 112.00	134 696.00	65 854.00
经营活动产生的现金流量增长率	−1.85%	22.78%	23.32%	104.54%	−11.11%

华东医药经营活动产生的现金流量净额近 4 年整体都趋于稳定增长的趋势，而且是成一定规模的，2019 年受集中采购的影响出现 −1.85% 的负增长率。也引起了 2018 ～ 2019 年的股价的暴跌，但是 2020 年以来公司的经营情况表明，市场有些过虑了。目前股价基本恢复到了正常的价值，耐心持有享受每年 20% 的复合增长就好了。

看看可比公司北陆药业，见下表。

北陆药业	2019-12-31	2018-12-31	2017-12-31	2016-12-31	2015-12-31
经营活动产生的现金流量净额（万元）	15 681.00	17 575.00	14 492.00	7 617.00	8 085.00
经营活动产生的现金流量增长率	−10.78%	21.27%	90.26%	−5.79%	92.00%

北陆药业近三年经营活动的现金流量增长乏力。

再看看可比公司葵花药业，见下表。

葵花药业	2019-12-31	2018-12-31	2017-12-31	2016-12-31	2015-12-31
经营活动产生的现金流量净额（万元）	98 133.00	86 621.00	55 877.00	34 123.00	12 584.00
经营活动产生的现金流量增长率	13.29%	55.02%	63.75%	171.16%	−68.79%

葵花药业的现金流还是非常好的，我之前也是在微信群里面听一个朋友说葵花药业的现金流特别好，因为那个朋友一直在医药行业，我相信他的信息没问题，再加上自己做的现金流量表估值模型也支持，现金流模型出来的价格是 17.61 元 / 股，所以买了 10 万元的，最高点超过了 20 元 / 股，可惜没在高点出来，不过现在也出来了，

总体盈利 25%，还不错。葵花药业在我 2020 年的股票池里面盈利排名第五，而且已经清仓了。但我仍然在持续关注。如果 2021 年形势能得到扭转，价格也合适，我还是可以入手一点的，如图 6-2-2 所示。

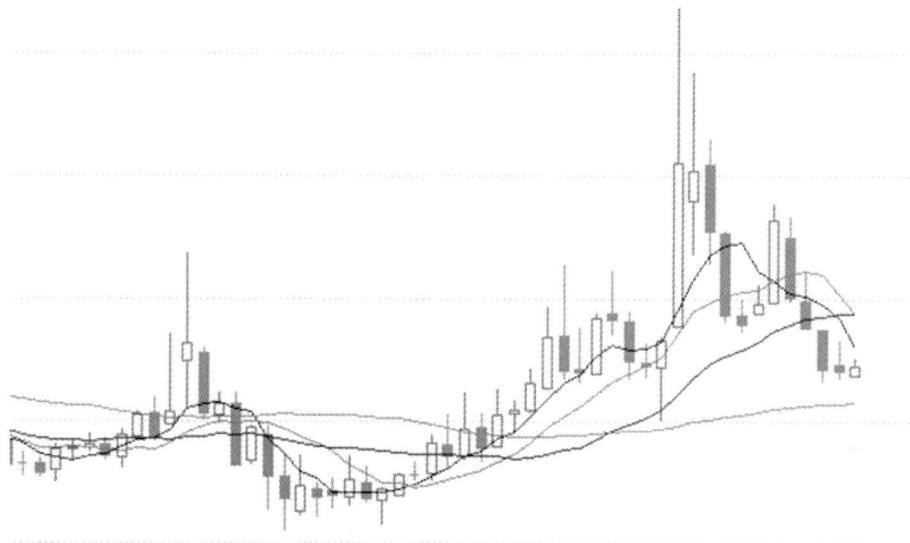

图 6-2-2　葵花药业 K 线走势

第二步，看"购买固定资产、无形资产和其他长期资产支付的现金"，判断公司未来的成长能力。

"购买固定资产、无形资产和其他长期资产支付的现金"金额越大，公司未来成长能力越强。成长能力较强的公司，"购买固定资产、无形资产和其他长期资产支付的现金"与"经营活动现金流量净额"比率一般在 10% ～ 60% 之间。这个比率连续两年高于 100% 或低于 10% 的公司，应淘汰。看看华东医药的购买固定资产、无形资产和其他长期资产支付的现金，见下表。

华东医药	2019-12-31	2018-12-31	2017-12-31	2016-12-31	2015-12-31
经营活动产生的现金流量净额（万元）	200 170.00	203 950.00	166 112.00	134 696.00	65 854.00
购建固定资产、无形资产和其他长期资产所支付的现金（万元）	135 344.00	87 646.00	47 869.00	46 700.00	38 301.00
购建固定资产、无形资产和其他长期资产所支付的现金与经营活动产生的现金流量净额的比率	67.61%	42.97%	28.82%	34.67%	58.16%

2015—2018 年的"购建固定资产、无形资产和其他长期资产支付的现金"金额占公司现金流 30% ~ 40% 之间，2019 年的"购建固定资产、无形资产和其他长期资产支付的现金"金额占公司现金流 67.61%，表明公司正在扩张中，未来公司的营业收入和净利润有可能出现较大的提升，公司成长能力强。

下面看看可比公司北陆药业，见下表。

北陆药业	2019-12-31	2018-12-31	2017-12-31	2016-12-31	2015-12-31
经营活动产生的现金流量净额（万元）	15 681.00	17 575.00	14 492.00	7 617.00	8 085.00
购建固定资产、无形资产和其他长期资产所支付的现金（万元）	3 499.00	5 406.00	5 500.00	4 421.00	6 923.00
购建固定资产、无形资产和其他长期资产所支付的现金与经营活动产生的现金流量净额的比率	22.31%	30.76%	37.95%	58.04%	85.63%

北陆药业构建固定资产的力度也算中规中矩，但投入比率呈下滑趋势，从侧面也说明了领导层可能更关注它投资的金融资产，对于主业的固定资产投入力度不高。

葵花药业构建固定资产的力度不小，近三年投入比率呈上升趋势，从侧面也说明了关氏二代领导层，对于主业还是很有信心的，见下表。

葵花药业	2019-12-31	2018-12-31	2017-12-31	2016-12-31	2015-12-31
经营活动产生的现金流量净额（万元）	98 133.00	86 621.00	55 877.00	34 123.00	12 584.00
购建固定资产、无形资产和其他长期资产所支付的现金（万元）	37 424.00	32 087.00	15 688.00	15 949.00	17 732.00
购建固定资产、无形资产和其他长期资产所支付的现金与经营活动产生的现金流量净额的比率	38.14%	37.04%	28.08%	46.74%	140.91%

第三步，看"分配给普通股股东及限制性股票持有者股利支付的现金"判断公司的品质。

优秀的公司应当每年分红而且分红率一般会大于净利润的 30%。连续高分红的公司财务造假的概率很小。分红率低于 30% 的公司，要么能力有问题，要么品质有问题。看看华东医药的分红率，见下表。

公告日	分红（每股）	送股（每股）	转股（每股）	登记日	派现额度（万元）	除权日	备注	每股收益	分红率
2020-4-28	0.28	0	0	2020-6-16	48 994.67	2020-6-17	[详情]	1.61	17.39%
2019-4-19	0.33	0	0.2	2019-6-20	48 119.76	2019-6-21	[详情]	1.55	21.29%
2018-3-30	0.72	0	0.5	2018-6-12	69 992.38	2018-6-13	[详情]	1.83	39.34%
2017-3-9	1.35	0	1	2017-5-23	65 617.86	2017-5-24	[详情]	3.00	45.00%
2016-3-18	1.25	0	0	2016-6-15	60 757.28	2016-6-16	[详情]	2.53	49.41%

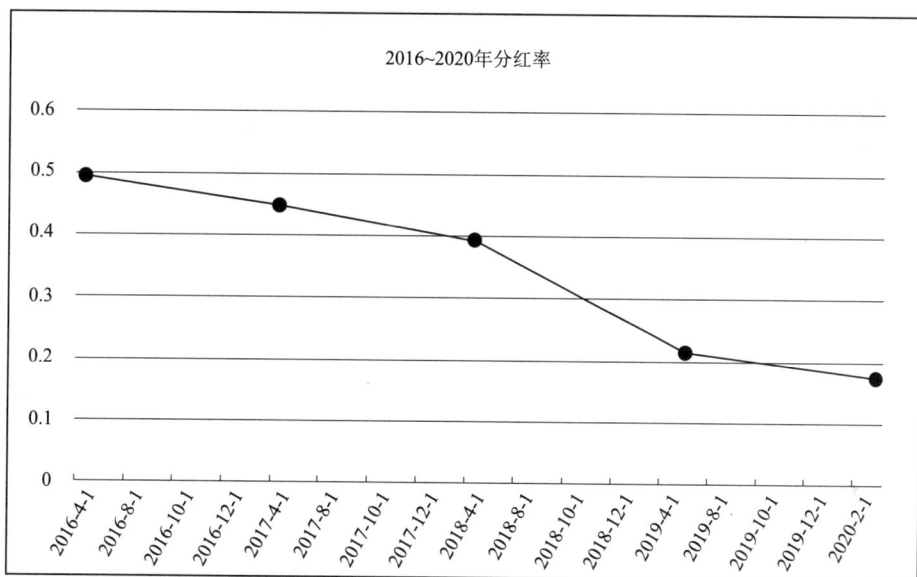

2016~2020年分红率

华东医药 2015 ~ 2019 年的分红率呈逐年下降趋势。2017 年以前，华东医药的分红率还是非常高的，对股东是很慷慨的。2018 年、2019 年分红比例也在一个合理的范围，分红比率下降也和公司加大研发力度，锐意进取有关联，未来这种分红很可能继续持续下去。

看看可比公司北陆药业，见下表。

公告日	分红（每股）	送股（每股）	转股（每股）	登记日	派现额度（万元）	除权日	备注	每股收益	分红率
2020-3-12	0.07	0	0	2020-6-12	3 462.83	2020-6-15	[详情]	0.7	10.00%
2019-2-28	0.1	0	0	2019-4-2	4 889.90	2019-4-3	[详情]	0.3	33.33%

续上表

公告日	分红（每股）	送股（每股）	转股（每股）	登记日	派现额度（万元）	除权日	备注	每股收益	分红率
2018-8-4	0	0	0.5	2018-9-3	0	2018-9-4	[详情]	0.36	0.00%
2018-2-28	0.037	0	0	2018-4-13	1 206.18	2018-4-16	[详情]	0.05	74.00%
2017-2-28	0.01	0	0	2017-3-30	325.99	2017-3-31	[详情]	0.11	9.09%
2016-4-29	0.02	0	0	2016-6-27	661.02	2016-6-28	[详情]	0.28	7.14%

北陆药业的分红比率也还可以，比那些不分红的公司强，期待它能快速成长。

葵花药业的分红情况，见下表。

公告日	分红（每股）	送股（每股）	转股（每股）	登记日	派现额度（万元）	除权日	备注	每股收益	分红率
2020-4-28	1	0	0	2020-5-27	58 400.00	2020-5-28	[详情]	0.97	103.09%
2019-3-21	1	0	0	2019-4-22	58 400.00	2019-4-23	[详情]	0.96	104.17%
2018-3-16	1	0	1	2018-4-17	29 200.00	2018-4-18	[详情]	1.45	68.97%
2017-4-28	0.3	0	0	2017-5-31	8 760.00	2017-6-1	[详情]	1.04	28.85%
2016-4-15	0.3	0	0	2016-8-1	8 760.00	2016-8-2	[详情]	1.05	28.57%

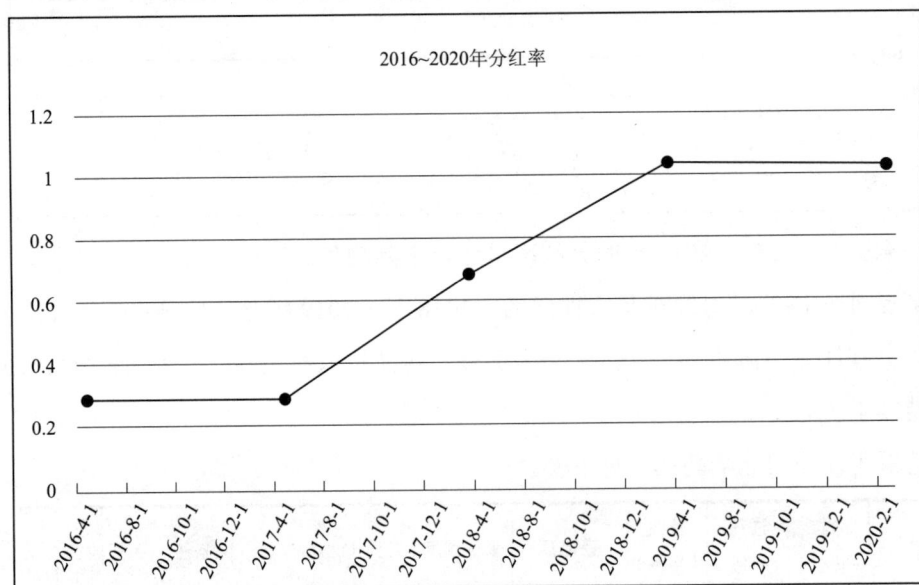

2016~2020年分红率

葵花药业 2015 ～ 2019 年的分红率呈逐年上升趋势。2018 年、2019 年的分红率更是夸张地超过了 100%，对股东是很慷慨的。这也让我有一点担心，挣了钱就都分了，咱这日子难道是不想过了？不过分红见品质，谁对股东慷慨，一目了然。喜欢东北人的豪爽劲，今朝有酒今朝醉！

第四步，看三大活动现金流量净额的组合类型，选出最佳类型的公司。

优秀的公司一般是"正负负"和"正正负"类型。连续两年为其他类型的公司，应淘汰。

看看华东医药的三大活动现金流量净额的组合类型，见下表。

华东医药	2019-12-31	2018-12-31	2017-12-31	2016-12-31	2015-12-31
经营活动产生的现金流量净额（万元）	200 170.00	203 950.00	166 112.00	134 696.00	65 854.00
投资活动产生的现金流量净额（万元）	(158 261.00)	(156 074.00)	(100 605.00)	(61 363.00)	(81 933.00)
筹资活动产生的现金流量净额（万元）	(60 860.00)	(43 044.00)	(91 210.00)	45 756.00	62 850.00
公司类型	正负负	正负负	正负负	正负正	正负正
评价	优秀	优秀	优秀	差评	差评

华东医药连续 3 年的三大活动现金流量净额的组合类型均为"正负负"型，属于优秀公司的类型。公司经营活动产生的现金流量净额为正，说明公司主业经营赚钱；投资活动产生的现金流量净额为负，说明公司在继续投资，公司处于扩张之中。筹资活动现金流量净额为负，说明公司在还钱或者分红。公司靠着主营业务赚的钱支持扩张同时还还钱或进行分红。说明华东医药会有一个很好的持续。

可比公司北陆药业，见下表。

北陆药业	2019-12-31	2018-12-31	2017-12-31	2016-12-31	2015-12-31
经营活动产生的现金流量净额（万元）	15 681.00	17 575.00	14 492.00	7 617.00	8 085.00
投资活动产生的现金流量净额（万元）	(7 705.00)	(19 812.00)	(249.00)	(20 370.00)	(15 311.00)
筹资活动产生的现金流量净额（万元）	(2 239.00)	(1 206.00)	(324.00)	(5 462.00)	19 540.00
公司类型	正负负	正负负	正负负	正负负	正负正
评价	优秀	优秀	优秀	优秀	差评

现金流量表的表现不错，北陆药业连续 4 年的三大活动现金流量净额的组合类型

均为"正负负"型，属于优秀公司的类型。公司经营活动产生的现金流量净额为正，说明公司主业经营赚钱；投资活动产生的现金流量净额为负，说明公司在继续投资，公司处于扩张之中。筹资活动现金流量净额为负，说明公司在还钱或者分红。公司靠着主营业务赚的钱支持扩张同时，清偿债务或进行分红，说明北陆药业会有一个良好的持续。

可比公司葵花药业，见下表。

葵花药业	2019-12-31	2018-12-31	2017-12-31	2016-12-31	2015-12-31
经营活动产生的现金流量净额（万元）	98 133.00	86 621.00	55 877.00	34 123.00	12 584.00
投资活动产生的现金流量净额（万元）	（31 369.00）	（28 715.00）	（15 386.00）	（37 432.00）	（25 860.00）
筹资活动产生的现金流量净额（万元）	（42 782.00）	（25 161.00）	（39 501.00）	444.00	（72 106.00）
公司类型	正负负	正负负	正负负	正负正	正负负
评价	优秀	优秀	优秀	差评	优秀

现金流量表的表现不错，葵花药业连续 3 年的"三大活动现金流量净额"的组合类型均为"正负负"型，属于优秀公司的类型。公司经营活动产生的现金流量净额为正，说明公司主业经营赚钱；投资活动产生的现金流量净额为负，说明公司在继续投资，公司处于扩张之中。筹资活动现金流量净额为负，说明公司在还钱或者分红。公司靠着主营业务赚的钱支持扩张的同时清偿债务或进行分红。说明葵花药业会有一个良好的持续。

第五步，看"现金及现金等价物的净增加额"，判断公司的稳定性。

现金及现金等价物净增加额主要看正负。现金及现金等价物净增加额大于 0，公司才能积累更多的钱。公司所属的"正负负"或"正正负"类型才能持续的保持。

优秀公司的现金及现金等价物净增加额一般都是大于 0 的。加回现金分红后，现金及现金等价物的净增加额小于 0 的公司，应淘汰掉。

看看华东医药的"现金及现金等价物的净增加额"，见下表。

华东医药	2019-12-31	2018-12-31	2017-12-31	2016-12-31	2015-12-31
现金及现金等价物净增加额（万元）	（16 694.00）	2 589.00	（25 704.00）	119 089.00	46 771.00
期末现金及现金等价物余额（万元）	223 177.00	239 871.00	237 282.00	262 986.00	143 897.00

续上表

华东医药	2019-12-31	2018-12-31	2017-12-31	2016-12-31	2015-12-31
分红额度	48 994.67	48 119.76	69 992.38	65 617.86	60 757.28
加回分红后的现金及等价物净增加额（万元）	32 300.67	50 708.76	44 288.38	184 706.86	107 528.28
评价	优秀	优秀	优秀	优秀	优秀

我们可以看到华东医药在 2015—2019 年末都有 20 多亿元的现金，在 2015 ~ 2019 年末加回分红后的"现金及等价物净增加额"都是正数，我连续 5 年都给予优秀的评级，可见华东医药的实力还是很强的。

可比公司北陆药业，见下表。

北陆药业	2019-12-31	2018-12-31	2017-12-31	2016-12-31	2015-12-31
现金及现金等价物净增加额（万元）	5 736.00	（3 443.00）	13 920.00	（18 215.00）	12 314.00
期末现金及现金等价物余额（万元）	24 840.00	19 104.00	22 547.00	8 627.00	26 842.00
分红额度	3 462.83	4 889.90	0	1 206.18	325.99
加回分红后的现金及等价物净增加额（万元）	9 198.83	1 446.90	13 920.00	（17 008.82）	12 639.99
评价	优秀	优秀	优秀	差评	优秀

我们可以看到北陆药业在 2017 ~ 2019 年末都有 2 亿元的现金，在 2017 ~ 2019 年末加回分红后的"现金及等价物净增加额"都是正数，我连续 3 年都给予优秀的评级，可见北陆药业的实力还是不错的。

可比公司葵花药业，见下表。

葵花药业	2019-12-31	2018-12-31	2017-12-31	2016-12-31	2015-12-31
现金及现金等价物净增加额（万元）	23 992.00	32 777.00	950.00	（2 825.00）	（85 382.00）
期末现金及现金等价物余额（万元）	146 548.00	122 556.00	89 779.00	88 829.00	91 654.00
分红额度	58 400.00	58 400.00	29 200.00	8 760.00	8 760.00
加回分红后的现金及等价物净增加额（万元）	82 392.00	91 177.00	30 150.00	5 935.00	（76 622.00）
评价	优秀	优秀	优秀	优秀	差评

我们可以看到葵花药业在2018～2019年末都有10多亿元的现金，在2017～2019年末加回分红后的"现金及等价物净增加额"都是正数，我连续3年都给予优秀的评级。

总结：通过对三大财务报表的分析，我们可以看到华东医药盈利性很好，产品竞争力强，资产负债率比较健康，毛利率稳步上升，非常优秀。公司每年将20%～50%的利润进行分红，而且分红金额巨大，体现公司对股东的责任。同时，医药行业属于国家大力扶植的行业。从投资构建固定资产的金额逐渐增加来看，未来的发展空间很大，国外的经验也表明，消费和医药都是绝佳的赛道。

通过财务报表数据的分析，我们发现华东医药是个非常不错的公司。目前华东医药占我持仓比例是13.3%是我2020年第二赚钱的股票；北陆药业占我持仓比例6.7%，是我2020年第二亏钱的股票，但我相信这只是浮亏，我一定要持有到盈利；葵花药业是我2020年度第五盈利的股票，目前已清仓，不过看11月、12月的行情，葵花药业大概率是会被挤出股票池前五的。如果可能我希望能被挤出前十，不过该股票我依然持续关注。

风险提示：本文所提到的观点仅代表个人的意见，所涉及标的不做推荐，据此买卖，风险自负。

三、 方大特钢、宝钢股份、包钢股份报表分析

（一）方大特钢基本信息

（1）公司概况

方大特钢是方大集团旗下的核心企业和上市公司，集采矿、炼焦、烧结、炼铁、炼钢、轧材工艺为一体，拥有完整的"采矿→冶炼→轧制弹扁→板簧"产业链。该公司是中国企业500强之一，是全国弹簧扁钢、汽车板簧、易切削钢精品生产基地，主要产品螺纹钢、弹簧扁钢、汽车板簧具有较高的品牌价值和知名度。公司通过质量、环境、职业健康安全和测量管理体系认证，也是通过"两化融合体系"认证的企业，拥有国家博士后科研工作站、国家试验室认可（CNAS）检测中心和江西省弹簧钢工程研究中心，其弹簧钢生产与技术创新团队是江西省优势科技创新团队。公司坚持"党建为魂"的企业文化，践行"经营企业一定要对政府有利，对企业有利，对职工

有利"的企业价值观，构建精细化管理模式，开展全方位对标赛马，制造成本有效控制，企业保持突出的成本竞争力，有效地提升公司经营业绩，销售利润率、每吨钢材盈利水平、净资产收益率等指标保持在行业和行业上市公司第一方阵。公司致力于打造文化先进、管理精细、指标领先、效益一流、环境优美、绿色环保、员工小康的新型现代化钢铁企业，努力建成全球最具竞争力的弹簧扁钢、汽车板簧、易切削钢精品生产基地。

（2）行业情况分析

2019 年，在国内外不稳定因素增多，国内经济存在下行压力，供给侧结构性改革红利进一步弱化的综合作用下，我国钢铁行业呈现产量继续增加，企业效益下滑，行业结构有所优化的特点。期间，铁矿石受巴西淡水河谷溃坝，澳大利亚飓风等事件影响，价格大幅上涨；焦炭因环保政策趋严，供应量受到限制，价格低位反弹；在成品价格走低和原料价格回升的挤压下，钢厂利润空间明显收窄。在钢铁行业整体性业绩下滑压力下，公司充分发挥优秀的成本管控能力和稳定的盈利能力，凸显相对竞争优势，企业应对市场风险的能力不断增强，展现出基础管理稳、发展韧劲足、回旋余地大的优势，企业具备较强的综合竞争实力。

（二）宝钢股份基本信息

该公司是全球领先的现代化钢铁联合企业，是世界 500 强企业之一，中国宝武钢铁集团有限公司的核心企业。公司专注于钢铁业，同时从事与钢铁主业相关的加工配送等业务。公司拥有上海宝山、武汉青山、湛江东山、南京梅山等主要制造基地，是全球碳钢品种最为齐全的钢铁企业之一。公司对标行业引领者，强化多制造基地管理模式，持续提升成本变革、技术领先、服务先行、智慧制造、城市钢厂等五大能力，不断创新、深化公司竞争优势。

公司坚持走"创新、协调、绿色、开放、共享"的发展之路，拥有享誉全球的品牌，世界一流的技术水平和服务能力。公司钢铁主业专业生产高技术含量、高附加值的碳钢薄板、厚板与钢管等钢铁精品，主要产品被广泛应用于汽车、家电、石油化工、机械制造、能源交通等行业。聚焦核心战略产品群，从制造、研发、营销、服务四大维度，形成汽车用钢、电工钢、能源与管线用钢、高等级薄板、镀锡板、长材等六大战略产品。

公司注重创新能力的培育，积极开发应用先进制造和节能环保技术，建立了覆盖全国、遍及世界的营销和加工服务网络。公司自主研发的新一代汽车高强钢、电工钢、高等级家电用钢、油气管、桥梁用钢、热轧重轨等高端产品处于国际先进水平。公司持续实施以技术领先为特征的精品开发战略，紧密关注中国高端制造业如，军工、核电、高铁、海工装备、新能源汽车等产业的高速增长，发展包括超高强钢、取向硅钢在内的高端产品，并研发储备更高端新材料技术，集中力量"从钢铁到材料"，持续追求高端产品结构带来的经济效益。在第二十三届全国发明展上，宝钢股份获得19项金奖、17项银奖、38项铜奖的优异成绩。

在满足国内市场需求的同时，产品出口日本、韩国等七十多个国家和地区。

从生产工艺和技术研发来看，公司整体技术装备建立在当代钢铁冶炼、冷热加工、液压传感、电子控制、计算机和信息通信等先进技术的基础上，具有大型化、连续化、自动化的特点，处于世界钢铁行业领先者地位。

公司大力推进智慧制造。2019年公司各制造基地聚焦"少人化、无人化、集控化"，启动智能装备改造项目112个，减少操作室83个，使1 084人有机会脱离繁重的体力劳动，形成"一键炼钢""无人重载框架车控制及调度技术"等一批智慧制造成果。

公司秉承环境经营理念，在节能环保、生态环境和可持续发展方面加大投入，推进"三治四化"（"三治"为废气超低排、废水零排放、固体废物不出厂；"四化"为洁化，绿化，美化，文化），加快建设绿色城市钢厂，主要环保指标实绩得到持续改善，全年无重大环境风险事件，四大基地和谐融入城市。

公司通过全力打造上海宝山、武汉青山、湛江东山和南京梅山等四大制造基地，积极推进实施营销、采购和研发统一管理，构建集中一贯管理的具有宝钢特色的多制造基地管理模式。努力实现"成为全球最具竞争力的钢铁企业、成为最具投资价值的上市公司"的愿景。

（三）包钢股份基本信息

（1）公司主要业务

公司主要从事矿产资源开发利用，钢铁产品的生产与销售，主要产品有稀土精矿、萤石精矿等矿产品，建筑用钢材、冷热轧卷板、镀锌钢板、中厚板、无缝管、重轨、型钢等钢铁产品。矿产品主要用于稀土冶炼分离行业、氟化工行业，钢铁产品主要用于基建、房地产、汽车、家电、风电、机械制造、高压锅炉、石油化工、基础设施建设等行业。产品主要以国内市场销售为主，部分产品出口。

（2）公司经营模式

原材料采购模式：公司设有采购中心，主要原材料由采购中心通过招标集中采购，提高公司的资金使用效率和议价能力。机械设备、备品备件的采购也是由采购中心招标采购。金属制造公司、钢管公司、特钢分公司实行市场化改革，原材料采购自行负责。

钢铁产品销售模式：主要采用直销、分销模式；付款模式主要是先款后货，部分大客户和战略合作客户允许有一定账期。产品出口由公司下属的国贸公司负责。金属制造公司、钢管公司、特钢分公司实行市场化改革，产品销售自行负责。

生产组织模式：坚持"以炼铁为中心"和"以效定销、以销定产"的一级组产原则，通过合理分配铁水资源，科学编制铸机保产顺序，有效组织新老体系间铁水平衡及运输，实现整体生产稳定顺行。

员工激励模式：公司员工薪酬实行全额浮动的绩效薪酬模式，加大成本考核在薪酬考核中的权重。2020年，金属制造公司、钢管公司、特钢公司实施市场化改革，加大放权力度，提高超额业绩激励比重，激发员工创效积极性。

管理层激励模式：公司对高级管理人员实施年度目标责任考核，依照公司全年经营目标完成情况，结合年度个人考核评价结果，决定高级管理人员的年度报酬；将任职风险抵押与公司经营业绩挂钩，激励管理层积极参与公司决策。公司筹划实施股权激励，在条件成熟时，对公司的管理层及核心技术团队实施股权激励。

资金融通模式：公司资金的主要用于生产经营的流动资金、偿还供应商欠款、归还到期债务。

主要融资渠道为银行贷款，以公开市场直接融资为辅助。

（四）三大公司财务分析

下面，让我们对方大特钢连续5年的财务报表关键数据进行分析，看看方大特钢是不是一个值得我们关注和投资的好公司。同时将包钢股份、宝钢股份与方大特钢财报数据进行对比分析。

1. 资产负债表

第一步，看总资产，了解公司的实力和成长性。

总资产我们重点看两个指标：一是总资产的规模；二是总资产的同比增长率。一

205

家公司的总资产规模代表这家公司掌控的资源规模，也就是这家公司的实力。总资产同比增长率大于 10% 的公司一般在扩张之中，这样的公司成长性较好。

下面我们看看方大特钢总资产规模及增长率，见下表。

方大特钢	2019-12-31	2018-12-31	2017-12-31	2016-12-31	2015-12-31
资产总计（万元）	1 294 982.06	961 779.00	861 651.00	847 710.00	930 575.00
总资产增长率	34.64%	11.62%	1.64%	−8.90%	0.20%

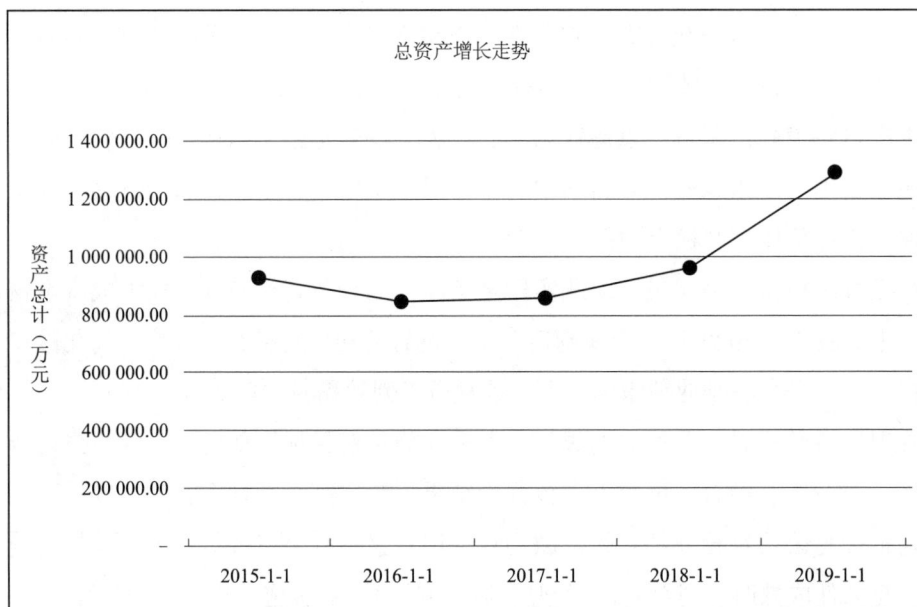

总资产增长走势

2019 年，方大特钢总资产 129.5 亿元，在钢铁制造行业，方大特钢其实是一个小不点，129.5 亿元的总资产还不到"老大哥"宝钢股份的二十六分之一，过去 5 年总资产的规模一直处于增长之中，并且 2019 年的增长率达超过 20%，说明方大特钢一直处于快速成长之中，成长性较强。2019 年，方大特钢总资产的规模大于 100 亿元，资产规模比较大，方大特钢的总体实力比较强。

下面我们再与同行宝钢股份进行对比，见下表。

宝钢股份	2019-12-31	2018-12-31	2017-12-31	2016-12-31	2015-12-31
资产总计（万元）	33 963 301.30	33 514 060.00	35 023 461.00	35 906 772.00	23 412 313.00
总资产增长率	1.34%	−4.31%	−2.46%	53.37%	2.39%

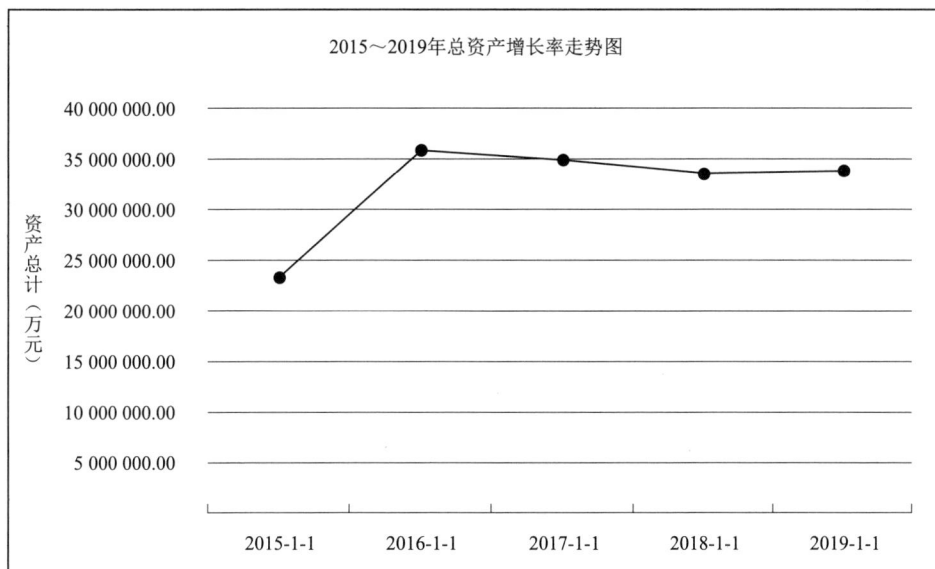

2015~2019年总资产增长率走势图

2019 年，宝钢股份的总资产为 3 396.33 亿元，总资产规模是方大特钢的二十六倍多，实力远超方大特钢。宝钢股份的总资产规模最近 4 年也几乎没有增长，2016 年增长率达到 53.37%，宝钢股份的成长性受行业的周期性影响比较明显，见下表。

包钢股份	2019-12-31	2018-12-31	2017-12-31	2016-12-31	2015-12-31
资产总计（万元）	14 415 866.00	14 880 071.00	14 664 246.00	14 143 971.00	14 493 216.00
总资产增长率	−3.12%	1.47%	3.68%	−2.41%	39.81%

2015~2019年总资产增长率走势图

2019 年，包钢股份的总资产为 1 441.59 亿元，总资产规模是方大特钢的 11 倍，实力也远超方大特钢。包钢股份过去 5 年的总资产增长率在处于小幅波动中。

通过对比，三家公司中，哪家公司的实力强，哪家公司成长性好，还是一目了然的。可以看到方大特钢的总资产规模在三家公司排名垫底，是个名副其实的"小弟弟"。方大特钢的总资产同比增长速度快，这说明方大特钢仍然处于快速扩张之中，在未来一段时期内，方大特钢很可能快速发展追赶这些钢铁业的前辈。

总资产规模大，同比增长较快，也并不一定代表公司最强，因为总资产中也有可能 95% 的部分是负债。

总资产同比增长较快，也可能是来自债务的扩张而不是公司净利润的增长，公司可能已经处于债务危机当中。这就要用到接下来的第二步分析。

第二步，看负债，了解公司的偿债风险。

负债重点看两个指标：一是资产负债率；二是准货币资金减有息负债的差额。资产负债率主要看两点：一是绝对值；二是同比增长情况。资产负债率大于 60% 的公司，债务风险较大。要淘汰。

下面我们来看看方大特钢过去 5 年的资产负债率，见下表。

方大特钢	2019-12-31	2018-12-31	2017-12-31	2016-12-31	2015-12-31
资产总计（万元）	1 294 982.06	961 779.00	861 651.00	847 710.00	930 575.00
负债合计（万元）	609 065.00	288 147.00	344 556.00	554 700.00	703 461.00
资产负债率	47.03%	29.96%	39.99%	65.44%	75.59%

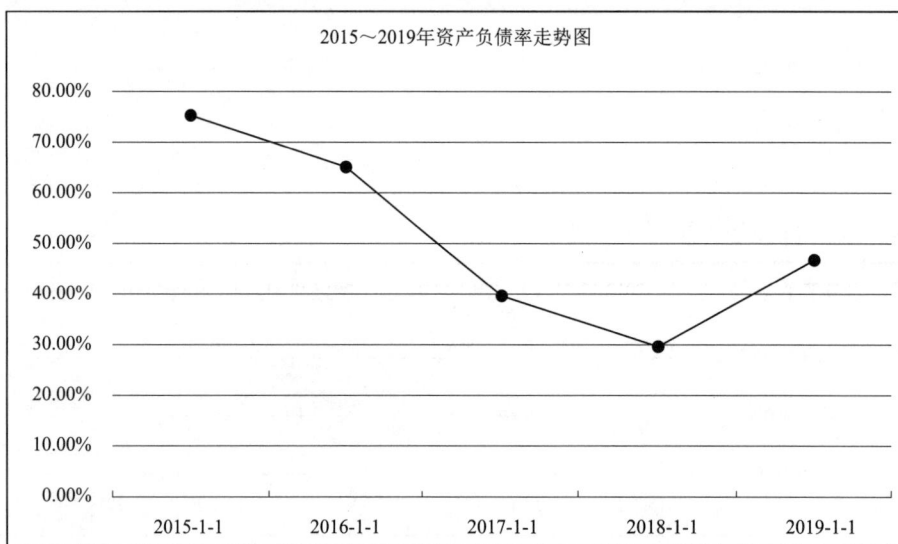
2015～2019年资产负债率走势图

2019 年，方大特钢的总负债为 60.9 亿元，总资产为 129.5 亿元，资产负债率为 47.03%，小于 60%，而且资产负债率呈触底反弹的趋势。方大特钢长期没有偿债风险。

下面我们再与同行宝钢股份进行对比，见下表。

宝钢股份	2019-12-31	2018-12-31	2017-12-31	2016-12-31	2015-12-31
资产总计（万元）	33 963 301.30	33 514 060.00	35 023 461.00	35 906 772.00	23 412 313.00
负债合计（万元）	14 841 709.85	14 654 216.54	17 553 853.00	19 853 249.00	11 097 912.00
资产负债率	43.70%	43.73%	50.12%	55.29%	47.40%

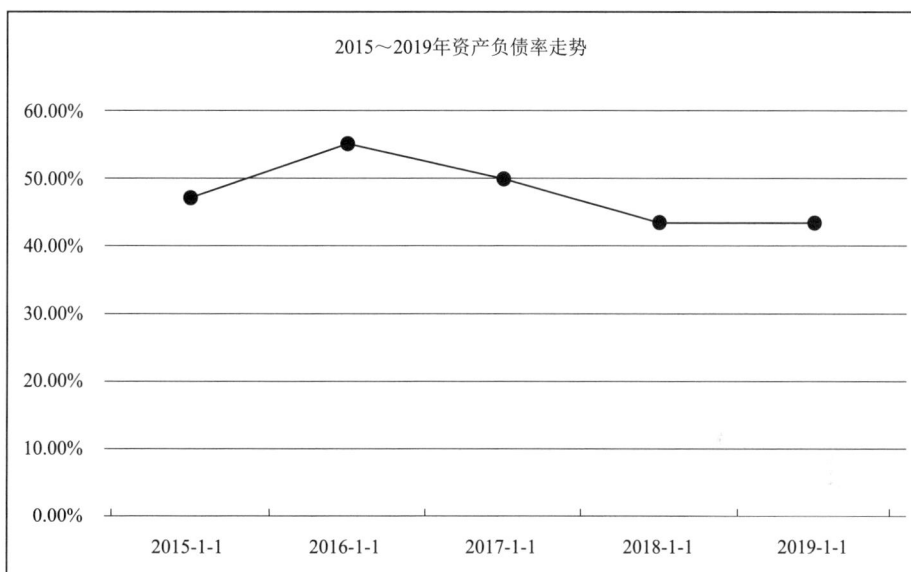

2015～2019年资产负债率走势

宝钢股份的资产负债率不算高，都不到 50%，宝钢股份近期没有偿债风险。

2015～2019 年包钢股份的资产负债率均高于 50%，包钢股份未来发生偿债的风险要高于方大特钢和宝钢股份，见下表。

包钢股份	2019-12-31	2018-12-31	2017-12-31	2016-12-31	2015-12-31
资产总计（万元）	14 415 866.00	14 880 071.00	14 664 246.00	14 143 971.00	14 493 216.00
负债合计（万元）	8 377 951.00	9 315 147.00	9 465 513.00	9 194 079.00	9 435 280.00
资产负债率	58.12%	62.60%	64.55%	65.00%	65.10%

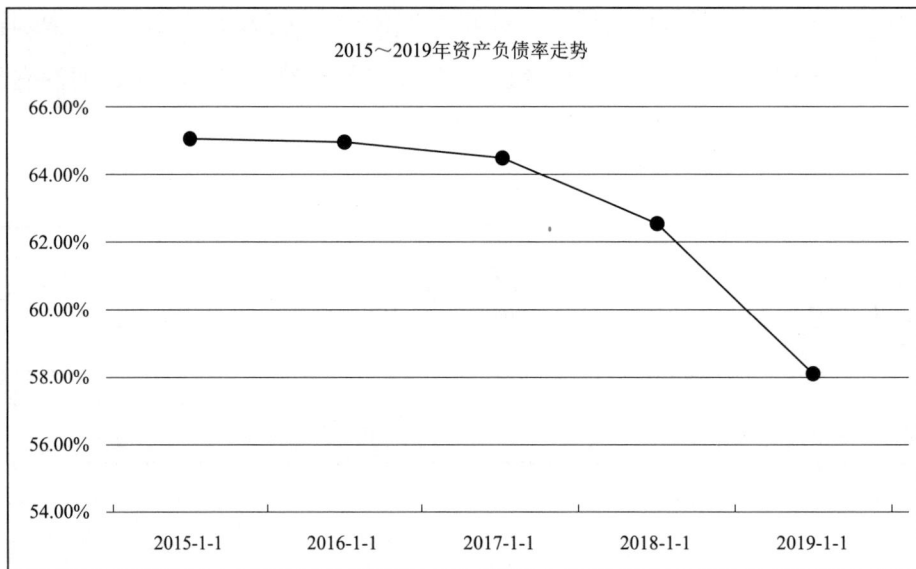

2015~2019年资产负债率走势

通过分析三家公司的资产负债率，基本可以说明钢铁制造行业是一个负债率比较高的行业。

再看看"准货币资金减去有息负债的差额"。

排除偿债风险准货币资金＝货币资金＋交易性金融资产有息负债

＝短期借款＋一年内到期的非流动负债＋长期借款＋应付债券＋长期应付款

准货币资金减有息负债的差额主要看两点：一是两者大小；二是有无异常。对于资产负债率大于40%的公司，我们要看它的准货币资金是否大于有息负债。准货币资金小于有息负债的公司，应淘汰。

方大特钢的有息负债和准货币资金，见下表。

方大特钢	2019-12-31	2018-12-31	2017-12-31	2016-12-31	2015-12-31
货币资金（万元）	476 036.00	326 144.00	109 162.00	143 302.00	176 298.00
交易性金融资产（万元）	64.00	44.00	89.00	121.00	137.00
短期借款（万元）	163 556.00	1 000.00	14 808.00	177 256.00	280 772.00
一年内到期的非流动负债（万元）	—	—	—	—	—
长期借款（万元）	—	—	—	2 800.00	3 500.00
应付债券（万元）	—	—	—	—	—
长期应付款（万元）	—	—	—	—	—

续上表

方大特钢	2019-12-31	2018-12-31	2017-12-31	2016-12-31	2015-12-31
准货币资金（万元）	476 100.00	326 188.00	109 251.00	143 423.00	176 435.00
有息负债（万元）	163 556.00	1 000.00	14 808.00	180 056.00	284 272.00
准货币资金减有息负债的差额（万元）	（312 544.00）	（325 188.00）	（94 443.00）	36 633.00	107 837.00
经营活动产生的现金流量净额（万元）	173 475.00	357 290.00	255 364.00	134 545.00	70 659.00

方大特钢 2015 年、2016 年准货币资金小于有息负债总额。2016 ～ 2019 年准货币资金金额一直大于有息负债总额，进一步确认了方大特钢短期没有偿债风险。

可比公司宝钢股份，见下表。

宝钢股份	2019-12-31	2018-12-31	2017-12-31	2016-12-31	2015-12-31
货币资金（万元）	1 343 885.00	1 695 917.00	1 785 736.00	1 402 481.00	781 694.00
交易性金融资产（万元）	83 186.00	202 507.00	172 617.00	112 286.00	87 287.00
短期借款（万元）	1 306 801.00	3 832 406.00	6 028 245.00	5 208 073.00	2 711 103.00
一年内到期的非流动负债（万元）	364 315.00	516 233.00	2 040 728.00	198 683.00	20 811.00
长期借款（万元）	200 753.00	561 023.00	41 337.00	95 869.00	911 103.00
应付债券（万元）	900 000.00	300 000.00	855 325.00	2 105 240.00	874 737.00
长期应付款（万元）	96 074.97	92 750.45	—	—	—
准货币资金（万元）	1 427 071.00	1 898 424.00	1 958 353.00	1 514 767.00	868 981.00
有息负债（万元）	2 867 943.97	5 302 412.45	8 965 635.00	7 607 865.00	4 517 754.00
有息负债与准货币资金差额（万元）	1 440 872.97	3 403 988.45	7 007 282.00	6 093 098.00	3 648 773.00
经营活动产生的现金流量净额（万元）	2 950 414.00	4 560 605.00	3 307 727.00	2 240 326.00	2 117 680.00

宝钢股份 2015 ～ 2019 年有息负债一直大于准货币资金，但是经营活动产生的现金流量可以覆盖差额，说明宝钢股份短期偿债风险也比较小，但不如方大特钢优秀。

包钢股份	2019-12-31	2018-12-31	2017-12-31	2016-12-31	2015-12-31
货币资金（万元）	1 177 092.00	1 170 537.00	1 166 617.00	597 062.00	1 041 290.00
交易性金融资产（万元）	1 217.00	3 324.00	3 756.00	3 401.00	3 314.00

续上表

包钢股份	2019-12-31	2018-12-31	2017-12-31	2016-12-31	2015-12-31
短期借款（万元）	1 246 292.00	1 614 894.00	1 404 995.00	1 704 236.00	1 374 972.00
一年内到期的非流动负债（万元）	967 024.00	391 557.00	851 544.00	266 913.00	1 308 669.00
长期借款（万元）	120 547.00	611 570.00	328 150.00	442 235.00	376 767.00
应付债券（万元）	1 409 056.00	669 357.00	200 000.00	499 631.00	499 264.00
长期应付款（万元）	—	—	—	—	—
准货币资金（万元）	1 178 309.00	1 173 861.00	1 170 373.00	600 463.00	1 044 604.00
有息负债（万元）	3 742 919.00	3 287 378.00	2 784 689.00	2 913 015.00	3 559 672.00
有息负债与准货币资金差额（万元）	2 564 610.00	2 113 517.00	1 614 316.00	2 312 552.00	2 515 068.00
经营活动产生的现金流量净额（万元）	(38 683.00)	714 875.00	732 897.00	646 082.00	(97 480.00)

包钢股份 2015～2019 年的有息负债金额都大于准货币资金的金额，说明包钢股份 2015～2019 年的偿债风险很大，而且经营活动产生的现金流量净额也覆盖不住有息负债与准货币资金差额，包钢股份未来偿债风险很大，怪不得股价只有 1.2 元了，这只股票要成仙，包钢股份 K 线走势如图 6-3-1 所示。

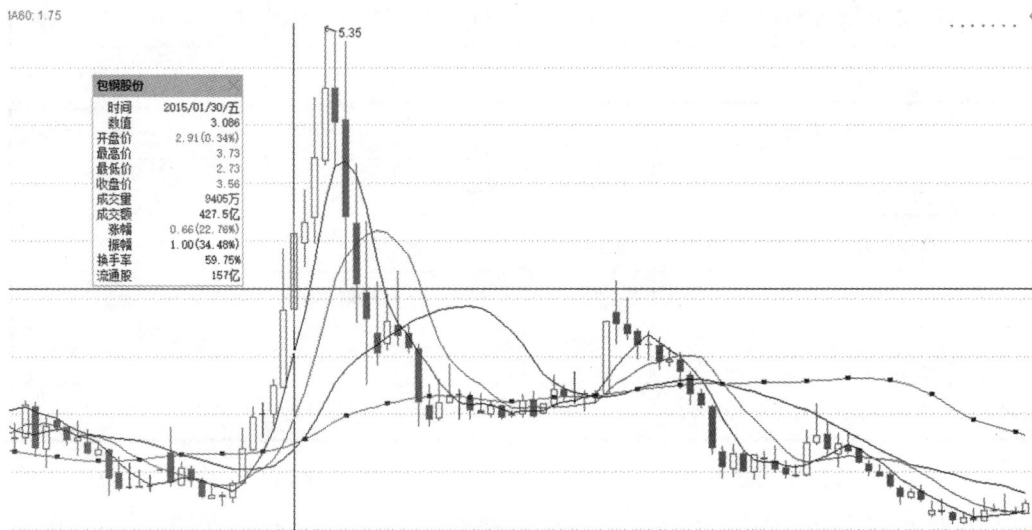

图 6-3-1　包钢股份 K 线走势

我是在 2015 年 3 元左右开始介入包钢的，这只股票也是我第一只赚了 10 万元的股票，当时一个朋友特别看好，据传该股拥有的一个稀土尾矿价值连城，当时我们坚信那个尾矿是个金矿，那个朋友全仓买入这只股票，从 1.6 元介入，翻了大概四倍，赚了好几百万元，我是相信他的感觉，更佩服他的运气，但我不敢全仓买入，只用三分之一到四分之一的仓位在做，而且有个风吹草动赶紧跑出来，回过头来看我也真是无知者无畏，偏偏还走了狗屎运。2015 年到顶的时候，因为大盘也走出了 5 浪，所以全跑了，后来的几年觉得自己在这只股票上运气还好，在反弹的时候也会买一些，但均以割肉收场，看来矮、穷、丑股票真的不能碰啊。用现金流估值模型，现在这只股票估值是负数，也就是说资不抵债，用报表分析就发现有可能无法归还短期债务，埋下一颗雷。

第三步，看"应付、预收"减"应收、预付"的差额，了解公司的竞争优势。

"应付"指应付票据、应付账款；"预收"指预收款项、合同负债。"应收"指应收票据、应收账款、应收款项融资、合同资产；"预付"指预付款项。

（应付票据＋应付账款＋预收款项）－（应收票据＋应收账款＋预付款项）＞0

说明公司在经营过程中无偿占用了供应商和经销商的资金，具有"两头吃"的能力。应付票据、应付账款、预收款项、合同负债的金额越大，代表公司对供应商和经销商的话语权越强，竞争优势越明显，行业地位越高。但这也需要结合不同行业的特点来进行具体分析。

下面我们来看看方大特钢过去 5 年"应付、预收"减"应收、预付"的差额，见下表。

方大特钢	2019-12-31	2018-12-31	2017-12-31	2016-12-31	2015-12-31
应付账款（万元）	132 811.00	41 604.00	75 664.00	103 597.00	94 802.00
预收账款（万元）	38 439.00	17 515.00	15 752.00	21 231.00	22 184.00
合同负债（万元）	—	—	—	—	—
应付汇总（万元）	171 250.00	59 119.00	91 416.00	124 828.00	116 986.00
应收票据（万元）	—	22 010.00	140 952.00	103 792.00	149 973.00
应收账款（万元）	26 623.00	26 963.00	25 450.00	24 618.00	25 352.00
预付款项（万元）	18 782.00	8 722.00	10 255.00	11 160.00	6 305.00
合同资产（万元）	—	—	—	—	—
应收汇总（万元）	45 405.00	57 695.00	176 657.00	139 570.00	181 630.00
应付－应收（万元）	125 845.00	1 424.00	（85 241.00）	（14 742.00）	（64 644.00）

213

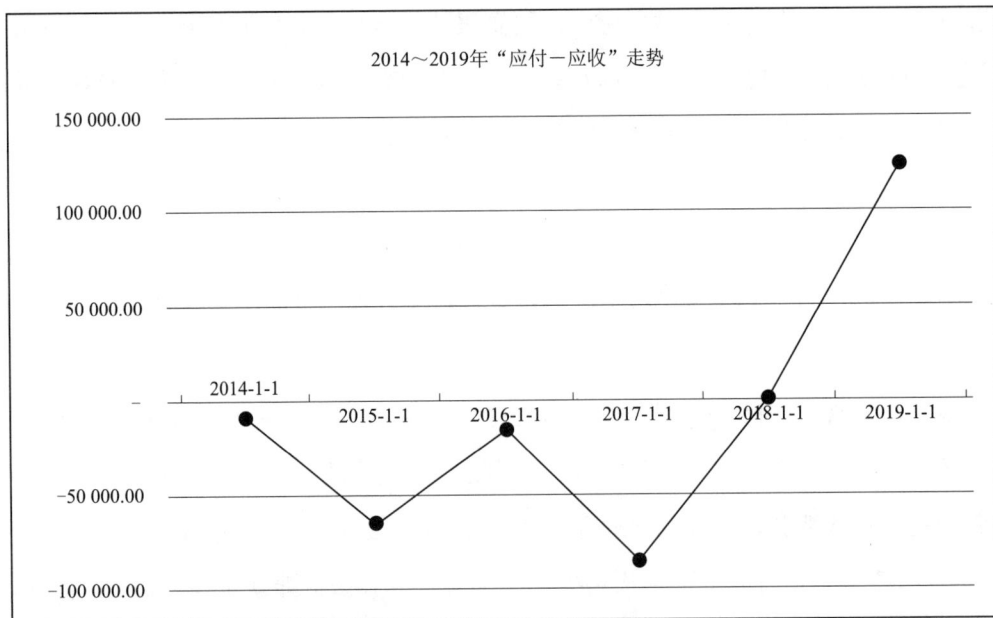

图 2014~2019年"应付-应收"走势

2015～2019年，方大特钢被上下游占用资金−12.5亿元、−1 424亿元、8.5亿元、1.47亿元、6.46亿元。说明方大特钢对下游经销商和上游供应商议价能力较强。因此方大特钢回款风险不大。

下面我们与同行宝钢股份进行对比，见下表。

宝钢股份	2019-12-31	2018-12-31	2017-12-31	2016-12-31	2015-12-31
应付票据（万元）	2 942 252.00	2 968 653.00	2 915 628.00	3 497 246.00	2 138 591.00
应付账款（万元）	2 237 169.00	1 985 324.00	2 374 488.00	2 730 157.00	1 246 788.00
预收账款（万元）	—	—	—	—	—
合同负债（万元）	5 179 421.00	4 953 977.00	5 290 116.00	6 227 403.00	3 385 379.00
应付汇总（万元）	62 677.00	2 913 020.00	3 185 702.00	1 723 598.00	819 260.00
应收票据（万元）	1 087 776.00	1 269 601.00	1 207 938.00	1 547 171.00	915 806.00
应收账款（万元）	500 246.00	632 802.00	801 840.00	1 115 935.00	415 961.00
应收款项融资（万元）	—	—	—	—	—
预付款项（万元）	1 650 699.00	4 815 423.00	5 195 480.00	4 386 704.00	2 151 027.00
合同资产（万元）	3 528 722.00	138 554.00	94 636.00	1 840 699.00	1 234 352.00
应收汇总（万元）	2 942 252.00	2 968 653.00	2 915 628.00	3 497 246.00	2 138 591.00
应付-应收（万元）	2 237 169.00	1 985 324.00	2 374 488.00	2 730 157.00	1 246 788.00

214

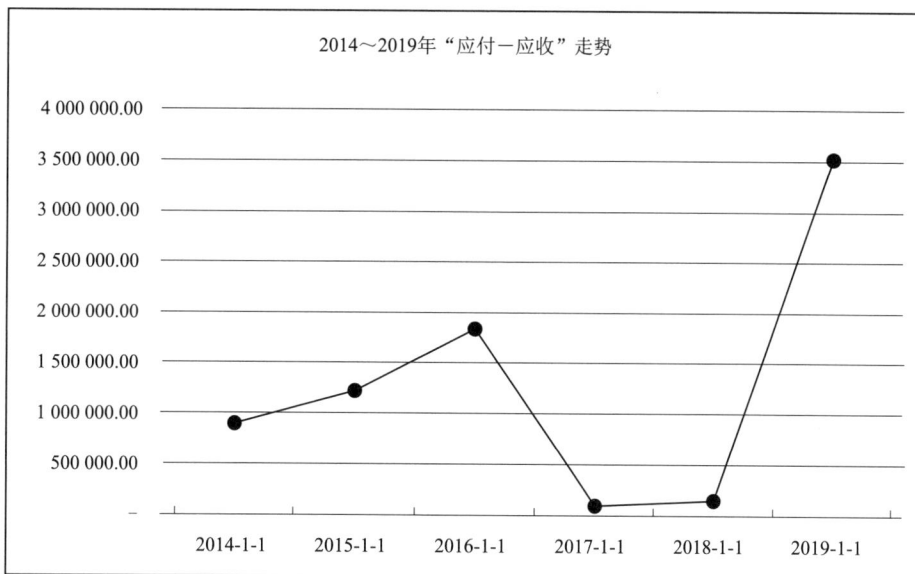

2014～2019年"应付—应收"走势

宝钢股份过去 5 年"应付、预收"减"应收、预付"的差额都是正数，2019 年达到了 352 亿元之巨，这也符合宝钢股份作为一个王者的特征，说明宝钢股份的竞争优势非常强。

可比公司包钢股份，见下表。

包钢股份	2019-12-31	2018-12-31	2017-12-31	2016-12-31	2015-12-31
应付账款（万元）	2 252 463.00	2 718 797.00	2 636 295.00	4 263 680.00	3 602 771.00
预收账款（万元）	566 272.00	791 372.00	765 616.00	575 924.00	468 479.00
合同负债（万元）	—	—	—	—	—
应付汇总（万元）	2 818 735.00	3 510 169.00	3 401 911.00	4 839 604.00	4 071 250.00
应收票据（万元）	77 142.00	745 533.00	400 422.00	421 019.00	469 308.00
应收账款（万元）	312 417.00	307 961.00	308 485.00	155 725.00	138 064.00
预付款项（万元）	92 163.00	45 004.00	85 397.00	148 512.00	42 116.00
合同资产（万元）	—	—	—	—	—
应收汇总（万元）	481 722.00	1 098 498.00	794 304.00	725 256.00	649 488.00
应付—应收（万元）	2 337 013.00	2 411 671.00	2 607 607.00	4 114 348.00	3 421 762.00

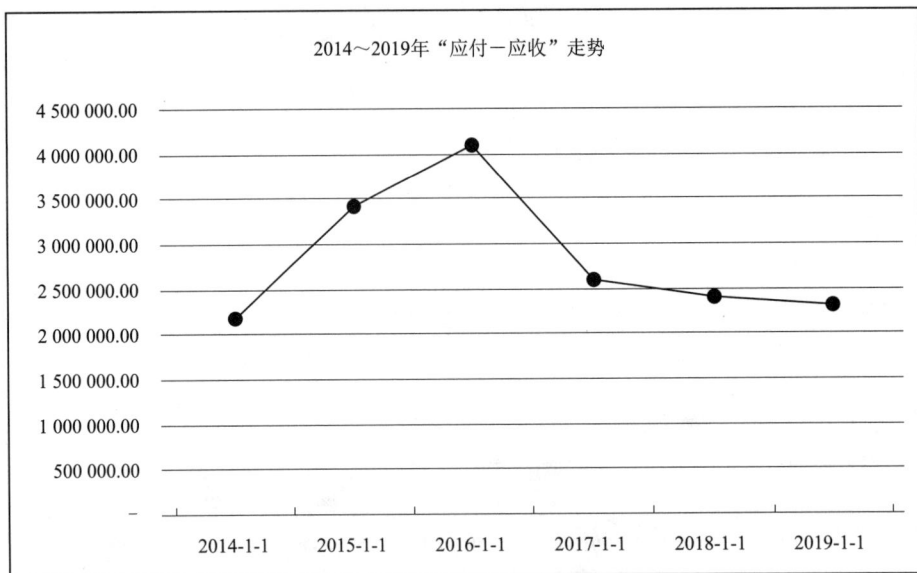

2014~2019年"应付—应收"走势

包钢股份过去5年"应付、预收"减"应收、预付"的差额连续5年都为正，也可能正是因为对上下游企业的优势地位，使得公司虽然已经资不抵债，但还是大而不倒。

以上图表显示宝钢股份、包钢股份过去5年的竞争优势比较强，反而方大特钢并不具备宝钢股份的优势地位。钢铁制造行业的这三家公司都无偿占用上游供货商和下游经销商的资金，这也说明了钢铁制造行业是话语权比较强的行业。

在了解了公司的整体竞争力之后，我们还需要了解一下公司的产品竞争力。产品竞争力是公司竞争力的基础，产品竞争力强的公司更有可能在未来长期保持竞争优势。

第四步，看应收账款、合同资产，了解公司的产品竞争力。

"应收账款＋合同资产"占总资产的比率本质反映的是公司产品的销售难易度。最优秀的公司"应收账款＋合同资产"占总资产的比率小于1%，优秀的公司一般小于3%。应收账款加合同资产占总资产的比率大于10%的公司需要淘汰掉。

下面我们看看方大特钢过去5年"应收账款＋合同资产"占总资产的比率，见下表。

方大特钢	2019-12-31	2018-12-31	2017-12-31	2016-12-31	2015-12-31
合同资产（万元）	—	—	—	—	—
应收账款（万元）	26 623.00	26 963.00	25 450.00	24 618.00	25 352.00
资产总计（万元）	1 294 982.06	961 779.00	861 651.00	847 710.00	930 575.00
（应收账款＋合同资产）÷总资产	2.06%	2.80%	2.95%	2.90%	2.72%

我们可以计算出 2019 年方大特钢"应收账款 + 合同资产"占总资产的比率为 2.06%，小于 3%，公司产品畅销，很优秀。

下面我们看看方大特钢的同行，宝钢股份 2019 年应收账款加合同资产占总资产的比率，见下表。

宝钢股份	2019-12-31	2018-12-31	2017-12-31	2016-12-31	2015-12-31
合同资产（万元）	—	—	—	—	—
应收账款（万元）	1 087 776.00	1 269 601.00	1 207 938.00	1 547 171.00	915 806.00
资产总计（万元）	33 963 301.30	33 514 060.00	35 023 461.00	35 906 772.00	23 412 313.00
（应收账款 + 合同资产）÷ 总资产	3.20%	3.79%	3.45%	4.31%	3.91%

我们可以计算 2019 年宝钢股份"应收账款 + 合同资产"占总资产的比率为 3.2%，可见宝钢股份的产品在下游也很畅销，产品竞争力高，但是指标略差于方大特钢的 2.06%，考虑到宝钢股份这个庞然大物，做到这样也非常优秀了。

包钢股份 2015 ～ 2019 年应收账款加合同资产占总资产的比率小于 3%，说明包钢股份的产品竞争力也很强，见下表。

包钢股份	2019-12-31	2018-12-31	2017-12-31	2016-12-31	2015-12-31
合同资产（万元）	—	—	—	—	—
应收账款（万元）	312 417.00	307 961.00	308 485.00	155 725.00	138 064.00
资产总计（万元）	14 415 866.00	14 880 071.00	14 664 246.00	14 143 971.00	14 493 216.00
（应收账款 + 合同资产）÷ 总资产	2.17%	2.07%	2.10%	1.10%	0.95%

通过同行业对比，我们发现三家的这个比率都很优秀，钢铁行业资产都比较庞大，具有较强的话语权。

当我们了解公司和产品的竞争力之后，我们还需要了解公司维持竞争力的成本。如果公司维持竞争力的成本较低，则公司的风险较小，价值较高。

第五步，看固定资产，了解公司维持竞争力的成本。

固定资产主要看"固定资产 + 在建工程"占总资产的比率，比率越高说明公司维持竞争力的成本越高。

"固定资产 + 在建工程"与总资产的比率大于 40% 的公司为重资产型公司。重资产型公司保持竞争力的成本比较高，风险比较大。

下面我们看看方大特钢的"固定资产 + 在建工程"与总资产的比率。

方大特钢	2019-12-31	2018-12-31	2017-12-31	2016-12-31	2015-12-31
固定资产（万元）	295 231.00	240 361.00	207 350.00	235 727.00	262 388.00
在建工程（万元）	8 062.00	57 292.00	35 732.00	5 776.00	11 928.00
工程物资（万元）	—	—	—	—	—
资产总计（万元）	1 294 982.06	961 779.00	861 651.00	847 710.00	930 575.00
固定资产占总资产比率	23.42%	30.95%	28.21%	28.49%	29.48%

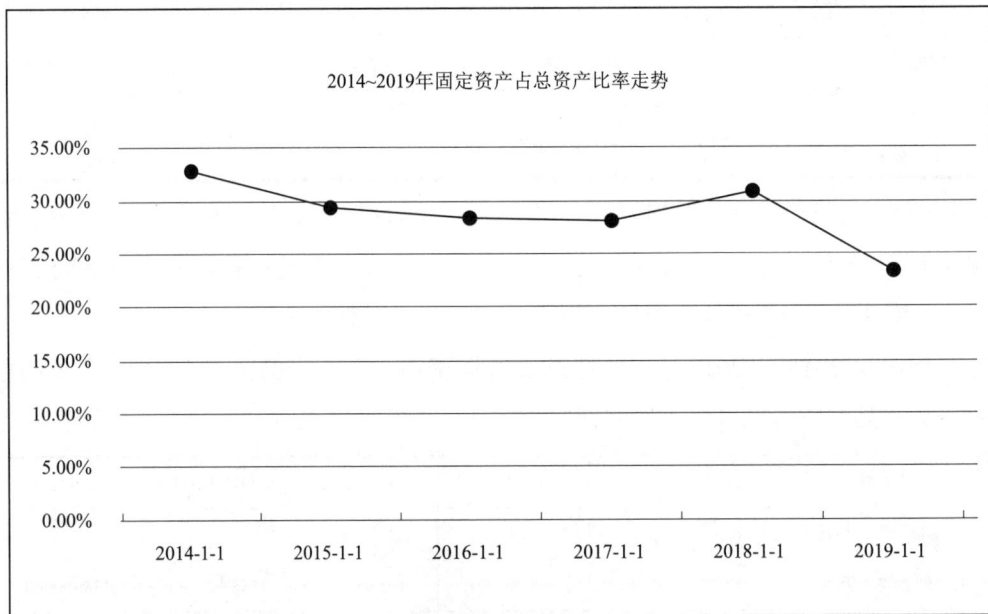

2014~2019年固定资产占总资产比率走势

　　方大特钢"（固定资产＋在建工程＋工程物资）÷总资产"的比值连续5年逐年上升，2019年为23.42%，低于40%。说明方大特钢是一个轻资产的公司。

　　我们再看看方大特钢固定资产的构成：

　　（1）固定资产情况，见下表。

金额单位：元

项目	房屋及建筑物	机器设备	运输工具	电子设备	井巷资产	合计
一、账面原值						
1. 初期余额	2 251 837 324.78	3 317 139 014.69	131 132 068.28	1 063 119 332.29	14 035 300.09	6 777 263 040.13
2. 本期增加金额	395 130 072.93	414 968 182.76	5 951 905.47	150 877 249.26	—	966 927 410.42
（1）购置	16 390 107.99	87 241 512.99	1 540 195.60	63 882 109.45	—	169 053 926.03
（2）在建工程转入	378 739 964.94	327 726 669.77	4 411 709.87	85 995 139 81		797 873 484.39
3. 本期减少金额	1 891 953.72	50 552 996.50	6 546 494.76	9 929 706.37		68 921 151.35
（1）处置或报废	1 406 478.04	49 825 647.29	6 546 494.76	9 929 706.37	—	67 708 326.46

续上表

项目	房屋及建筑物	机器设备	运输工具	电子设备	井巷资产	合计
（2）转入在建工程	485 478.68	727 349.21	—	—	—	1 212 824.89
4. 期末余额	2 645 075 443.99	3 681 554 200.95	130 537 478.99	1 204 066 875.18	14 035 300.09	7 675 269 299.20

固定资产的构成有：房屋及建筑物、机器设备、电子设备等，其中，房屋及建筑物和机器设备占比较大。

（2）在建工程，见下表。

金额单位：元

项目	2019 年 12 月 31 日	2018 年 12 月 31 日
在建工程	80 622 939.42	572 922 011.21
工程物资		
合计	80 622 939.42	572 922 011.21

在建工程的期末数小于期初数，说明方大特钢 2019 年整体在收缩之中。

下面我们再与同行宝钢股份进行对比，见下表。

宝钢股份	2019-12-31	2018-12-31	2017-12-31	2016-12-31	2015-12-31
固定资产（万元）	14 743 592.00	15 071 849.00	15 422 166.00	16 388 184.00	9 106 756.00
在建工程（万元）	843 664.00	768 383.00	997 499.00	1 247 613.00	3 362 839.00
工程物资（万元）	3 112.00	8 143.00	12 007.00	6 270.00	5 543.00
资产总计（万元）	33 963 301.30	33 514 060.00	35 023 461.00	35 906 772.00	23 412 313.00
"固定资产＋在建工程＋工程物资"占总资产比率	45.90%	47.29%	46.92%	49.13%	53.28%

宝钢股份过去 5 年"固定资产＋在建工程＋工程物资"占总资产的比率大于 40%，都属于重资产型公司，其维持竞争力的成本比较高，自然风险也高。

包钢股份固定资产占总资产比例高于 40%，和宝钢股份接近，看来方大特钢在钢铁行业还是一个比较另类的存在，见下表。

包钢股份	2019-12-31	2018-12-31	2017-12-31	2016-12-31	2015-12-31
固定资产（万元）	6 847 598.00	6 987 696.00	7 154 210.00	6 212 920.00	5 486 492.00
在建工程（万元）	38 008.00	24 811.00	56 932.00	1 278 436.00	1 939 613.00
工程物资（万元）	—	—	—	—	—
资产总计（万元）	14 415 866.00	14 880 071.00	14 664 246.00	14 143 971.00	14 493 216.00
"固定资产＋在建工程＋工程物资"占总资产比率	47.76%	47.13%	49.17%	52.97%	51.24%

在了解公司维持竞争力的成本之后，我们还要看看公司的专注度。专注于主业的公司，犯错的概率相对更小，更容易保持住竞争优势。

第六步，看投资类资产，了解公司的主业专注度。

投资类资产主要包括：以公允价值计量且其变动计入当期损益的金融资产、债权投资、其他债权投资、可供出售金融资产、持有至到期投资、长期股权投资、其他权益工具投资、其他非流动金融资产、投资性房地产。投资类资产我们主要看投资类资产占总资产的比率。优秀的公司一定是专注于主业的公司，与主业无关的投资类资产占总资产的比例应当很低才对，最好为0。在实践中，与主业无关的投资类资产占总资产比率大于10%的公司不够专注，应淘汰。

下面我们看看方大特钢的投资类资产占总资产的比率，见下表。

方大特钢	2019-12-31	2018-12-31	2017-12-31	2016-12-31	2015-12-31
可供出售金融资产(万元)	—	11 318.00	12 850.00	15 666.00	16 645.00
长期股权投资（万元）	—	—	—	—	—
投资性房地产（万元）	—	—	—	—	—
投资类资产合计	4 241.00	15 666.00	16 752.00	19 516.00	20 677.00
资产总计（万元）	1 294 982.00	961 776.00	861 650.00	847 710.00	930 573.00
投资资产占总资产比例	0.33%	1.63%	1.94%	2.30%	2.22%

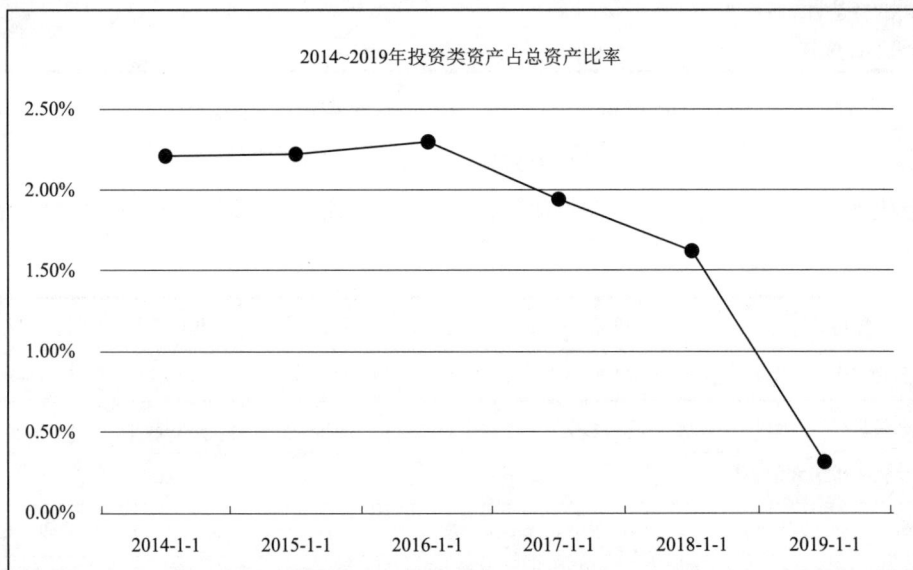
2014~2019年投资类资产占总资产比率

2015—2019年与主业无关的投资占总资产的比率分别为0.33%、1.63%、1.94%、

2.3%、2.22%，均小于3%，说明方大特钢是一家专注于主业的公司。这样有利于方大特钢长期保持竞争优势地位。

下面我们再与同行宝钢股份进行对比，见下表。

宝钢股份	2019-12-31	2018-12-31	2017-12-31	2016-12-31	2015-12-31
其他非流动金融资产（万元）	1 176 324.11	—	—	—	—
可供出售金融资产（万元）	—	1 263 723.00	1 301 677.00	1 325 773.00	1 092 402.00
其他权益投资（万元）	—	—	—	—	—
持有至到期投资（万元）	76 300.00	—	—	—	—
长期应收款（万元）	26 456.00	30 226.00	32 344.00	26 450.00	457 907.00
长期股权投资（万元）	1 939 265.00	1 898 507.00	1 728 646.00	1 048 431.00	501 037.00
其他权益工具投资（万元）	—	—	—	—	—
投资性房地产（万元）	54 720.00	46 659.00	43 791.00	36 431.00	37 334.00
投资类资产合计	3 273 065.11	3 239 115.00	3 106 458.00	2 437 085.00	2 088 680.00
资产总计（万元）	33 963 300.00	33 514 061.00	35 023 463.00	35 906 775.00	23 412 315.00
投资类资产占总资产比例	9.64%	9.66%	8.87%	6.79%	8.92%

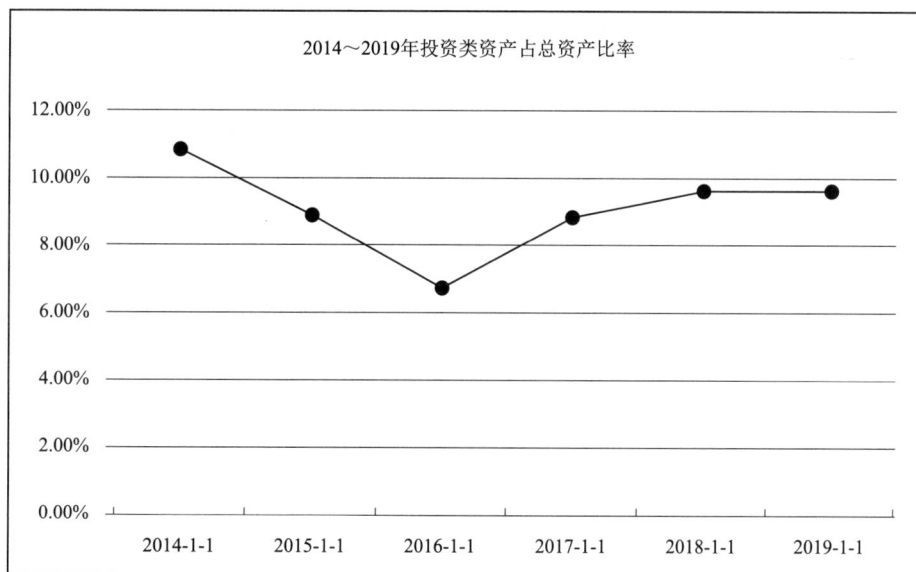

宝钢股份过去5年投资类资产占总资产的比率逐年上升，2018年达到了9.66%，这个庞然大物竟然也有点不务正业，不过据传宝钢股份的投资能力也是杠杠的。

包钢股份 2015～2019 年投资类资产都低于 1%，2019 年 0.77%，可见包钢股份是一家很专注于主业的公司，见下表。

包钢股份	2019-12-31	2018-12-31	2017-12-31	2016-12-31	2015-12-31
其他非流动金融资产（万元）	—	—	—	—	—
可供出售金融资产（万元）	—	200.00	200.00	200.00	200.00
其他权益投资（万元）	—	—	—	—	—
持有至到期投资（万元）	—	—	—	—	—
长期应收款（万元）	—	—	—	—	—
长期股权投资（万元）	113 249.00	104 540.00	77 634.00	65 829.00	62 040.00
其他权益工具投资（万元）	—	—	—	—	—
投资性房地产（万元）	—	—	—	—	—
投资类资产合计（万元）	113 249.00	104 740.00	77 834.00	66 029.00	62 240.00
资产总计（万元）	14 708 662.00	14 880 069.00	14 664 246.00	14 143 972.00	14 493 216.00
投资类资产占总资产比例	0.77%	0.70%	0.53%	0.47%	0.43%

在了解公司的实力、偿债风险、竞争力、维持竞争力的成本、主业专注度以后，最后还要了解一下公司未来业绩"爆雷"的风险。

第七步，看存货、商誉，了解公司未来业绩"爆雷"的风险。

容易"爆雷"资产主要包括：应收账款、存货、长期股权投资、固定资产、商誉。这五个科目是最容易"埋雷"的地方，后期"爆雷"的时候会导致利润大幅减少甚至大幅亏损。由于我们在前六步中已经看过了应收账款、固定资产、长期股权投资科目，排除了这三个科目"爆雷"的风险。这里重点看存货和商誉。

下面我们先看看方大特钢存货占总资产的比率，见下表。

方大特钢	2019-12-31	2018-12-31	2017-12-31	2016-12-31	2015-12-31	2014-12-31
存货（万元）	132 571.00	111 833.00	108 202.00	135 915.00	101 295.00	132 571.00
资产总计（万元）	1 294 982.06	961 779.00	861 651.00	847 710.00	930 575.00	1 294 982.06
存货占总资产比例	10.24%	11.63%	12.56%	16.03%	10.89%	10.24%

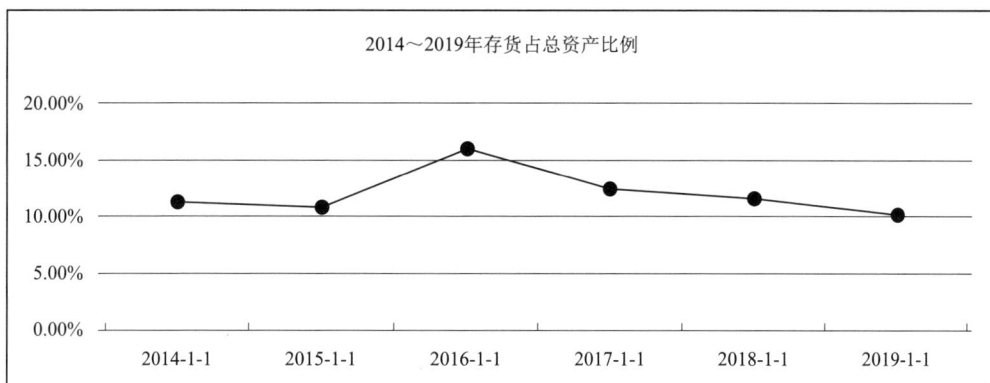

2014～2019年存货占总资产比例

方大特钢过去 5 年存货占总资产的比率一直 10% 以上，并且呈现下降趋势，方大特钢存货没有"爆雷"的风险。

下面我们再与同行宝钢股份进行对比，见下表。

宝钢股份	2019-12-31	2018-12-31	2017-12-31	2016-12-31	2015-12-31
存货（万元）	4 029 975.00	4 150 539.00	3 948 804.00	4 958 145.00	2 351 576.00
资产总计（万元）	33 963 301.30	33 514 060.00	35 023 461.00	35 906 772.00	23 412 313.00
存货占总资产比例	11.87%	12.38%	11.27%	13.81%	10.04%

下面我们再与同行包钢股份进行对比，见下表。

包钢股份	2019-12-31	2018-12-31	2017-12-31	2016-12-31	2015-12-31
存货（万元）	1 985 634.00	2 080 471.00	1 936 628.00	1 489 761.00	1 428 091.00
资产总计（万元）	14 415 866.00	14 880 071.00	14 664 246.00	14 143 971.00	14 493 216.00
存货占总资产比例	13.77%	13.98%	13.21%	10.53%	9.85%

包钢股份过去 5 年里存货占总资产的比率也都低于 15%，存货风险不大。

商誉是公司对外收购所花的超出被收购公司净资产的那部分钱。收购来的公司企业文化不同，甚至行业也不同，很难经营成功，所以商誉是最容易"爆雷"的科目之一。在投资实践中，一般会把商誉占总资产的比率超过 10% 的公司淘汰掉。

下面我们看看方大特钢商誉占总资产的比率，见下表。

方大特钢	2019-12-31	2018-12-31	2017-12-31	2016-12-31	2015-12-31	2014-12-31
商誉（万元）	75.00	75.00	75.00	75.00	75.00	75.00
资产总计（万元）	1 294 982.06	961 779.00	861 651.00	847 710.00	930 575.00	928 745.00
商誉占总资产比例	0.01%	0.01%	0.01%	0.01%	0.01%	0.01%

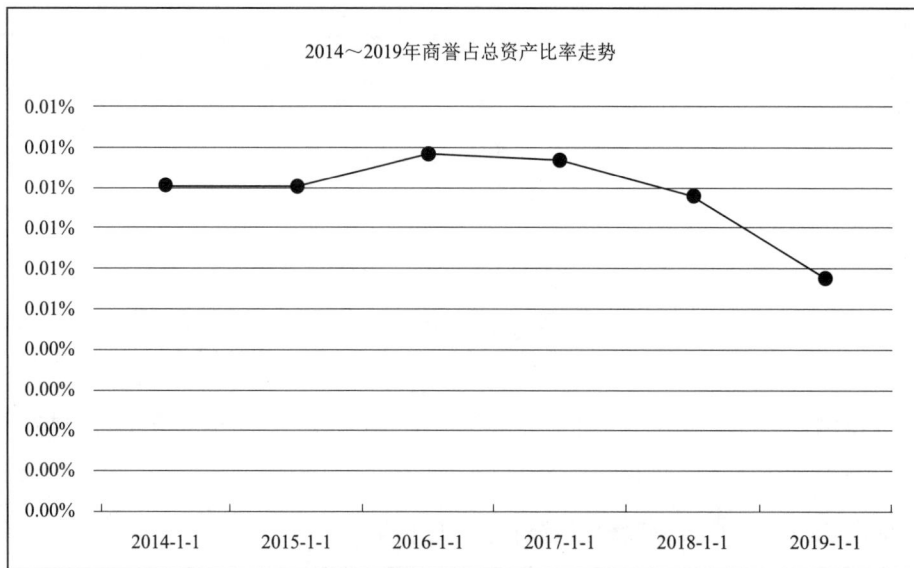

2014～2019年商誉占总资产比率走势

方大特钢 5 年以来商誉占总资产的比率一直低于 0.01%，也就是万分之一，方大特钢的商誉没有"爆雷"的风险。

下面我们再与同行宝钢股份进行对比，见下表。

宝钢股份	2019-12-31	2018-12-31	2017-12-31	2016-12-31	2015-12-31
商誉（万元）	52 190.00	52 402.00	52 089.00	48 778.00	—
资产总计（万元）	33 963 301.30	33 514 060.00	35 023 461.00	35 906 772.00	23 412 313.00
商誉占总资产比率	0.15%	0.16%	0.15%	0.14%	0.00%

宝钢股份过去 5 年商誉占总资产的比率一直都低于 0.5%，宝钢股份的商誉没有"爆雷"的风险。

包钢股份过去 5 年商誉占总资产的比例一直在 0%，没有"爆雷"风险，见下表。

包钢股份	2019-12-31	2018-12-31	2017-12-31	2016-12-31	2015-12-31
商誉（万元）	—	—	—	—	—
资产总计（万元）	14 415 866.00	14 880 071.00	14 664 246.00	14 143 971.00	14 493 216.00
商誉占总资产比率	0.00%	0.00%	0.00%	0.00%	0.00%

通过对三家公司分析，表明三家公司的发展战略都比较踏实，并不激进。通过方大特钢的资产负债表，我们知道方大特钢是一家在行业内有着很强地位和竞争力的公

司。方大特钢非常专注于主业,在未来很长一段时间方大特钢能保持住竞争优势的概率比较大。方大特钢的经营风险很小,短期内没有偿债风险。

2. 利润表

第一步,看营业收入,了解公司的行业地位及成长性。我们通过营业收入的金额和含金量看公司的行业地位。

通过营业收入增长率看公司的成长能力。营业收入金额较大且"销售商品、提供劳务收到的现金"与"营业收入"的比率大于 110% 的公司行业地位高,产品竞争力强。"营业收入"增长率大于 10% 的公司,成长性较好。"销售商品、提供劳务收到的现金"与"营业收入"的比率小于 100% 的公司,营业收入增长率小于 10% 的公司淘汰掉。

下面我们先看看方大特钢的营业收入,见下表。

方大特钢	2019-12-31	2018-12-31	2017-12-31	2016-12-31	2015-12-31
营业总收入(万元)	1 538 900.00	1 728 585.00	1 394 475.00	892 378.00	814 829.00
营业收入增长率	−10.97%	23.96%	56.27%	9.52%	−16.10%
销售商品、提供劳务收到的现金(万元)	1 177 807.00	1 349 812.00	1 089 161.00	691 378.00	648 841.00
销售商品、提供劳务收到的现金占比营业收入	76.54%	78.09%	78.11%	77.48%	79.63%

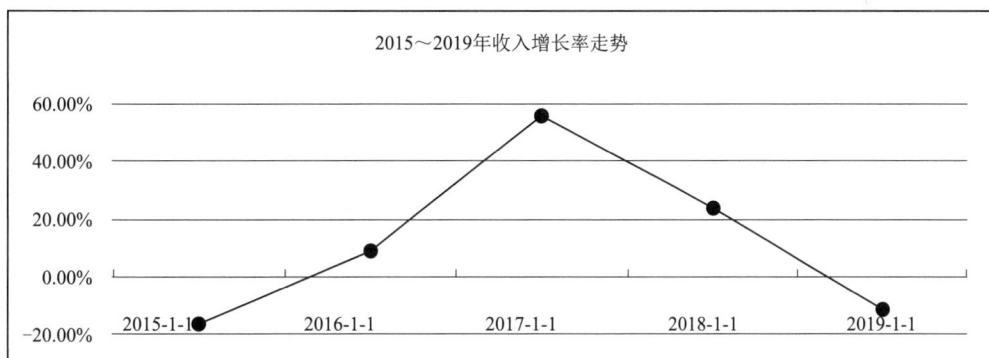

方大特钢 2016 ~ 2018 年营业收入一直在持续稳定地增长,成长性较好。2019 年的营业收入出现负增长,"销售商品、提供劳务收到的现金"与"营业收入"的比率 5 年来接近于 80%,说明公司实力较强,产品竞争力强。看 2020 年 1 ~ 3 季度的数据也是呈下滑趋势的。

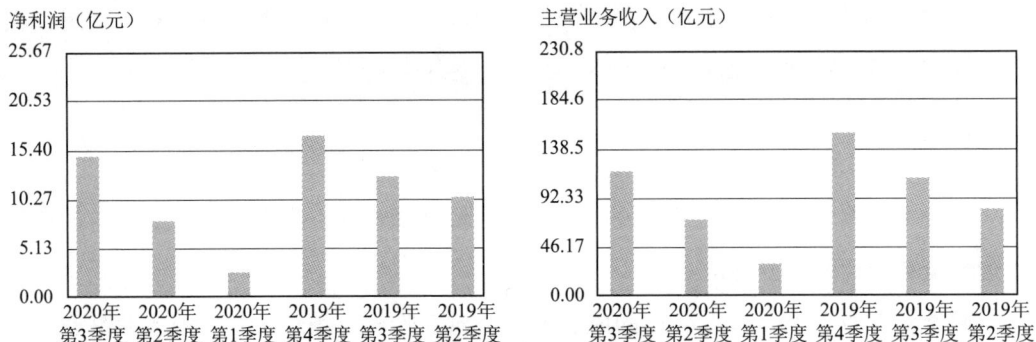

图 6-3-1　方大特钢净利润与主营业务收入增长

下面我们再与同行宝钢股份进行对比，见下表。

宝钢股份	2019-12-31	2018-12-31	2017-12-31	2016-12-31	2015-12-31
营业总收入（万元）	29 205 746.00	30 520 487.00	28 949 779.00	24 642 109.00	16 411 714.00
营业收入增长率	−4.31%	5.43%	17.48%	50.15%	−16.10%
销售商品、提供劳务收到的现金（万元）	33 978 697.00	35 023 883.00	31 911 690.00	29 686 723.00	19 214 599.00
销售商品、提供劳务收入收到的现金占比营业收入	116.34%	114.76%	110.23%	120.47%	117.08%

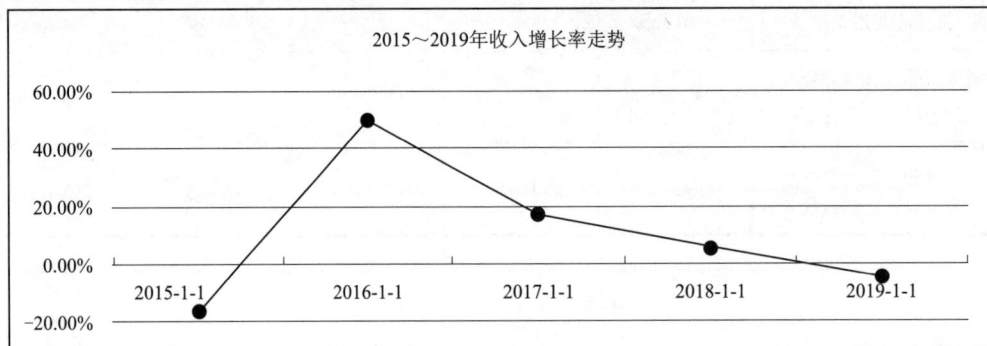

宝钢股份过去 5 年营业收入增长率先升后降，成长性较差。2019 年的营业收入为 3 397.87 亿元，大概为方大特钢的 22 倍，实力和行业地位甩方大特钢多条街。宝钢股份"销售商品、提供劳务收到的现金"与"营业收入"的比率 5 年来也都大于 110%。说明宝钢股份在钢铁制造行业地位也较高，公司产品具有的竞争力也较强。

与包钢股份对比，见下表。

包钢股份	2019-12-31	2018-12-31	2017-12-31	2016-12-31	2015-12-31
营业总收入（万元）	6 339 747.00	6 718 756.00	5 368 373.00	3 102 818.00	2 250 102.00
营业收入增长率	−5.64%	25.15%	73.02%	37.90%	−16.10%
销售商品、提供劳务收到的现金（万元）	5 886 155.00	4 967 484.00	4 267 156.00	3 151 532.00	3 004 805.00
销售商品、提供劳务收入收到的现金占比营业收入	92.85%	73.93%	79.49%	101.57%	133.54%

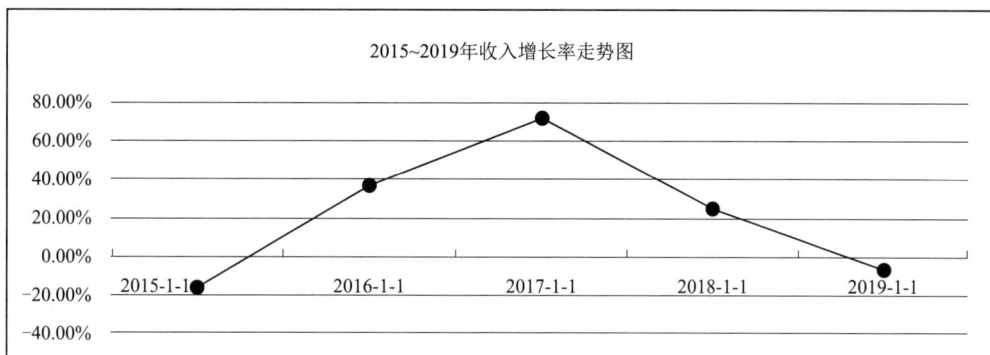

2015~2019年收入增长率走势图

包钢股份 2016 ～ 2017 年营业收入增长得不错，但 2018 ～ 2019 年下滑明显，销售成长性也比较差，而且弱于方大特钢和宝钢股份。包钢股份 2019 年的营业收入 633.97 亿元，是方大特钢的四倍多一点，"销售商品、提供劳务收到的现金"与"营业收入"的比率 5 年来也基本大于 80%，说明包钢股份在钢铁制造行业地位稳定，公司产品具有的竞争力较强。当然与方大特钢、宝钢股份相比就有点弱了。

结合这三家公司来看，我们可以看到钢铁制造行业这几年的营业收入增长率呈下降趋势。据统计 2019 年 1 ～ 12 月中国钢铁工业协会会员钢铁企业实现销售收入 4.27 万亿元，同比增长 10.1%；实现利润 1 889.94 亿元，同比下降 30.9%；累计销售利润率 4.43%，同比下降 2.63 个百分点。整体的经济形势和国家的产业政策对钢铁行业的影响还是很大的，毕竟全世界钢铁产量中国第一、河北第二、唐山第三，在这个产能过剩的行业，方大特钢、宝钢股份都还不错，现在也被低估，所以我也买了不少方大特钢和宝钢股份，目前收益还不错。

第二步，看毛利率，了解公司的产品竞争力及风险。

高毛利率说明公司的产品或服务有很强的竞争力。低毛利率则说明公司的产品或服务竞争力较差。一般来说，毛利率大于 40% 的公司都有某种核心竞争力。优秀公司的毛利率不但高，还比较稳定，波动幅度比较小。一般来说，优秀公司的毛利率每年的波动幅度小于 10%。毛利率波动幅度太大的公司，要么是公司经营的风险大，要么是公司财务造假的风险大。在投资实践中，毛利率波幅大于 20% 的公司一般要淘汰掉。

下面我们先看看方大特钢的毛利率，见下表。

方大特钢	2019-12-31	2018-12-31	2017-12-31	2016-12-31	2015-12-31
营业收入（万元）	1 538 900.00	1 728 585.00	1 394 475.00	892 378.00	814 829.00
营业成本（万元）	1 159 069.00	1 160 447.00	947 763.00	717 318.00	719 862.00

227

续上表

方大特钢	2019-12-31	2018-12-31	2017-12-31	2016-12-31	2015-12-31
毛利（万元）	379 831.00	568 138.00	446 712.00	175 060.00	94 967.00
毛利率	24.68%	32.87%	32.03%	19.62%	11.65%
毛利率波动幅度	−24.90%	2.60%	63.30%	68.32%	−25.63%

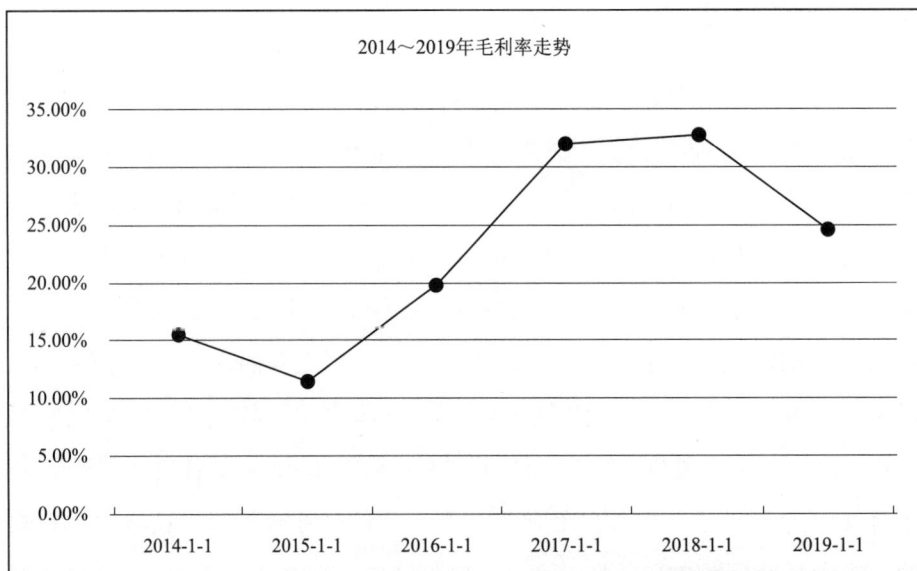

我们可以看到方大特钢的毛利率波动幅度还是挺大的，2017 ～ 2018 年达到 30% 以上。2019 年又快速下滑，其实整个钢铁制造行业毛利率都是比较低的，方大特钢这个毛利率水平还是比较突出的。

再看 2019 年方大特钢毛利率波动幅度为 −24% 左右，这说明方大特钢的产品竞争力差，并且风险大，按报表分析的理论，这只股票得扔啊。

下面我们再与同行宝钢股份进行对比，见下表。

宝钢股份	2019-12-31	2018-12-31	2017-12-31	2016-12-31	2015-12-31
营业收入（万元）	29 205 746.00	30 520 487.00	28 949 779.00	24 642 109.00	16 411 714.00
营业成本（万元）	25 987 110.00	25 908 500.00	24 842 510.00	21 821 220.00	14 925 836.00
毛利（万元）	3 218 636.00	4 611 987.00	4 107 269.00	2 820 889.00	1 485 878.00
毛利率	11.02%	15.11%	14.19%	11.45%	9.05%
毛利率波动幅度	−27.07%	6.51%	23.94%	26.44%	−9.84%

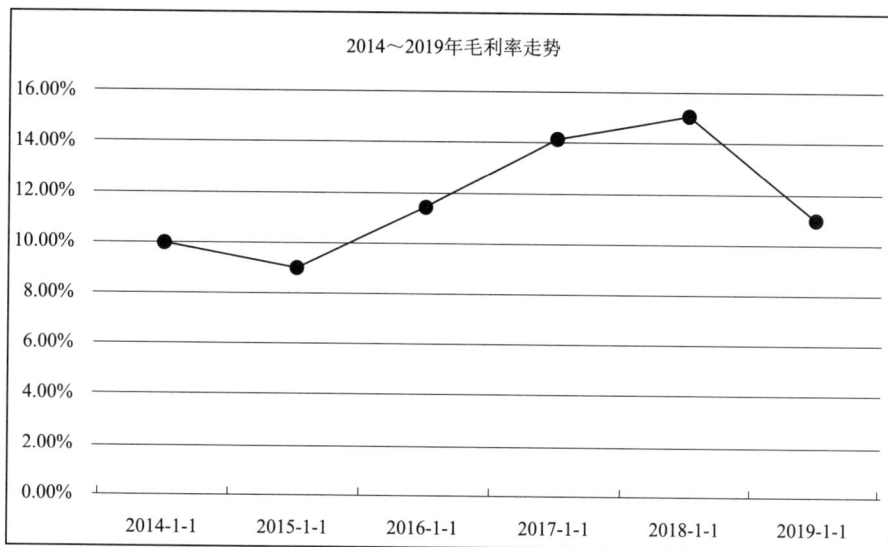
2014～2019年毛利率走势

行业老大宝钢股份 2015～2019 年的毛利率也一直这么折腾，2019 年的波动幅度达到了 -27%。这是钢铁企业应有的姿势啊，说明宝钢股份、方大特钢财务造假的风险不大。

与包钢股份对比，见下表。

包钢股份	2019-12-31	2018-12-31	2017-12-31	2016-12-31	2015-12-31
营业总收入（万元）	6 339 747.00	6 718 756.00	5 368 373.00	3 102 818.00	2 250 102.00
营业成本（万元）	5 524 378.00	5 662 483.00	4 535 439.00	2 835 927.00	2 571 131.00
毛利（万元）	815 369.00	1 056 273.00	832 934.00	266 891.00	（321 029.00）
毛利率	12.86%	15.72%	15.52%	8.60%	-14.27%
毛利率波动幅度	-18.19%	1.33%	80.38%	-160.29%	-230.85%

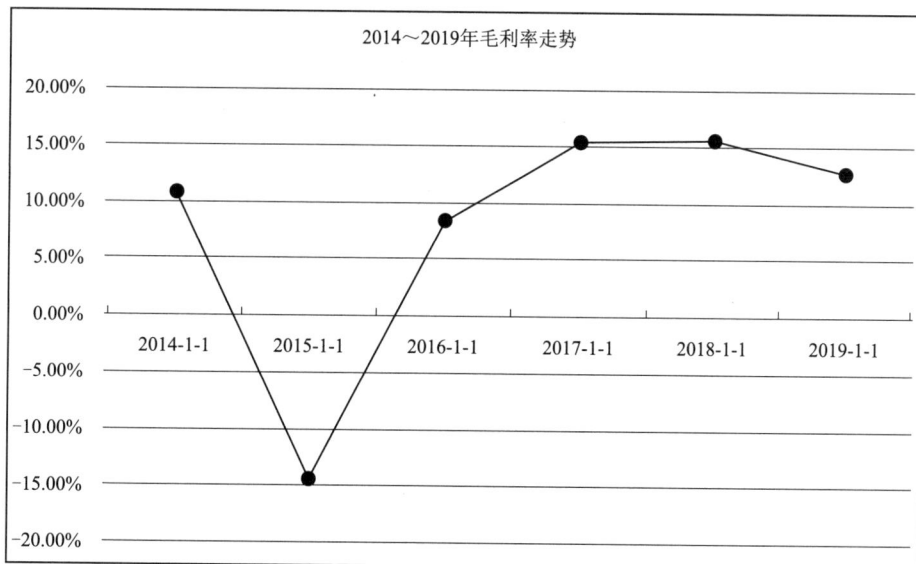
2014～2019年毛利率走势

包钢股份过去几年的毛利率一直维持在 10%～20% 之间，看来做钢铁毛利率确实是低。

第三步，看期间费用率，了解公司的成本管控能力。

期间费用率主要看数值。期间费用率越低，公司的成本管控能力就越强。毛利率高，期间费用率低，净利润率才可能高。优秀公司的期间费用率与毛利率的比率一般小于 40%。在投资实践中，一般把期间费用率与毛利率的比率大于 60% 的公司淘汰掉。

下面看看方大特钢的期间费用率，见下表。

方大特钢	2019-12-31	2018-12-31	2017-12-31	2016-12-31	2015-12-31
营业收入（万元）	1 538 900.00	1 728 585.00	1 394 475.00	892 378.00	814 829.00
销售费用（万元）	12 602.00	11 834.00	12 128.00	10 255.00	8 972.00
管理费用（万元）	133 534.00	165 519.00	86 530.00	58 609.00	48 799.00
研发费用（万元）	5 491.00	6 674.00	0.00	0.00	0.00
财务费用（万元）	（10 902.00）	（7 863.00）	2 493.00	9 121.00	12 743.00
"四费"合计（万元）	140 725.00	176 164.00	101 151.00	77 985.00	70 514.00
期间费用率	9.14%	10.19%	7.25%	8.74%	8.65%
毛利率	24.68%	32.87%	32.03%	19.62%	11.65%
期间费用率÷毛利率	37.05%	31.01%	22.64%	44.55%	74.25%

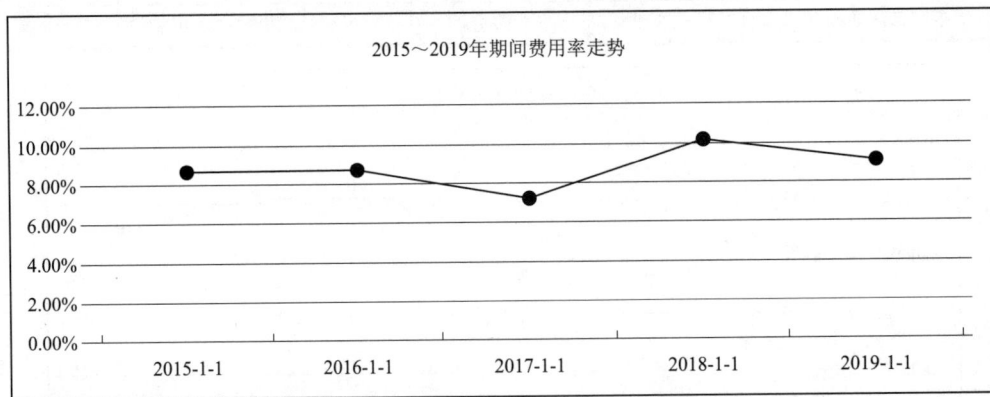

可以计算出方大特钢最近 5 年的期间费用率比较稳定，2018 年和 2019 年的期间费用率分别为 9.14% 和 10.19%，期间费用率与毛利率的比率分别为 31.01% 和 37.05%，低于 40%，说明方大特钢的成本管控能力很优秀。

下面我们再与同行宝钢股份进行对比，见下表。

宝钢股份	2019-12-31	2018-12-31	2017-12-31	2016-12-31	2015-12-31
营业收入（万元）	29 205 746.00	30 520 487.00	28 949 779.00	24 642 109.00	16 411 714.00
销售费用（万元）	338 138.00	349 271.00	336 645.00	292 819.00	215 276.00
管理费用（万元）	558 178.00	592 662.00	963 198.00	915 480.00	728 661.00
研发费用（万元）	886 400.00	703 059.00	0.00	0.00	0.00
财务费用（万元）	246 043.00	436 607.00	337 042.00	397 662.00	239 257.00
"四费"合计（万元）	2 028 759.00	2 081 599.00	1 636 885.00	1 605 961.00	1 183 194.00
期间费用率	6.95%	6.82%	5.65%	6.52%	7.21%
毛利率	11.02%	15.11%	14.19%	11.45%	9.05%
期间费用率÷毛利率	63.03%	45.13%	39.85%	56.93%	79.63%

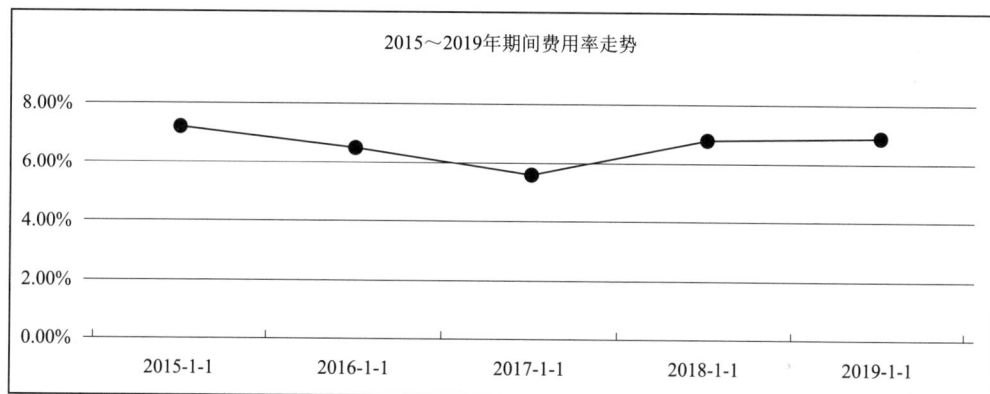

2015～2019年期间费用率走势

宝钢股份过去5年期间费用率与毛利率的比率居高不下，毛利率本来就低，期间费用占毛利率比率还挺高，钢铁行业的钱真的不好挣。2019年期间费用率与毛利率的比率为63.03%，大于40%，宝钢股份的成本管控能力也真是一言难尽，不过考虑到行业的周期性特点，是不是钢铁有一天也能和水泥行业一样搭上供给侧改革的快车，结结实实的挣几年钱呢？

与包钢股份对比，见下表。

包钢股份	2019-12-31	2018-12-31	2017-12-31	2016-12-31	2015-12-31
营业总收入（万元）	6 339 747.00	6 718 756.00	5 368 373.00	3 102 818.00	2 250 102.00
销售费用（万元）	242 408.00	230 607.00	218 087.00	142 506.00	66 877.00
管理费用（万元）	135 791.00	139 704.00	104 304.00	64 552.00	63 613.00
研发费用（万元）	5 923.00	8 053.00	0.00	0.00	0.00

续上表

包钢股份	2019-12-31	2018-12-31	2017-12-31	2016-12-31	2015-12-31
财务费用（万元）	234 576.00	250 359.00	167 837.00	73 596.00	81 389.00
"四费"合计（万元）	618 698.00	628 723.00	490 228.00	280 654.00	211 879.00
期间费用率	9.76%	9.36%	9.13%	9.05%	9.42%
毛利率	12.86%	15.72%	15.52%	8.60%	−14.27%
期间费用率÷毛利率	75.88%	59.52%	58.86%	105.16%	−66.00%

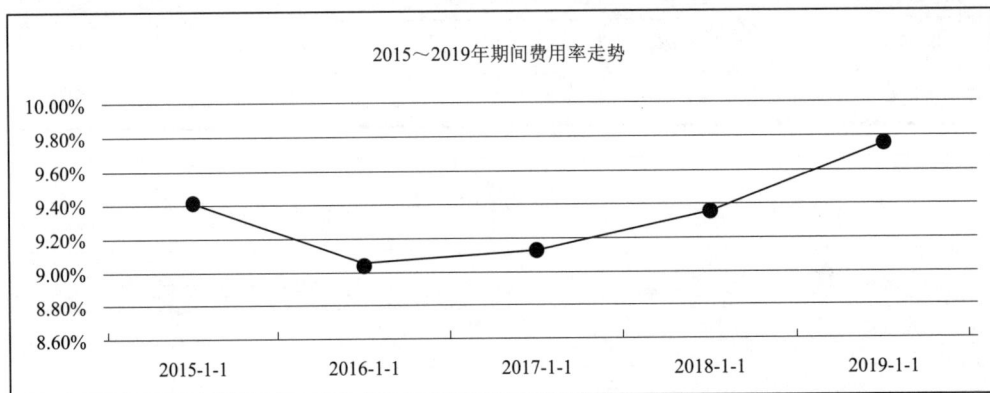

2015～2019年期间费用率走势

果然，包钢股份的数据更难看，2019年期间费用率与毛利率比率达到了75.88%，而且过去3年的比率呈上升趋势，我选出来的这个"钢铁三兄弟"组合的这些比率一个比一个丑啊。

第四步，看销售费用率，了解公司产品销售的难易度。

销售费用率主要看两点：数值和变动趋势。一般来说，销售费用率小于15%的公司，其产品比较容易销售，销售风险相对较小。销售费用率大于30%的公司，其产品销售难度大，销售风险大。在投资实践中，一般把销售费用率大于30%的公司淘汰掉。

下面看看方大特钢的销售费用率，见下表。

方大特钢	2019-12-31	2018-12-31	2017-12-31	2016-12-31	2015-12-31
销售费用（万元）	12 602.00	11 834.00	12 128.00	10 255.00	8 972.00
营业收入（万元）	1 538 900.00	1 728 585.00	1 394 475.00	892 378.00	814 829.00
销售费用率	0.82%	0.68%	0.87%	1.15%	1.10%

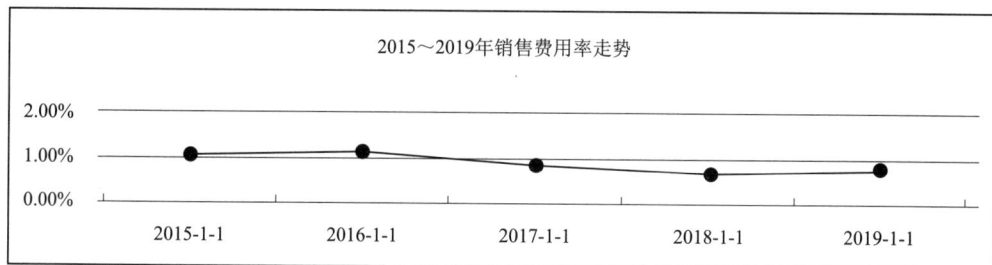

2015～2019年销售费用率走势

方大特钢过去 5 年的销售费用率不到 1%，这个指标很优秀。2019 年为 0.82%，说明方大特钢的产品销售难度很低，销售风险小。这样的变化也说明产品竞争力是有的。毛利率低是行业的整体周期造成的。

下面我们再与同行宝钢股份进行对比，见下表。

宝钢股份	2019-12-31	2018-12-31	2017-12-31	2016-12-31	2015-12-31
销售费用（万元）	338 138.00	349 271.00	336 645.00	292 819.00	215 276.00
营业收入（万元）	29 205 746.00	30 520 487.00	28 949 779.00	24 642 109.00	16 411 714.00
销售费用率	1.16%	1.14%	1.16%	1.19%	1.31%

宝钢股份过去 5 年的销售费用率整体在 1% 左右，高于方大特钢一点点，这说明宝钢股份的产品销售难度很低，销售风险小。

再与包钢股份对比，见下表。

包钢股份	2019-12-31	2018-12-31	2017-12-31	2016-12-31	2015-12-31
销售费用（万元）	242 408.00	230 607.00	218 087.00	142 506.00	66 877.00
营业总收入（万元）	6 339 747.00	6 718 756.00	5 368 373.00	3 102 818.00	2 250 102.00
销售费用率	3.82%	3.43%	4.06%	4.59%	2.97%

包钢股份过去 5 年的销售费用率一直在 3% 以上，高于方大特钢、宝钢股份。"包大哥"（包钢股份）还是最丑的那一个。

结合三家的销售费用率来看，说明钢铁行业在销售环节还是处于优势地位的。

第五步，看主营利润，了解公司主业的盈利能力及利润质量。

主营利润是一家公司最主要的利润来源，主营利润主要看两点：主营利润率、主营利润与营业利润的比率。主营利润小于 0 的公司，直接淘汰。毛利率大于 40% 的公司，主营利润率至少应该大于 15%。主营利润率小于 15% 的公司，淘汰。另外，优秀公司的"主营利润"与"利润总额"的比率至少要大于 80%。"主营利润"与"利润总额"的比率小于 80% 的公司，淘汰。

看看方大特钢的主营利润率、主营利润与营业利润的比率，见下表。

方大特钢	2019-12-31	2018-12-31	2017-12-31	2016-12-31	2015-12-31
营业收入（万元）	1 538 900.00	1 728 585.00	1 394 475.00	892 378.00	814 829.00
营业成本（万元）	1 159 069.00	1 160 447.00	947 763.00	717 318.00	719 862.00
税金及附加（万元）	15 039.00	16 412.00	14 018.00	8 874.00	3 740.00
销售费用（万元）	12 602.00	11 834.00	12 128.00	10 255.00	8 972.00
管理费用（万元）	133 534.00	165 519.00	86 530.00	58 609.00	48 799.00
研发费用（万元）	5 491.00	6 674.00	0.00	0.00	0.00
财务费用（万元）	（10 902.00）	（7 863.00）	2 493.00	9 121.00	12 743.00
期间费用合计（万元）	140 725.00	176 164.00	101 151.00	77 985.00	70 514.00
主营利润（万元）	224 067.00	375 562.00	331 543.00	88 201.00	20 713.00
主营利润率（万元）	14.56%	21.73%	23.78%	9.88%	2.54%
营业利润（万元）	237 290.45	389 594.01	333 038.00	89 606.00	22 055.00
主营利润 ÷ 营业利润	94.43%	96.40%	99.55%	98.43%	93.92%

可以计算方大特钢 2018 年和 2019 年的主营利润分别为 37.55 亿元和 22.41 亿元，主营利润率分别为 21.73% 和 14.56%，主营利润与营业利润的比率分为 96.4% 和 94.43%，说明方大特钢的主营利润率比较低。

与同行宝钢股份对比，见下表。

宝钢股份	2019-12-31	2018-12-31	2017-12-31	2016-12-31	2015-12-31
营业总收入（万元）	29 205 746.00	30 520 487.00	28 949 779.00	24 642 109.00	16 411 714.00
营业成本（万元）	25 987 110.00	25 908 500.00	24 842 510.00	21 821 220.00	14 925 836.00
税金及附加（万元）	126 648.00	162 350.00	187 990.00	65 371.00	46 620.00
销售费用（万元）	338 138.00	349 271.00	336 645.00	292 819.00	215 276.00
管理费用（万元）	558 178.00	592 662.00	963 198.00	915 480.00	728 661.00
研发费用（万元）	886 400.00	703 059.00	0.00	0.00	0.00
财务费用（万元）	246 043.00	436 607.00	337 042.00	397 662.00	239 257.00
期间费用合计	2 028 759.00	2 081 599.00	1 636 885.00	1 605 961.00	1 183 194.00
主营利润	1 063 229.00	2 368 038.00	2 282 394.00	1 149 557.00	256 064.00
主营利润率	3.64%	7.76%	7.88%	4.67%	1.56%
营业利润（万元）	1 551 459.40	2 818 330.58	2 492 417.00	1 191 901.00	248 914.00
主营利润 ÷ 营业利润	68.53%	84.02%	91.57%	96.45%	102.87%

2014～2019年主营利润除以营业利润走势

　　宝钢股份的主营业务利润占营业利润的比率在逐年下滑，我看了近 5 年的利润表，投资收益这几年贡献不小，近 3 年收益都是 30 亿元以上。"老大哥"（宝钢股份）也指望副业的投资收益了，这也说明这两年是行业的严冬。

　　下面我们再与同行包钢股份进行对比，见下表。

包钢股份	2019-12-31	2018-12-31	2017-12-31	2016-12-31	2015-12-31
营业收入（万元）	6 339 747.00	6 718 756.00	5 368 373.00	3 102 818.00	2 250 102.00
营业成本（万元）	5 524 378.00	5 662 483.00	4 535 439.00	2 835 927.00	2 571 131.00
税金及附加（万元）	74 211.00	41 944.00	23 455.00	17 919.00	16 960.00
销售费用（万元）	242 408.00	230 607.00	218 087.00	142 506.00	66 877.00
管理费用（万元）	135 791.00	139 704.00	104 304.00	64 552.00	63 613.00
研发费用（万元）	5 923.00	8 053.00	0.00	0.00	0.00
财务费用（万元）	234 576.00	250 359.00	167 837.00	73 596.00	81 389.00
期间费用合计（万元）	618 698.00	628 723.00	490 228.00	280 654.00	211 879.00
主营利润（万元）	122 460.00	385 606.00	319 251.00	（31 682.00）	（549 868.00）
主营利润率	1.93%	5.74%	5.95%	−1.02%	−24.44%
营业利润（万元）	132 983.00	419 382.00	280 725.00	（27 817.00）	（545 742.00）
主营利润 ÷ 营业利润	92.09%	91.95%	113.72%	113.89%	100.76%

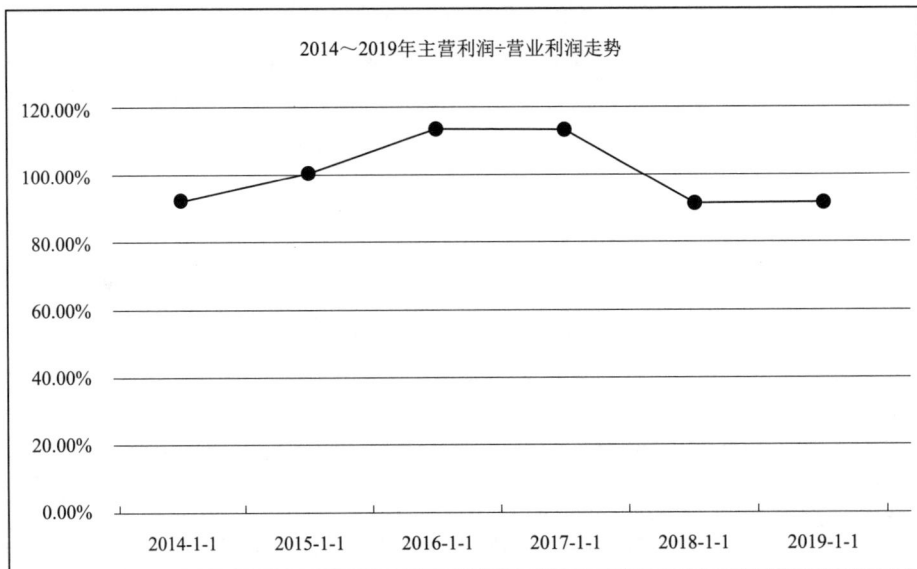

2014~2019年主营利润÷营业利润走势

包钢股份在 2019 年主营利润率低至 1.93%，经营状况堪忧。

从三家公司的主营利润率来看，方大特钢最优秀。因为我最近建仓了宝钢股份和方大特钢，尤其是方大特钢赶上一波暴涨，证监会的问询函对它也只造成了一天的影响。根据现金流估值模型这两只股票还是挺值钱的，但报表分析看上去挺丑的，我得考虑考虑要不要调调仓。

第六步，看净利润，了解公司的经营成果及含金量。

净利润主要看净利润含金量，净利润金额越大越好。净利润小于 0 的公司，直接淘汰掉。优秀的公司不但净利润金额大而且含金量高。优秀公司的"净利润现金比率"会持续地大于 100%。

看看方大特钢的净利润，见下表。

方大特钢	2019-12-31	2018-12-31	2017-12-31	2016-12-31	2015-12-31
经营活动产生的现金流量净额（万元）	173 475.00	357 290.00	255 364.00	134 545.00	70 659.00
净利润（万元）	171 490.45	293 198.01	256 856.00	70 284.00	20 323.00
净利润现金比率	101.16%	121.86%	99.42%	191.43%	347.68%

方大特钢过去 5 年的净利润现金比率除了 2017 年为 99.42%，方大特钢过去 5 年的净利润现金比率高于 100%，净利润含金量较高。

下面我们再与同行宝钢股份进行对比，见下表。

宝钢股份	2019-12-31	2018-12-31	2017-12-31	2016-12-31	2015-12-31
经营活动产生的现金流量净额（万元）	2 950 414.00	4 560 605.00	3 307 727.00	2 240 326.00	2 117 680.00

续上表

宝钢股份	2019-12-31	2018-12-31	2017-12-31	2016-12-31	2015-12-31
净利润（万元）	1 346 901.40	2 327 813.58	2 040 314.00	933 904.00	71 407.00
净利润现金比率	219.05%	195.92%	162.12%	239.89%	2 965.65%

宝钢股份过去 5 年的净利润现金比率更高，这是提前两年收到预收款的节奏吗？2015 ～ 2019 年净利润现金比率平均超过 200%。

再与包钢股份对比，见下表。

包钢股份	2019-12-31	2018-12-31	2017-12-31	2016-12-31	2015-12-31
经营活动产生的现金流量净额（万元）	（38 683.00）	714 875.00	732 897.00	646 082.00	（97 480.00）
净利润（万元）	84 668.00	326 950.00	202 877.00	19 917.00	（290 300.00）
净利润现金比率	−45.69%	218.65%	361.25%	3 243.87%	33.58%

包钢股份过去 5 年的平均净利润现金比率，除了 2019 年为 −45.69%，2016 ～ 2018 年也是非常高的比率。净利润含金量甚至比方大特钢和宝钢股份好很多。我严重怀疑这些钢铁企业利用优势地位寅吃卯粮。

第七步，看归属于母公司的净利润，了解公司的整体盈利能力及持续性。

归属于母公司净利润主要看两点：一是规模，二是增长率。用"归属于母公司净利润"和"归属于母公司股东权益"可以计算出公司的净资产收益率（ROE）。净资产收益率是一个综合性最强的财务比率，是杜邦分析系统的核心。它反映所有者投入资本的获利能力，同时反映企业筹资、投资、运营的效率。一般来说，净资产收益率在 15% ～ 39% 比较合适。

下面看看方大特钢归属于母公司的净利润，见下表。

方大特钢	2019-12-31	2018-12-31	2017-12-31	2016-12-31	2015-12-31
归属于母公司所有者的净利润（万元）	171 119.00	292 703.00	253 953.00	66 584.00	10 592.00
归属于母公司净利润增长率	−41.54%	15.26%	281.40%	528.63%	−81.39%
归属于母公司股东权益合计（万元）	654 355.00	644 529.00	487 097.00	265 010.00	201 616.00
净资产收益率（ROE）	26.15%	45.41%	52.14%	25.13%	5.25%

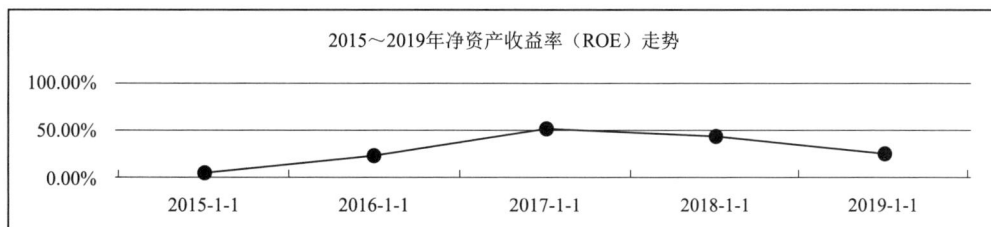

2015～2019年净资产收益率（ROE）走势

奇怪，方大特钢过去5年的ROE都稳定在20%以上，按照"芒格派－价值投资派"拥趸者的说法，20%的ROE表明5年净资产就翻一倍多。2014年末，方大特钢除权后的收盘价是0.62元/股，2019年末的收盘价是6.75元/股，翻了近10倍。这只股票的走势验证了"芒格派"的理论。如果继续以2014年末的股价为标准，方大特钢一直保持20%以上的超高复合增长率。2020年11月23日方大特钢的价格是7.85元/股，我是在2020年7月31日以5.7元/股的时候买入17 500股，2020年11月6日以6.72元买入700股，总体的盈利也有36.5%，目前总体浮盈3.8万元左右，按我的现金流量估值模板计算在2019年末折现率12%，预测期增长率15%，永续期增长率5%的条件下，方大特钢的价值是16.52元/股，空间还很大。即使按2019年－11%的增长率估算，连续5年－11%，方大特钢也能值7.90元，和现在的价格差不多。现金流估值偏保守，我这个现金流模板属于"格雷厄姆派"的价值投资理论，也就是说按"格雷厄姆派"理论计算，现在的价值是16.52元/股，按"芒格派"估算其实也不错，但ROE太高了，而且波动很大不好测算。不管怎样，现在市场给的价格还是低估的，考虑有每年20%以上的ROE水平，和前6年10倍的涨幅，我决定继续持有方大特钢。

ROE持续大于20%，说明公司的整体盈利能力非常强。方大特钢归属于母公司的净利润增长率都出现负数，也是比较令人担心的，希望钢铁行业的严冬早一点过去，如图6-3-2所示。

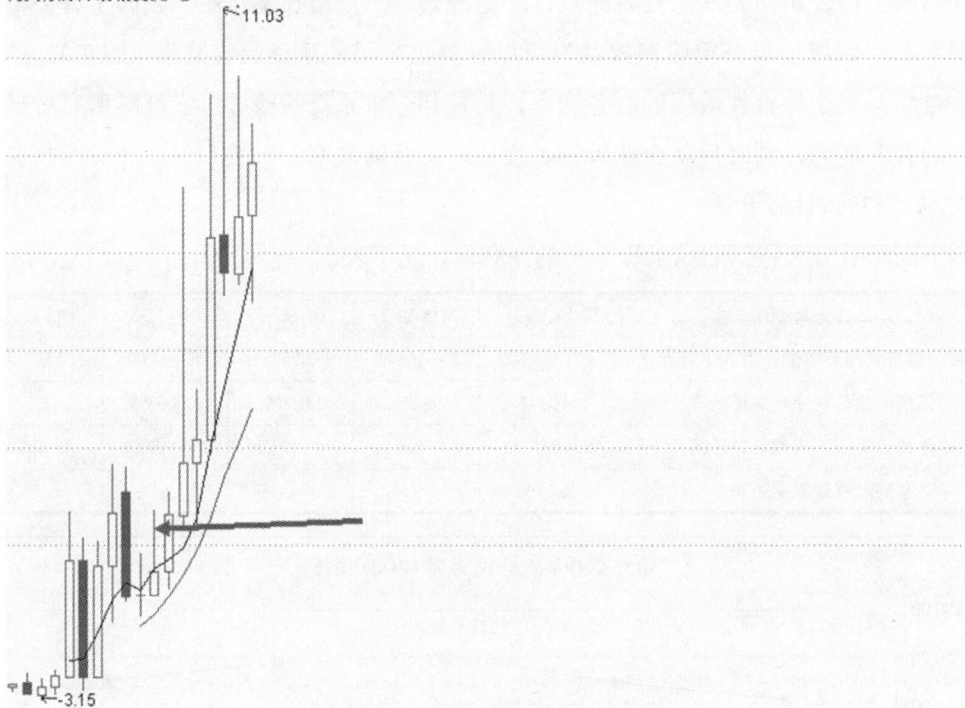

图6-3-2　方大特钢年线前复权

下面我们再与同行宝钢股份进行对比，见下表。

宝钢股份	2019-12-31	2018-12-31	2017-12-31	2016-12-31	2015-12-31
归属于母公司所有者的净利润（万元）	1 242 323.00	2 156 516.00	1 917 034.00	907 593.00	101 287.00
归属于母公司的净利润增长率	−42.39%	12.49%	111.22%	796.06%	−82.51%
归属于母公司股东权益合计（万元）	17 805 311.00	17 676 255.00	16 443 250.00	14 977 799.00	11 280 324.00
净资产收益率（ROE）	6.98%	12.20%	11.66%	6.06%	0.90%

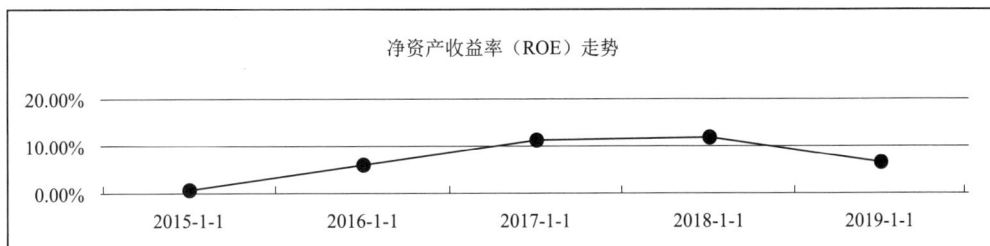
净资产收益率（ROE）走势

　　2019 年宝钢股份的 ROE 只有 6.98%，2017 年、2018 年的 ROE 也只有 11.66%、12.2%，稍微超过。查看年 K 线图，2014 年为 5.33 元，2020 年 11 月 23 日为 6.39 元，涨幅非常有限。我是在 2020 年 10 月 23 日建仓，5.37 元买入 14 000 股，2020 年 11 月 6 日 6.12 元时加仓 12 900 股，目前浮盈 1.7 万元，浮盈比率是 11.5%。不得不说我在这只股上的运气确实很好，但是大象起舞的难度确实比较大，而且从年线上看，涨得特别好的大牛股，也都是特别赚钱的公司，宝钢虽然很赚钱，但因为规模太大了，平均到每股的盈利性上，并没有什么优势，所以通过以上的分析，我决定抛弃宝钢股份，再去发掘新的成长股。

　　与包钢股份对比，见下表。

包钢股份	2019-12-31	2018-12-31	2017-12-31	2016-12-31	2015-12-31
归属于母公司所有者的净利润（万元）	66 793.00	332 376.00	206 126.00	8 503.00	（330 633.00）
归属于母公司净利润增长率	−79.90%	61.25%	2 324.16%	−102.57%	−1 750.44%
归属于母公司股东权益合计（万元）	5 270 773.00	5 246 896.00	4 933 603.00	4 723 430.00	4 709 728.00
净资产收益率（ROE）	1.27%	6.33%	4.18%	0.18%	−7.02%

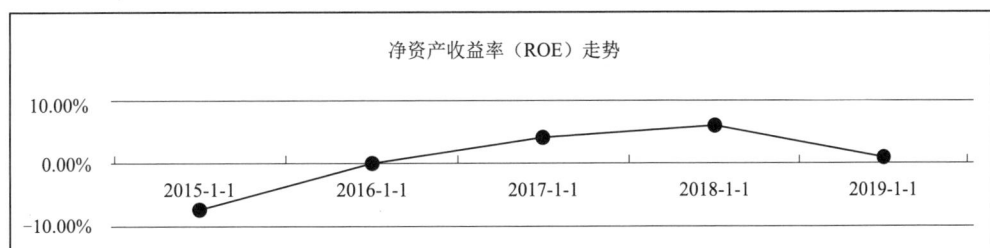
净资产收益率（ROE）走势

2019 年包钢股份 ROE 为 1.27%，比较差，近 5 年均维持在低位，翻身很难。

结合三家公司的 ROE 的分析，可以看到钢铁制造行业的毛利率确实非常低。结合未来国家的环保政策的不确定性，钢铁行业是不值得投资的一个行业。方大特钢虽然过去 6 年涨了近 10 倍，但为什么效益这么好，我也没研究明白，这两年确实也是下滑走势，我在 2019 年 12 月通过估值选中这只股票，并且躲过了 2020 年上半年的下跌，在这只股票上的运气还是不错的，不过需要进一步研究它的业务逻辑，看看是不是真的值得长期持有。还好，写书的当下方大特钢、宝钢股份还是很强势的，但通过分析，我决定留下方大特钢、放弃宝钢股份。

3. 现金流量表

第一步，看经营活动产生的现金流量净额，判断公司的造血能力。经营活动产生的现金流量净额越大，公司的造血能力越强。

优秀的公司造血能力都很强大。看看方大特钢的经营活动产生的现金流量净额，见下表。

方大特钢	2019-12-31	2018-12-31	2017-12-31	2016-12-31	2015-12-31
经营活动产生的现金流量净额（万元）	173 475.00	357 290.00	255 364.00	134 545.00	70 659.00
经营活动产生的现金流量增长率	−51.45%	39.91%	89.80%	90.41%	−15.16%

2016 ~ 2018 年，方大特钢"经营活动产生的现金流量净额"呈快速增长的趋势，2019 年出现−51.45%的负增长率，也引起了 2020 年上半年的股价的暴跌。2020 年以来，公司的经营情况也不是很好，到了第 3 季度，净利润增长率由负转正，股价也比较强势，而且股价属于被低估的，有很大的安全边际，耐心持有的话，还可以享受每年 20%的复合增长。所以从报表分析的结果看方大特钢，还是值得拥有的。

看看可比公司宝钢股份，见下表。

宝钢股份	2019-12-31	2018-12-31	2017-12-31	2016-12-31	2015-12-31
经营活动产生的现金流量净额（万元）	2 950 414.00	4 560 605.00	3 307 727.00	2 240 326.00	2 117 680.00
经营活动产生的现金流量增长率	−35.31%	37.88%	47.64%	5.79%	−25.12%

2019 年宝钢股份"经营活动的现金流量"也是负数，看来钢铁行业的 2019 年很难过。

可比公司包钢股份数据，见下表。

包钢股份	2019-12-31	2018-12-31	2017-12-31	2016-12-31	2015-12-31
经营活动产生的现金流量净额（万元）	（38 683.00）	714 875.00	732 897.00	646 082.00	（97 480.00）
经营活动产生的现金流量增长率	−105.41%	−2.46%	13.44%	−762.78%	−132.88%

包钢股份的现金流基本没法看了。

第二步，看"购买固定资产、无形资产和其他长期资产支付的现金"，判断公司未来的成长能力。

"购买固定资产、无形资产和其他长期资产支付的现金"金额越大，公司未来成长能力越强。成长能力较强的公司，"购买固定资产、无形资产和其他长期资产支付的现金"与"经营活动现金流量净额"比率一般在10% ～ 60%之间。这个比率连续两年高于100%或低于10%的公司，淘汰。

看看方大特钢购买固定资产、无形资产和其他长期资产支付的现金，见下表。

方大特钢	2019-12-31	2018-12-31	2017-12-31	2016-12-31	2015-12-31
经营活动产生的现金流量净额（万元）	173 475.00	357 290.00	255 364.00	134 545.00	70 659.00
购建固定资产、无形资产和其他长期资产所支付的现金（万元）	13 572.00	25 266.00	13 180.00	3 854.00	4 884.00
购建固定资产、无形资产和其他长期资产所支付的现金与经营活动产生的现金流量净额的比率	7.82%	7.07%	5.16%	2.86%	6.91%

2015 ～ 2019年的"购建固定资产、无形资产和其他长期资产支付的现金"金额占公司现金流低于10%，2019年"购建固定资产、无形资产和其他长期资产支付的现金"金额占公司现金流7.82%，表明公司发展比较保守，公司成长能力不强。

下面看看可比公司宝钢股份，见下表。

宝钢股份	2019-12-31	2018-12-31	2017-12-31	2016-12-31	2015-12-31
经营活动产生的现金流量净额（万元）	2 950 414.00	4 560 605.00	3 307 727.00	2 240 326.00	2 117 680.00
购建固定资产、无形资产和其他长期资产所支付的现金（万元）	1 762 427.00	1 275 963.00	1 327 689.00	1 493 797.00	2 397 862.00
购建固定资产、无形资产和其他长期资产所支付的现金与经营活动产生的现金流量净额的比率	59.73%	27.98%	40.14%	66.68%	113.23%

宝钢股份构建固定资产的力度够强，2019年，这个庞然大物投入比率达到了59.73%，对于主业的固定资产投入力度这么高。领导层想要干什么呢？

与包钢股份对比，见下表。

包钢股份	2019-12-31	2018-12-31	2017-12-31	2016-12-31	2015-12-31
经营活动产生的现金流量净额（万元）	（38 683.00）	714 875.00	732 897.00	646 082.00	（97 480.00）
购建固定资产、无形资产和其他长期资产所支付的现金（万元）	196 019.00	246 145.00	72 915.00	797 287.00	2 479 589.00
购建固定资产、无形资产和其他长期资产所支付的现金与经营活动产生的现金流量净额的比率	−506.73%	34.43%	9.95%	123.40%	−2 543.69%

包钢股份构建固定资产的力度不小，近三年投入比率呈上升趋势，2019 年的负数是因为现金流为负，说明包钢股份对于主业的固定资产投入力度不小。

第三步，看"分配给普通股股东及限制性股票持有者股利支付的现金"判断公司的品质。

优秀的公司应当每年分红而且分红率一般会大于净利润的 30%。连续高分红的公司财务造假的概率很小。分红率低于 30% 的公司，要么能力有问题，要么品质有问题。下面看看方大特钢的分红率，见下表。

公告日	分红（每股）	送股（每股）	转股（每股）	登记日	派现额度（万元）	除权日	备注	每股收益	分红率
2020-2-28	0	0	0.49	2020-4-8	0	2020-4-9	[详情]	1.18	0.00%
2019-2-22	1.7	0	0	2019-5-7	246 478.15	2019-5-8	[详情]	2.08	81.73%
2018-2-9	1.6	0	0	2018-4-3	212 174.88	2018-4-4	[详情]	1.92	83.33%
2017-4-22	0.252	0	0	2017-6-13	33 417.54	2017-6-14	[详情]	0.50	50.40%
2016-4-15	0.024	0	0	2016-7-6	3 182.62	2016-7-7	[详情]	0.08	30.00%

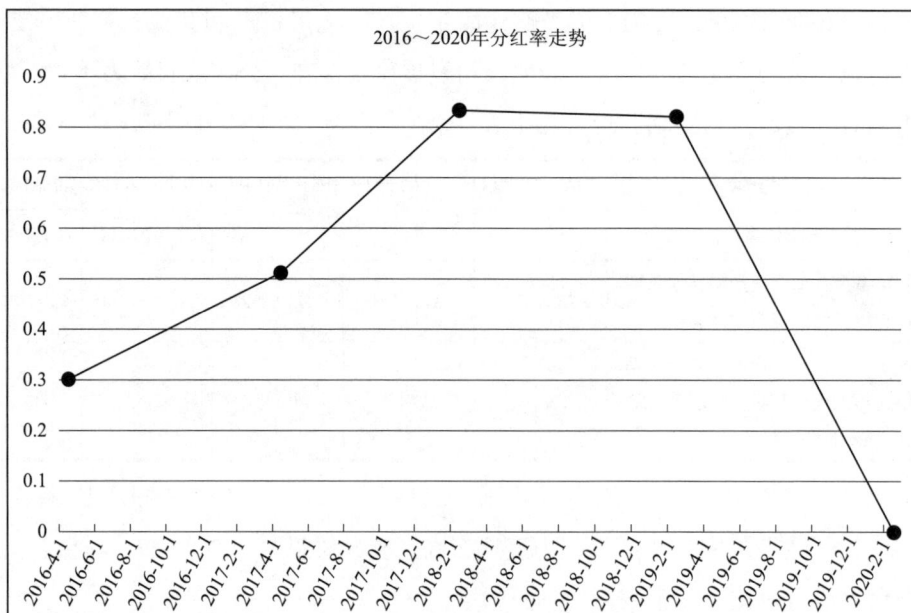

2016～2020年分红率走势

方大特钢 2015 ～ 2019 年的分红率呈逐年下降趋势。2018 年以前，方大特钢的分红率还是非常高的，对股东是很慷慨的。2019 年为什么没分红呢？

行业内吨钢利润排名前列的方大特钢，不准备给股东们派发 2019 年的现金红利了。这与其去年现金分红 24.6 亿元的大手笔相比，落差较大。

方大特钢于上海证券交易所"上证 e 互动"网络平台上召开了 2019 年业绩说明会。会上，多名方大特钢的股东及投资者提问，公司 2019 年盈利，却为何没有现金分红？还有股东进一步质疑，这违反了该公司"2018 ～ 2020 年最低现金分红不低于年盈利 20%"的承诺。这一承诺来自方大特钢 2018 年 8 月公布的《未来三年股东回报规划（2018 ～ 2020 年）》（下称《股东回报规划》）。该规划对其相关年度的具体现金分红政策予以明确，其中表示，每年现金分红在利润分配中所占比例最低应达到 20%。

方大特钢此前披露的《2019 年度利润分配预案》显示，拟以公司截至 2019 年底总 14.48 亿股为基数，以资本公积金向全体股东每 10 股转增 4.9 股，而不实行现金分红。对于这一利润分配方案，参加网络业绩说明会的中小投资者并不满意，他们更喜欢拿到现金分红。一位投资者称："送股没有现实意义，不增资产，不增收益。"

上海证券交易所也于 2020 年 2 月 27 日，向方大特钢下发关于利润分配问题的问询函。3 月 11 日，方大特钢发布公告回复称，取消现金分红，是为有息还债和应对疫情做准备。方大特钢称，为控制公司负债规模，降低融资成本，防范经营风险，公司后续将陆续归还有息负债，储备资金用于支付经营性负债。此外，由于突发的新冠肺炎疫情对市场带来阶段性的影响，且疫情结束时间不确定，市场恢复前景还不明朗，方大特钢称，需储备资金以应对不确定经营性风险。"公司也需要为流动资金和设备整改、环保升级预留出资金。"方大特钢表示，因此，公司 2019 年不现金分红，执行以资本公积金转增股本的利润分配预案。

2019 年，因市场变化和自身生产原因，方大特钢虽实现盈利，但净利润规模出现较大下降。年报显示，2019 年，方大特钢营业收入为 153.89 亿元，同比下降 10.97%；净利润 17.11 亿元，同比下降 41.54%。方大特钢董事长徐志新针对投资者的疑问表示，2018 年、2019 年，公司实现的年均可分配利润约 23 亿元，以现金方式累计分配的利润为 24.6 亿元，占最近两年实现的年均可分配利润的 106.13%，符合规划。

方大特钢还表示，根据《公司法》等有关法律法规及规定，公司在足额提取法定公积金、盈余公积金后，在公司盈利且现金能够满足公司正常经营和长期发展的前提下，才积极推行现金分配方式。

此外，前述《股东回报规划》第三条第一款规定："公司可以采取现金、股票或者现金与股票相结合方式分配利润，公司可以进行中期利润分配。"方大钢铁集团2019年吨钢材利润为623元，旗下上市公司方大特钢吨钢材利润保持行业第二的水平，盈利能力优于行业平均值。

2018年，方大特钢实现归属于上市公司股东净利润29.27亿元，达到历史最高水平。2019年年初，方大特钢垒起3.12亿元现金墙给员工发放年终奖，并向公司全体股东每股派发现金红利1.7元，共计派发现金红利24.61亿元，引起业内极大关注。

宝钢股份分红数据，见下表。

公告日	分红（每股）	送股（每股）	转股（每股）	登记日	派现额度（万元）	除权日	备注	每股收益	分红率
2020-4-29	0.28	0	0	2020-6-2	623 596.07	2020-6-3	[详情]	0.56	50.00%
2019-4-25	0.5	0	0	2019-5-30	1 113 806.70	2019-5-31	[详情]	0.97	51.55%
2018-4-10	0.45	0	0	2018-6-7	1 002 056.18	2018-6-8	[详情]	0.86	52.33%
2017-4-28	0.21	0	0	2017-6-13	464 155.80	2017-6-14	[详情]	0.41	51.22%
2016-3-31	0.06	0	0	2016-6-7	98 805.11	2016-6-8	[详情]	0.06	100.00%

宝钢股份的分红比率也还可以，每年50%以上，按当前的股价年化收益率能到4%，比银行存款的利息高，而且能随时变现。

包钢股份的分红情况，见下表。

公告日	分红（每股）	送股（每股）	转股（每股）	登记日	派现额度（万元）	除权日	备注	每股收益	分红率
2019-4-19	0.007	0	0	2019-7-11	31 909.52	2019-7-12	[详情]	0.01	70.00%
2018-4-20	0.005	0	0	2018-7-11	22 792.52	2018-7-12	[详情]	0.07	7.14%
2017-4-21	0	0	0.4	2017-5-26	0	2017-5-31	[详情]	0.05	0.00%
2014-8-28	0.012 5	0.05	0.95	2014-9-26	10 003.24	2014-9-29	[详情]	—	#DIV/0!
2014-3-8	0.01	0	0	2014-5-15	8 002.59	2014-5-16	[详情]	(0.13)	-7.69%

包钢股份2015～2019年都不赚钱，咱也别指望人家分钱了。不过分红见品质，谁对股东慷慨，一目了然。方大特钢作为私营企业，在疫情和行业严冬的双重作用下停止分红自保，我觉得合情合理。

第四步，看三大活动现金流量净额的组合类型，选出最佳类型的公司。

优秀的公司一般是"正负负"和"正正负"类型，连续两年为其他类型的公司，应淘汰。

看看方大特钢的三大活动现金流量净额的组合类型，见下表。

方大特钢	2019-12-31	2018-12-31	2017-12-31	2016-12-31	2015-12-31
经营活动产生的现金流量净额（万元）	173 475.00	357 290.00	255 364.00	134 545.00	70 659.00
投资活动产生的现金流量净额（万元）	(11 280.00)	34 149.00	(63 860.00)	(1 239.00)	(6 086.00)
筹资活动产生的现金流量净额（万元）	(61 079.00)	(163 831.00)	(226 097.00)	(134 592.00)	(51 788.00)
公司类型	正负负	正正负	正负负	正负负	正负负
评价	优秀	优秀	优秀	优秀	优秀

方大特钢5年中的"三大活动现金流量净额"的组合类型有四年为"正负负"型，一年为正正负型，属于优秀公司的类型。公司经营活动产生的现金流量净额为正，说明公司主业经营赚钱；投资活动产生的现金流量净额为负，说明公司在继续投资，公司处于扩张之中。筹资活动现金流量净额为负，说明公司在还钱或者分红。公司靠着主营业务赚的钱支持扩张的同时还债或进行分红，说明方大特钢会有一个良好的持续，而且在2018年业绩极好的情况下，投资活动产生的现金流为正，难道管理层神机妙算，预测到了2019年的行业严冬，提前做出预判？收缩投资，方大特钢上市以来的表现太抢眼了，我相信有这样的管理层，它的未来依旧可以期待。

可比公司宝钢股份，见下表。

宝钢股份	2019-12-31	2018-12-31	2017-12-31	2016-12-31	2015-12-31
经营活动产生的现金流量净额（万元）	2 950 414.00	4 560 605.00	3 307 727.00	2 240 326.00	2 117 680.00
投资活动产生的现金流量净额（万元）	(2 222 898.00)	(418 650.00)	(1 172 350.00)	(2 155 838.00)	(2 167 613.00)
筹资活动产生的现金流量净额（万元）	(1 148 494.00)	(4 516 069.00)	(1 438 168.00)	(146 017.00)	(111 907.00)
公司类型	正负负	正负负	正负负	正负负	正负负
评价	优秀	优秀	优秀	优秀	优秀

现金流量表的表现不错，宝钢股份连续5年的"三大活动现金流量净额"的组合类型均为"正负负"型，属于优秀公司的类型。公司"经营活动产生的现金流量净额"为正，说明公司主业经营赚钱；投资活动产生的现金流量净额为负，说明公司在继续投资，公司处于扩张之中。筹资活动现金流量净额为负，说明公司在还债或者分红。公司靠着主营业务赚的钱支持扩张的同时，还债或进行分红，说明宝钢股份会有一个良好的持续。

可比公司包钢股份，见下表。

包钢股份	2019-12-31	2018-12-31	2017-12-31	2016-12-31	2015-12-31
经营活动产生的现金流量净额（万元）	（38 683.00）	714 875.00	732 897.00	646 082.00	（97 480.00）
投资活动产生的现金流量净额（万元）	（195 103.00）	（163 976.00）	（72 698.00）	（776 766.00）	（2 544 192.00）
筹资活动产生的现金流量净额（万元）	299 932.00	（521 380.00）	（338 923.00）	（458 331.00）	3 282 760.00
公司类型	负负正	正负负	正负负	正负负	负负正
评价	差评	优秀	优秀	优秀	差评

现金流量表的表现不错，包钢股份近 5 年的"三大活动现金流量净额"的组合类型有三年"正负负"型，两年"负负正"型，总体不是太好。

第五步，看"现金及现金等价物的净增加额"，判断公司的稳定性。

现金及现金等价物净增加额主要看正负。现金及现金等价物净增加额大于 0，公司才能积累更多的钱。公司所属的"正负负"或"正正负"类型才能持续保持。

优秀公司的"现金及现金等价物净增加额"一般都是大于 0 的。加回现金分红后，"现金及现金等价物净增加额"小于 0 的公司，淘汰掉。

看看方大特钢的"现金及现金等价物的净增加额"，见下表。

方大特钢	2019-12-31	2018-12-31	2017-12-31	2016-12-31	2015-12-31
现金及现金等价物净增加额（万元）	100 948.00	228 341.00	（33 624.00）	（2 301.00）	12 473.00
期末现金及现金等价物余额（万元）	417 625.00	316 677.00	88 337.00	121 960.00	124 261.00
分红额度	0	246 478.15	212 174.88	33 417.54	3 182.62
加回分红后的现金及等价物净增加额（万元）	100 948.00	474 819.15	178 550.88	31 116.54	15 655.62
评价	优秀	优秀	优秀	优秀	优秀

我们可以看到方大特钢在 2018 年现金净增加额加回分红有 47.48 亿元的现金，所以它狂分了 24.6 亿元，确实是少有的良心企业。2019 年的现金净增加额只有 10 亿元现金，所以决定不分，体现了民营企业和小企业的灵活性。在 2015～2019 年末加回分红后的"现金及等价物净增加额"都是正数，连续 5 年我都给予优秀的评级，可见方大特钢的实力还是很强的。

可比公司宝钢股份的数据，见下表。

宝钢股份	2019-12-31	2018-12-31	2017-12-31	2016-12-31	2015-12-31
现金及现金等价物净增加额（万元）	（425 198.00）	（384 533.00）	689 074.00	（55 497.00）	（218 240.00）
期末现金及现金等价物余额（万元）	1 196 583.00	1 606 698.00	1 991 231.00	1 302 157.00	910 889.00
分红额度	623 596.07	1 113 806.70	1 002 056.18	464 155.80	98 805.11
加回分红后的现金及等价物净增加额（万元）	198 398.07	729 273.70	1 691 130.18	408 658.80	（119 434.89）
评价	优秀	优秀	优秀	优秀	差评

我们可以看到，宝钢股份在 2017—2019 年末的现金从 199 亿元降到 119 亿元，在 2017—2019 年末加回分红后的"现金及等价物净增加额"都是正数，连续 4 年我都给予优秀的评级，可见宝钢股份的现金流量还是不错的。

可比公司包钢股份的财务数据，见下表。

包钢股份	2019-12-31	2018-12-31	2017-12-31	2016-12-31	2015-12-31
现金及现金等价物净增加额（万元）	64 818.00	29 548.00	310 555.00	（581 130.00）	641 186.00
期末现金及现金等价物余额（万元）	588 514.00	523 696.00	494 147.00	183 592.00	764 722.00
分红额度	31 909.52	22 792.52	0	10 003.24	8 002.59
加回分红后的现金及等价物净增加额（万元）	96 727.52	52 340.52	310 555.00	（571 126.76）	649 188.59
评价	优秀	优秀	优秀	差评	优秀

我们可以看到包钢股份在 2018—2019 年末都有 50 亿元的现金，在 2017—2019 年末加回分红后的"现金及等价物净增加额"都是正数，连续 3 年我都给予优秀的评级，可是仔细看包钢股份的现金流量表，发现包钢股份 2019 年的"三大现金流量净额"的组合是"负负正"，2019 年，看来它主要靠借债度日了。

总结：

通过对三大财务报表的分析，我们可以看到方大特钢盈利性较好，产品竞争力强，资产负债率比较健康，ROE 在 20% 以上，非常优秀。公司经常将 50% 以上的利润进行分红，分红金额巨大，体现公司对股东的责任。目前方大特钢占我持仓比例是

8.1%，是我 2020 年第四赚钱的股票；宝钢股份占我持仓比例 10.5%，是我今年第六赚钱的股票，虽然钢铁业行情很不好，但是持有的这两只业绩还好。

风险提示：

本文所提到的观点仅代表个人的意见，所涉及标的不做推荐，据此买卖，风险自负。

经过三组九只股票的分析，我决定以后再也不要道听途说选择股票了。自从炒股以来，每次的大赔都是小道消息和臆想，比如，两面针赔了 10 多万元，属于听说要重组，因为当时在投行上班，认为是靠谱的消息，结果被腰斩了一次。再早就是 2012 年的莫高股份，也是听到了消息，据说是某操盘手要把该股炒到高点，结果赔了 4 万元多，那是我第一次在单只股票上赔了好几万元，要知道我的本金才 20 万元，当时给自己定的方针是 20 万元赔 30% 的额度就清仓，第二年补足本金再战。那只股票割肉之后我当年的炒股游戏就 Game over 了。比如华谊兄弟亏 6 万多元，当时的投资逻辑是华谊兄弟有可能是中国的华纳兄弟，虽然赔钱的主要原因是我臆想，但我再也不想看冯小刚的电影了，还有拍脑袋选的一众证券公司。我记得我买证券的逻辑就是证券股比较"妖"，只要我能拿得住，向上波动的时候是会赚钱的，因为我想很快就能挣钱，但实际上最后都割肉了。东北证券赔了 9.4 万元、西南证券赔了近 5 万元，吉林敖东赔了 3.3 万元、广发证券赔了 3.9 万元。只凭小道消息和臆测就对股票产生信心，我是傻呢，还是傻呢？

所以，以后选股一定要扎扎实实地亲手做一遍报表分析，写成文章，到雪球、知乎之类的平台上发表，接受读者的质询。回过头来看，大牛股的逻辑非常简单，就是那些非常非常挣钱的股票，看年线，总体都是不断上涨的，买股票就是当股东。

作为一个注册会计师，我相信自己通过阅读企业的报表和审计报告，是可以分辨出来哪些公司是真的赚钱，哪些属于炒作概念、割韭菜、抢帽子的公司，再结合我这个神奇的现金流量估值模板，我对未来还是很有信心的。

第七章

现金流量法估值基本原理

企业价值评估是对评估基础日特定目的下的企业价值进行的评定估算，书中主要围绕的是现金流量折现模型。我们使用的是最广泛，而且理论上也是最健全的模型，现金流量法估值的基本原理就是用增量现金流量原则和时间价值原则，在公式上体现的是任何资产未来现金流量按照含有风险的折现率计算的现值。

一、 货币时间价值原理

货币时间价值，是指经历一定时间的投资和再投资所增加的价值。

我们很直观地就能体会到现在的 1 元钱和 1 年后的 1 元钱其经济价值不相等，或者说经济效用不同。随着时间的延续，货币总量在循环中按几何级数增长，形成了货币的时间价值。货币的时间价值率是没有风险和没有通货膨胀下的社会平均利润率。货币的时间价值额是货币在生产过程中带来的真实增值额，即一定数额的货币与时间价值的乘积。实务中，通常以利率、报酬率等来替代货币的时间价值率。

首先，我们来了解复利，复利是计算利息的一种方法。按照这种方法，每经过一个计息期，要将所生利息与本金合计再计利息，逐期滚算，俗称"利滚利"。这里所说的计息期，是指相邻两次计息的时间间隔，如年、月、日等，除非特别指明，计息期为 1 年。与复利相对的是单利，单利只对本金计算利息，而不将以前计息期产生的利息累加到本金中去计算利息的一种计息方法，即利息不再生息。

1. 复利终值

复利终值是指现在的特定资金按复利计算得出未来一定时间的价值，或者说现在的一定本金在未来一定时间按复利计算的本金与利息之和，简称"本利和"。用符号表示为 $(F/P, i, n)$ 表示，i 为利率，n 为时间。

2. 复利现值

复利现值是复利终值的对称概念，指未来一定时间的特定资金按复利计算的现在价值，或者说是为取得将来一定本利和现在所需要的本金，用符号 $(P/F, i, n)$ 来表示。

3. 年金终值

讲到年金，我们可能比较陌生，但是体现在生活中，比如，分期付款赊购物品、分期偿还贷款、发放养老金，等等，都是年金的体现。年金分为普通年金、预付年金、递延年金和永续年金等四种形式。

普通年金终值是指其最后一次收付时的本利和，它是每次收付的复利终值之和，用符号表示为 $(F/A, i, n)$。

4. 年金现值

普通年金现值，是指为在每期期末收付相等金额的款项，现值需要投入或收取的金额。

本书能用到的货币时间价值原理，主要是一个公式，年金现值系数。

这里我们重点要说的就是普通年金现值。

比如一笔贷款，期限为 3 年，每年需要偿还 1 000 元，设利率为 10%，那么现在需要付出多少钱？

由这个题目，我们可以得到，$i = 10\%$，$n = 3$，$A = 1 000$ 元。

$$现值＝年金额 \times 普通年金现值系数$$

$$P = A \times \frac{1 - (1+i)^{-n}}{i}$$
$$P = A \times (P/A, \ i, \ n)$$

我们只需要记住这个公式，就能解出现在需要投入的现值 $P = 1 000 \times (P/A, 10\%, 3)$。

现值系数我们一般通过查现值系数表可得 2.486 8。

所以现在 $P = 1 000 \times 2.486 8 = 2 486.8$（元）

二、　企业价值评估

（一）企业价值评估目的

我们这里了解企业价值评估，目的是分析和衡量一个企业或者经营单位的公平市场价值，并提供有关信息以帮助投资人和管理当局改善决策。

企业价值评估可以用于投资分析，就像我们这本书的理念一样，股票估值的时候，企业价值与财务数据之间存在着函数关系，这种关系在一定时间内是稳定的，证券价格与价值的偏离经过一段时间的调整，会向价值回归。据此原理寻找并购进被市场低估的证券或企业，以获得高于必要报酬率的收益。

（二）企业价值评估的对象

企业价值评估的首要问题是明确"要评估的是什么"，也就是价值评估的对象是什么。价值评估的一般对象是企业整体的经济价值，企业整体的经济价值是指企业作为一个整体的公平市场价值。

企业整体价值可以分为实体价值和股权价值、持续经营价值和清算价值、少数股权价值和控股权价值等类别。

1. 企业整体价值

（1）企业的整体价值并不是各部分的简单相加。企业作为整体虽然是由部分组成的，但是它不是各部分的简单相加，而是有机的结合。这种结合，使得企业总体具有它各部分所没有的整体性功能，所以整体价值并不同于各部分的价值。

（2）企业单项资产价值的总和不等于企业整体价值。会计报表反映的资产价值，都是单项资产的价值。资产负债表"资产合计"是单项资产价值的合计，而不是企业作为整体的价值。

企业整体能够具有价值，在于它可以为投资人带来现金流量，而这些现金流量是所有资产联合起来运用的结果，而不是资产分别出售获得的现金流量。

2. 企业经济价值

经济价值是经济学家所持的价值观念。它是指一项资产的公平市场价值，通常用该资产所产生的未来现金流量的现值来计量。对于习惯于使用的历史成交价格计量的会计师，特别要注意区分会计价值、现时市场价值与公平市场价值。

（1）会计价值与现时市场价值。

会计价值是指资产、负债和所有者权益的账面价值，即会计价值与现时市场价值是两回事，例如，青岛海尔电冰箱股份有限公司（年度资产负债表显示，股东权益的账面价值为 28.9 亿元，总股份数为 5.65 亿股。该股票全年平均市价为 20.79 元／股，现时市场价值约为 117 亿元，与股权的会计价值相差悬殊。

（2）区分现时市场价值与公平市场价值。

企业价值评估的目的是确定一个企业的公平市场价值。所谓"公平市场价值"是指在公平的交易中，熟悉情况的双方，自愿进行资产交换或偿还债务清偿的金额。资产被定义为未来的经济利益。所谓"经济利益"，其实就是现金流入。资产就是未来可以带来现金流入的资源。由于不同时间的现金不等价，需要通过折现处理，因此，资产的公平市场价值就是未来现金流量的现值。未来现金流量面向的是未来，而不是历史或现在，符合决策面向未来是时间属性。经济学家认为，未来现金流量的现值是资产的一项最基本的属性，是资产的经济价值。要区分现时市场价值与公平市场价值。现时市场价值是指按现行市场价格计量的资产价值，它可能是公平的，也可能是不公平的。

三、 现金流量折现模型

现金流量折现模型，最严谨的是对企业和股票估值的方法，DCF 估值法与 DDM 的本质区别是，现金流量估值法用自由现金流代替股利流。现金流折现模型，属于绝对估值法，具体做法是：假设企业会快速成长若干年，然后平稳成长若干年，把未来所有赚的自由现金流，用折现率折合成现在的价值，然后减去现在时点净负债的价值，就是股权的价值。

以下这个点是我们判断是否买入股票的一个关键点：

如果估值大于当前的股价，说明当前的股价被低估，我们就可以买入；

如果估值低于当前的股价，说明当前的股价被高估，我们就需要回避。

要想更好地了解现金流量折现模型，就要首先熟悉并理解现金流量折现模型公式：

$$价值 = \sum_{i=1}^{n} \frac{现金流量}{(1+资本成本)}$$

该模型中有三个参数：现金流量、资本成本和时间序列。

模型中的"现金流量"，是指各期的预期现金流量。这里我们用于股票投资的就只是实体现金流量。

股权现金流量模型，根据现金流量分布的特征，股权现金流量模型分为两种类型：永续增长模型和两阶段增长模型。

永续增长模型是指假设企业未来长期稳定，可持续地增长。在永续增长的情况下，企业价值是下期现金流量的函数。

永续增长模型的一般表达如下：

$$股权价值 = \frac{下期股权现金流量}{股权资本成本 - 永续增长率}$$

永续增长模型的特例是永续增长率等于零，即零增长模型。

$$股权价值 = \frac{下期股权现金流量}{股权资本成本}$$

永续增长模型的使用条件：企业必须处于永续状态。所谓永续状态是指企业有永续的增长率和净投资资本报酬率。使用永续增长模型，企业价值对增长率的估计值很敏感，当增长率接近折现率时，股票价值趋于无限大。因此，对于增长率和股权成本的预测质量要求很高。

四、　　实体现金流量模型

在实务中，大多使用实体现金流量模型，主要原因是股权成本受资本结构的影响较大，估计起来比较复杂，债务增加时，风险上升，股权成本会上升，而上升的幅度不容易测定。加权平均资本成本受资本结构的影响较小，比较容易估计。债务成本较低，增加债务比重使加权平均资本成本下降。与此同时，债务增加使风险增加，股权成本上升，使得加权平均资本成本上升。在无税和交易成本的情况下，两者可以完全抵消，这就是资本结构无关论。在有税和交易成本的情况下，债务成本的下降也会大部分被股权成本的上升所抵消，平均资本成本对资本结构变化不敏感，估计起来比较容易。

实体现金流量模型的基本形式是：

$$实体价值 = \sum_{i=1}^{\infty} \frac{实体自由现金流量}{(1+加权平均资本成本)}$$

$$股权价值 = 实体价值 - 净债务价值$$

$$净债务价值 = \sum_{i=1}^{\infty} \frac{偿还债务现金流量}{(1+等风险债务成本)}$$

实体现金流量是企业全部现金流入扣除成本费用和必要的投资后的剩余部分，它是企业一定期间可以提供给所有投资人（包括股权投资人和债权投资人）的税后现金流量。

在这个公式中，加权平均资本成本也就是我们所说的项目使用的折现率。在这本书中，我们设定企业的折现率为12%，因为参照国企一般行业测算，12%是一个稳妥的数值。

在整个项目中，可以分为预测期和后续期，预测期即为我们选取 5 年的数据为支撑，后续期即为除预测期之后的可持续增长期，我们设后续期可持续增长率为 5%。

那么，如何划分预测期和可持续增长期呢，因为本书所用的是 5 年的数据，这种做法是采取稳妥的适用于大多数公司的方法，这种做法与竞争均衡理论有关。

竞争均衡理论认为，一个企业不可能永远以高于宏观经济增长的速度发展下去。如果是这样，它迟早会超过宏观经济总规模。"宏观经济"用通俗的话说就是企业所处的宏观经济系统，竞争均衡理论得到实证研究的有力支持。

实体现金流量模型，如果股权现金流量模型一样，也可以分为两种：

（1）永续增长模型公式如下。

$$实体价值 = \frac{下期实体现金流量}{加权平均资本成本 - 永续增长率}$$

（2）两阶段增长模型公式如下。

实体价值＝预测期价值＋后续期价值

＝预测期实体现金流量现值＋后续期实体现金流量现值

从实体现金流量的来源我们可以得知：

企业实体现金流量＝税后经营净利润＋折旧与摊销－经营营运资本增加－

（净经营性长期资产增加＋折旧与摊销）

上述公式中，税后经营净利润，是根据预计利润表直接获得的；

折旧与摊销，是计提当期的数额，用本期的累积折旧减去上期的累积折旧得到的数额；

经营营运资本增加，是本年经营营运资本减去上年经营营运资本的数额，而经营营运资本等于经营性流动资产减去经营性流动负债的数额。

这里我们用的是两阶段增长模型来计算：

企业价值＝预测期现金流量现值＋后续期现金流量现值

空泛的讲理论，可能会感觉到很陌生，我们这里用例题来讲，就会变得清晰起来。

例题：甲公司是一家从事生物制药的上市公司，2020年初的股票价格为每股60元，目前发行在外的普通股股数为10 000万股（无优先股）。为了对当前股价是否偏离价值进行判断，E公司拟采用股权现金流量法评估甲公司的每股股权价值，收集的甲公司相关资料如下：

①2019年每股净经营资产30元，每股税后经营净利润6元，预计未来保持不变。

②公司当前的资本结构（净负债÷净经营资产）为60%，为降低财务风险，公司拟调整资本结构并已做出公告，目标资本结构为50%，资本结构高于50%不分配股利，多余现金首先用于归还借款，企业采用剩余股利政策分配股利，未来不打算增发或回购股票。

③净负债的税前资本成本为6%，未来保持不变，财务费用按期初净负债计算。

④股权资本成本2020年为12%，2021年及以后年度为10%。

⑤公司适用的企业所得税税率为25%。

要求：

（1）计算 2020 年的每股实体现金流量。

（2）计算 2021 年的每股实体现金流量。

（3）计算 2020 年初每股股权价值，判断甲公司的股价是被高估还是低估。

解析：

（1）2019 年每股净负债 = 30 × 60% = 18（元）

2019 年每股股东权益 = 30 - 18 = 12（元）

2020 年每股实体现金流量 = 每股税后经营净利润 - 每股净经营资产增加

$$= 6 - 0 = 6（元）$$

（2）由于每股净经营资产和每股税后经营净利润未来保持不变，因此未来每股实体现金流量也不变。

2021 年每股实体现金流量 = 6（元）

（3）每股现金流量现值 = 6 × (P/F, 12%, 1) + (6 ÷ 10%) × (P/F, 12%, 1)

$$= (6 + 60) × 0.892\,9$$

$$= 66 × 0.892\,9 = 58.93（元）$$

每股股权现值 = 58.93 - 18 = 40.93（元）

每股股权价值小于股票价格 60 元，因此甲公司的股价被高估。

五、 相对价值评估模型

相对价值评估模型是利用类似企业的市场定价来估计目标企业价值的一种方法。它的假设前提是存在一个支配企业市场价值的主要变量（如净利润）。市场价值与该变量（如净利润）的比值，各企业类似的，可以比较的。

首先，寻找一个影响企业价值的关键变量（如净利润）；其次，确定一组可以比较的类似企业，计算可比公司的市价除以关键变量的平均值（如平均市盈率）；最后，根据目标企业的关键变量（如净利润）乘以得到的平均值（平均市盈率），计算目标企业的评估价值。

相对价值法，是将目标企业与可比企业对比，用可比企业的价值衡量目标企业价值。如果可比企业的价值被高估了，则目标企业的价值也会被高估。实际上，所得结论相对于可比企业来说的，以可比企业价值为基准，是一种相对价值，而非目标企业的内在价值。

现金流量折现模型的假设是明确显示的，而相对价值法的假设是隐含在比率内部的。因此，它看起来简单，实际应用时并不简单。

相对价值模型分为两大类：一类是以股票市价为基础的模型，包括市盈率模型、市净率模型、市销率模型等；另一类是以企业实体价值为基础的模型，包括实体价值息税折旧摊销前利润、实体价值税后经营净利润、实体价值除以实体现金流量、实体价值投资资本、实体价值除以销售收入等模型，我们这里只讨论三种最常用的股票市价模型。

1. 市盈率模型

市盈率是指普通股每股市价与每股收益的比率。

$$市盈率 = \frac{每股市价}{每股收益}$$

运用市盈率估值的模型如下：

$$目标企业每股价值 = 可比企业市盈率 \times 目标企业每股收益$$

该模型假设每股市价是每股收益的一定倍数。每股收益越大，则每股价值越大。同类企业有类似的市盈率，所以目标企业的每股价值可以用每股收益乘以可比企业市盈率计算。

（1）模型原理。

为什么市盈率可以作为计算股价的乘数呢？影响市盈率高低的基本因素有哪些？

根据股利折现模型，处于稳定状态企业的每股价值为：

$$每股价值 P_0 = \frac{每股市价_1}{股权成本 - 增长率}$$

两边同时除以每股收益$_0$：

$$
\begin{aligned}
\frac{P_0}{每股收益_0} &= \frac{每股股利_1 \div 每股收益_0}{股权成本 - 增长率} \\
&= \frac{[每股收益_0 \times (1 + 增长率) \times 股利支付率] \div 每股收益_0}{股权成本 - 增长率} \\
&= \frac{股利支付率 \times (1 + 增长率)}{股权成本 - 增长率} \\
&= 本期市盈率
\end{aligned}
$$

上述根据当期市价和同期净收益计算的市盈率，称为本期市盈率，简称市盈率。

这个公式表明，市盈率的驱动因素是企业的增长潜力、股利支付和风险（股权成本的高低与其风险有关。）这三个因素类似的企业，才会具有类似的市盈率。可比企业实际上应当是这三个比率类似的企业，同业企业不一定都具有这种类似性。

如果把公式两边同除的当前"每股收益0"，换为预期下期"每股收益₁"，其结果称为"内在市盈率"或"预期市盈率"：

$$\frac{P_0}{每股收益_1}=\frac{每股股利_1 \div 每股收益_1}{股权成本-增长率}$$

$$内在市盈率=\frac{股利支付率}{股权成本-增长率}$$

在影响市盈率的三个因素中，关键是增长潜力。所谓"增长潜力"，不仅指具有相同的增长率，还包括增长模式的类似性。例如，同为永续增长，还应同为由高增长转为永续低增长。

上述内在市盈率模型是根据永续增长模型推导的。企业如何符合两阶段的条件，也可以通过类似的方法推导出两阶段情况下的内在市盈率模型。它比永续增长的内在市盈率模型形式复杂，但是仍然由这三个因素驱动。

（2）模型的优缺点及适用性。

市盈率模型的优点：首先，计算市盈率的数据容易取得，并且计算简单；其次，市盈率把价格和收益联系起来，直观地反映投入和产出的关系；最后，市盈率涵盖了风险、增长率、股利支付率的影响，具有很高的综合性。

市盈率模型的缺点：如果收益是负值，市盈率就失去了意义。因此，市盈率模型最适合连续盈利的企业。

2. 市净率模型

市净率是指每股市价与每股净资产的比率。

$$市净率＝每股市价 \div 每股净资产$$

这种方法假设股权价值是净资产的函数，类似企业有相同的市净率，净资产越大，则股权价值越大。因此，股权价值是净资产的一定倍数，目标企业的每股价值可以用每股净资产乘以市净率计算。

$$目标企业每股价值＝可比公司市净率 \times 目标企业每股净资产$$

（1）模型原理。市净率是由哪些因素决定的？

如果把股利折现模型的两边同时除以同期每股净资产，就可以得到市净率：

$$\frac{P_0}{每股净资产_1} = \frac{每股股利_0 \times (1+增长率) \div 每股净资产_0}{股权成本 - 增长率}$$

$$= \frac{\dfrac{每股股利_0}{每股收益_0} \times \dfrac{每股收益_0}{每股净资产_0} \times (1+增长率)}{股权成本 - 增长率}$$

$$= \frac{股利支付率 \times 权益净利率_0 \times (1+增长率)}{股权成本 - 增长率}$$

$$= 本期市净率$$

该公式表明，驱动市盈率的因素有权益净利率、股利支付率、增长潜力和风险。其中，权益净利率是关键因素。这四个比率类似的企业，会有类似的市净率。不同企业市净率的差别，也是由于这四个比率不同引起的。

如果把上面公式中的每股净资产$_0$换成每股净资产$_1$，得到内在市净率的模型为：

$$\frac{P_0}{每股净资产_1} = \frac{每股股利_0 \times (1+增长率) \div 每股净资产_0}{股权成本 - 增长率}$$

$$= \frac{\dfrac{每股股利_0}{每股收益_0} \times \dfrac{每股收益_1}{每股净资产_1} \times (1+增长率)}{股权成本 - 增长率}$$

$$= \frac{股利支付率 \times 权益净利率_1}{股权成本 - 增长率}$$

$$= 内在市净率$$

（2）模型的优缺点及适用性。

市净率估值模型的优点：首先，净利润为负值的企业不能用市盈率进行估值，而市净率极少为负值，可用于大多数企业；其次，净资产账面价值的数据容易取得，并且容易理解；再次，净资产账面价值比净利润稳定，也不像净利润那样经常被人为操纵；最后，如果各企业会计标准、会计政策一致，市净率的变化可以反映企业价值的变化。

市净率的模型的缺点：账面价值受会计政策选择的影响，如果各企业执行不同的会计标准或会计政策，市净率可能会丧失可比性。然后呢，固定资产很少的服务性企业和高科技企业，净资产与企业价值的关系不大，其市净率比较没有实际意义。最后，少数企业的净资产是负值，市净率没有意义，无法用于比较。

3. 市销率模型

市销率是指每股市价与每股营业收入的比率。

$$市销率 = 每股市价 \div 每股营业收入$$

市销率模型是假设影响每股价值的关键变量是营业收入，得出的每股价值是每股营业收入的函数。每股营业收入越大，则每股价值越大。既然每股价值是每股营业收入的倍数，那么目标企业的每股价值可以用每股营业收入乘以可比企业市销率。

估计目标企业每股价值＝可比企业市销率 × 目标企业每股营业收入

（1）模型原理。

如果将股利折现模型的两边同时除以每股营业收入，则可以得出市销率：

$$\frac{P_0}{每股收入_0} = \frac{每股股利_0 \times（1+增长率）\div 每股收入_0}{股权成本-增长率}$$

$$= \frac{\dfrac{每股股利_0}{每股收益_0} \times \dfrac{每股收益_0}{每股收入_0} \times（1+增长率）}{股权成本-增长率}$$

$$= \frac{股利支付率 \times 营业净利率_0 \times（1+增长率）}{股权成本-增长率}$$

$$= 本期市销率$$

该公式表明，市销率的驱动因素是营业净利率、股利支付率、增长潜力和风险其中，营业净利率是关键因素。这四个比率类似的企业，会有类似的市销率。

如果把公式中的"每股收入0"换成预期下期的"每股收入₁"，则可以得出内在市销率的计算公式：

$$\frac{P_0}{每股收入_1} = \frac{每股股利_0 \times（1+增长率）\div 每股收入_1}{股权成本-增长率}$$

$$= \frac{\dfrac{每股股利_0}{每股收益_1} \times \dfrac{每股收益_1}{每股收入_1} \times（1+增长率）}{股权成本-增长率}$$

$$= \frac{股利支付率 \times 营业净利率_1}{股权成本-增长率}$$

$$= 内在市销率$$

（2）模型的优缺点及使用性。

市销率估值模型的优点：首先，它不会出现负值，对于亏损企业和资不抵债的企业，也可以计算出一个有意义的市销率；其次，它比较稳定，可靠，不容易被操纵。

市销量估值模型的缺点：不能反映成本的变化，而成本是影响企业现金流量和价值的重要因素之一。

因此，这种方法主要适用于销售成本较低的服务类企业，或者销售成本率趋同的传统行业的企业。